体育教学模式与训练实践研究

庄　杰　陈雅琪　付晶晶　著

全国百佳图书出版单位 吉林出版集团股份有限公司

图书在版编目（CIP）数据

体育教学模式与训练实践研究／庄杰，陈雅琪，付晶晶著 . -- 长春：吉林出版集团股份有限公司，2022.8
ISBN 978-7-5731-1946-9

Ⅰ . ①体… Ⅱ . ①庄… ②陈… ③付… Ⅲ . ①体育教学-教学模式-研究 ②体育运动-运动训练-研究 Ⅳ .
①G807.01 ②G808.1

中国版本图书馆 CIP 数据核字（2022）第 143881 号

TIYU JIAOXUE MOSHI YU XUNLIAN SHIJIAN YANJIU

体育教学模式与训练实践研究

著：庄 杰 陈雅琪 付晶晶
责任编辑：朱 玲
封面设计：雅硕图文
开 本：720mm×1000mm 1/16
字 数：250 千字
印 张：13.75
版 次：2022 年 8 月第 1 版
印 次：2022 年 8 月第 1 次印刷

出 版：吉林出版集团股份有限公司
发 行：吉林出版集团外语教育有限公司
地 址：长春市福祉大路 5788 号龙腾国际大厦 B 座 7 层
电 话：总编办：0431-81629929
印 刷：吉林省创美堂印刷有限公司

ISBN 978-7-5731-1946-9 定 价：68.00 元

前　言

　　体育作为人类文化的重要组成部分，是随着人类社会的发展而逐渐形成和发展起来的。人类早在原始时代就把走、跑、跳跃、投掷、攀登、爬越等作为最基本的生产劳动和日常生活的技能与本领传授给下一代，这是人类教学的萌芽，也是体育活动的萌芽。

　　在现代社会中，体育的地位与价值逐步提升，人们越来越重视现代体育的作用，体育的社会功能和作用日益扩大，它已成为增强人们体质、丰富大家文化生活的一项重要的手段。

　　体育教学是指体育教师以国家教学大纲和学校教学计划为标准，培养学生身锻炼意识、传授体育技巧和知识以及培养学生思想道德的教育行为。体育教学是我国教育的重要组成部分，在促进我国体育和教育事业发展、促进大学生健康全面发展方面发挥着重要作用。而学校体育教学管理水平是制约学校体育发展水平的重要因素之一，因此，为了促进学校体育工作的健康蓬勃发展，必须加强体育教学管理与模式创新。

　　通过分析传统体育教学模式，我们可以看出，大多数体育教师所采用的方法一般都是讲解加示范，如果教学内容比较枯燥，该教学方法往往难以引发学生的学习兴趣，长此以往便难以取得好的教学效果。并且，在当前的时代背景下，学生接受知识的渠道更多了，他们也不再满足于学校开设的体育课程。那么体育教学就更应该与时俱进、不断创新，从而激发出学生的学习兴趣，让学生更加自觉、积极地参与到课程中来。

　　本书是一本研究体育教学模式与训练实践的理论著作。本书可分为三部分，第一部分（第一章、第二章）简要阐述了体育教学与体育教学模式的基础知识，包括体育教学的内容、体育教学的组织形式、体育教学的特点、体育教学的原则与方法、体育教学模式的特征与功能、体育教学模式的结构、体育教学模式的选用原则、体育教学模式的发展趋势；第二部分（第三章至第八章）重点探讨了体育游戏化教学模式与训练实践、体育运动处方教学模式与训练实践、体育俱乐部教学模式与训练实践、体育微课教学模式与训练实践、体育慕课教学模式与训练实践、体育翻转课堂教学模式与训练实践；第三部分（第九章）探索了体育教师与体育教学管理，包括体育教师工作的特点与作用、体育教师应具备的个人素养以及体育教学管理的多维探索等方面的内容。

　　在写作过程中，作者广泛参考、吸收了国内外众多学者的研究成果和实际工作者的经验，在此，对本书所借鉴的参考文献的作者、对写作过程中提供帮助的单位和个人致以衷心的感谢！同时，有些参考的资料由于无法确定来源和作者，因此没有在参考文献中列出，为此表示深深的歉意。由于作者水平有限，书中难免有不妥之处，恳请专家和读者批评指正，以便修改完善。

目　录

第一章　体育教学概述

与其他形式的教学一样，体育教学同样需要系统的组织与管理，但与其他学科教学不同的是，体育教学对教学环境的要求更高，所需器材和教学场地更加严苛。因此，体育教学并不是一种随意的、随心而行的教学活动，更不能将其等同于一种课余的休闲娱乐活动，它需要很多要素才可以正常、合理、科学地开展。本章主要阐述了体育教学的基本知识。

第一节　体育教学的内容

一、体育教学内容的概念

体育教学内容，就是以达到体育教学目标为目的而进行的体育知识和技能体系等方面的选择和运用。

体育教学内容在体育教学实践中作为教师教与学生学的实践材料而存在，它的选择是教育者根据教育的一系列要求，通过对前人体育和教育实践经验进行综合的总结，按照教育原则，进而从丰富的体育技能理论当中精挑细选而来的。

教学内容在教师与学生中间扮演着中介和媒体的角色，决定着教师和学生之间的信息交流。体育教学内容对于体育教学方法和教学手段同时是起到制约作用的，同时也决定着体育教学的效果和目标实现的程度。

二、体育教学内容的含义

体育教学内容具有以下两个方面的含义。

（一）体育教学内容有别于一般的教学内容

第一，体育教学内容是在依据体育教学的目标选择的基础上，根据学生身心发展的规律以及需要，在教学条件的允许下精心挑选和加工而来的体育内容。

第二，体育教学内容是以大肌肉群的活动状态进行的体育教育内容，主要的形式有运动技术学习和教学比赛以及理论讲授等。

第三，体育教学内容的传授依赖于某种特定的体育教学条件。

（二）体育教学内容往往区别于竞技运动的内容

第一，体育教学内容存在的目的是进行教育，而竞技体育运动的内容的目的则是娱乐和竞技，并不是进行教育。

第二，体育教学内容在成形之前必须根据教育目标的需要而进行一定程度的改造和编排，而竞技运动内容则可以理解为更加单纯的体育。

体育教学内容从形式上来说，跟其他学科的教育内容相比是有很大的区别的，体育教学的内容虽然从来源上讲是娱乐和竞技等方面，但却与其本身在体系上就有非常多的不同之处。这些特点使得体育教学内容拥有独特的特质。

三、体育教学内容选择的原则

体育教学的内容，应当根据体育教学目标、体育教学的基本规律和我国的国情来确定。这是我们在确定体育教学内容体系时首先要考虑的三个重要条件，也是基本的前提。体育教学内容非常丰富，真正作为教学内容的，仅仅是其中的一部分，因此，需要我们去认真遴选。在选择体育教学内容时，我们应该遵循以下原则。

（一）实践性与知识性相结合的原则

实践性和知识性相结合是由体育的本质属性所决定的。利用身体活动来达成教学目标是体育教学的一种最重要的形式。通过实践，要使身体的大肌肉群得到活动，各内脏器官系统得到锻炼，同时要体验到体育的乐趣、受到品格的培养和体育方法的训练，这些都是以体育教学内容作为媒介实现的。体育教学的一个重要目标之一是使学生掌握体育知识和发展体育能力，为终身体育奠定基础，这个目标的实现就依赖于实践性与知识性的结合。知识性主要体现在为什么做、怎么做和为什么要这样做上，这固然要通过基础理论内容进行讲授，但更多的是在实践中体验、理解，通过运用来加以强化。体育教学内容体系就是融合实践性与知识性的结合体。

（二）健身性与文化性相结合的原则

健身性是体育教学区别于其他教学的显著特点，体育教学内容体系要具有健身性是体育教学的本质属性的反映。而文化是人类认识世界、改造世界和适应环境的产物，体育本身就是一种文化现象，体育教学内容的文化性就是体育教学内容要有利于提高学生对体育的认识，促进体育情结的培养，树立体育的价值观和体育理想，进行良好的体育道德的熏陶。健身性与文化性相结合，就是体育教学内容体系既具有良好的健身价值，又具有丰富的体育文化内涵。

（三）民族性与开放性相结合的原则

体育的形式和内容总是与某些国家或地区的民族文化传统和民族习俗有关。当今许多风行于世界的体育项目都是发端于各个不同的民族和国家。如我国的武术、日本的相扑、希腊的马拉松、欧洲的击剑等等，无不具有鲜明的民族色彩。体育教学内容的民族性就是要把具有我国民族特点的那些优秀项目吸收进来，既发挥它们的健身功能，又发挥它们的优秀传统教育效应。但体育教学内容仅强调民族性是不够的，任何民族，无论它是多么的优秀，在发展过程中，总会受到来自方方面面、形形色色的因素的约束，总会具有一定的片面性，相对于大千世界来说，这种局限性就显得更为明显了。因此，体育教学内容必须体现出民族性与开放性的结合，即要在保留优秀的本民族体育内容的基础上，充分吸取世界各民族的优秀体育内容，将它们融合在一起，使之形成一个优势互补，功能齐全的体育教学内容体系。

（四）继承性与发展性相结合的原则

传承优秀的传统文化是教学的重要功能。体育教学内容的选择无疑是要吸收我国历史悠久的传统体育内容，使这些宝贵的文化遗产得以继承，这就是体育教学内容的继承性特点。

但时代在前进，任何事物总是要不断地发展才能适应时代的要求，否则就必将被历史所淘汰。文化的继承是有选择的、批判性的，对于传统体育内容，我们在有选择地继承的基础上，要进一步丰富它的内涵，在保留它的原有特点和精华的前提下剔除那些落后的不健康的东西，使它具有时代气息，符合现代社会发展的需要，这就是体育的发展性特点。我们对于武术的继承和发展，就是体育教学内容继承性与发展性相结合原则的典型范例。

（五）统一性与灵活相结合的原则

体育教学内容体系要面向全体学生，它必须有基本的要求，有一个相对统一的标准，使体育教学有一个较为规范的目标，这就是体育教学内容体系的统一性。但它绝对不应该是完全整齐划一的。首先，我国地域辽阔，各方面的条件不一致，发展不平衡，教学的相关基础不是同一起点。其次是学生的身心发展水平有差异，体育基础、接受能力也不相同，即使是同一教学阶段的学生，都会表现出明显的不同特点，因此，教学内容必须留有一定的余地，具有灵活性，能根据教学条件和学生特点，灵活地加以选择，这就是体育教学内容体系的灵活性。只有兼顾统一性和灵活性，才能有效地使不同条件的所有学生的身心都能得到全面发展。

第二节　体育教学的组织形式

体育教学组织形式是在体育教学过程中，为了实现课的教学目标而确定的教师与学生，以及学生与学生之间关系的组织结构方式。

一、体育教学组织形式的意义

体育教学组织形式是体育教学的落脚点，体育目标的达成、教学过程的实现、教学原则的体现、教学方法的运用等，最终都要综合、集结、具体落实到一定的体育组织形式中，要以各种各样的结构方式组织起来，开展活动，并表现为一定的时间序列，发挥其集合作用。不同的体育教学方法、手段只有运用于相应的教学组织形式中，才能发挥其效用。同样，体育教学内容的实施、教学原则的贯彻、教学过程的顺利开展，直至教学任务的完成都要体现在一定的教学组织形式中。教学组织形式是否科学、合理对教学活动的开展和效果有直接意义。体育教学组织形式是联系教师教和学生学的方式，它研究如何将教师和学生组织起来，教学场地、时间和空间的安排及其科学分配，体育教学的内容、规律、原则、方法如何更好地组织起来并发挥作用的问题。合理的教学组织形式可以充分利用有限的场地、器材、设备，以最大限度地发挥体育教学系统的功能；还有利于教学活动的多样化从而实现教学的个别化，有利于解决因材施教的问题，促使学生的兴趣、能力、特长、个性得到更好的发展。长期以来，人们对教学组织形式的探索以及种种新形式的尝试，主要是围绕着如何使教学活动适应每个学生的需要、兴趣、能力和发展潜力，即如何"因材施教"而展开的，而这些探索，主要集中在教学组织形式的改革及其相应的方法改革上。

二、体育教学组织的基本形式

（一）班级教学

在体育教学中，班级教学仍然是主要的教学组织形式。它指的是通过教师讲授、示范、演示等方法向一个班集体传递教学信息。全校把学生按年龄、学业程度变成班级，使每一个班有固定的学生和课程、统一的教学内容和进度，全班学生按照固定的教学时间表接受同一位教师的指导。

（二）分组教学

分组教学都是一种必要的教学组织形式，这与上课时学生人数的多少没有必然的联系。在分组教学的组织形式下，因材施教、区别对待的原则能够得到比较容易的体现，学生骨干的作用也比较容易发挥。

1. 分组教学的标准与体系

分组教学依据的标准可以是多方面的。同一学习内容采用何种教学方法和媒介手段可作为分组的标准；达到某一教学目标的若干教学过程在什么范围（量）上、按什么样的要求（质）、通过什么样的学习方式（借助纸和笔学习，以听讲的方式学习，通过实验来学习，借助媒介手段来学习，通过动手操作来学习等等）来实现可作为分组标准；如何变换学习目标可作为分组的标准；学生的年龄、性别可作为分组的标准；学生学习的能力、天赋、兴趣爱好也是重要的分组标准。

体育教学有自身特点，分组教学形式也是体育教师在组织教学中经常要采用的。如何合理进行分组，使课堂教学生动活泼，并能充分发挥学生的主体作用，激发学生学习潜能，摆脱过去那种生硬呆板的行政分组，简单而笼统的分组轮换所带来的沉闷消极的心理空间和课堂氛围，已经成为当前体育教学改革的热点之一。

追求高效益，优化课堂教学结构是分组教学的目的。因而，分组教学必须从教材内容、场地器材等客观条件出发，尤其要切合学生实际进行分组，过多或者过于频繁的分组轮换反而有害教学。其次，分组教学应该注意灵活性。在明确教师主导地位的前提下，分组教学应该充分发挥学生的主体作用，让学生有选择分组形式的较大的自主权，以激发学习兴趣，将原来的"要我学"改变成"我要学"。

2. 分组教学的种类

（1）随机分组

随机分组，就是按照某种特定的方法或标志，将学生随机分成若干组，它是分组教学的最基本形式。利用报数的形式将全班分成若干个小组就属于随机分组。随机分组常在竞赛、游戏时采用，因为随机分组具有一定的公平性，而且这种方法具有既简单又迅速的优点。随机分组的缺点是没有考虑学生在爱好、能力上的差异，无法很好地体现区别对待的教学原则。

（2）同质分组

同质分组，是指分组后同一个小组内的学生在体能和运动技能上大致相同。同质分组的方法在教学中常自觉和不自觉地得到运用。例如，体操的支撑跳跃教学中，我们常设置高低不同的跳箱让学生有所选择，经过一段时间的练习，每个学生基本上可以选择自己最适合的高度进行练习，这样的分组形式即为同质分组。

增强活动的竞争性，符合学生争强好胜的性格，可以提高学生参与活动的积极性和兴趣是同质分组的优点所在。但是，同质分组的不足之处也存在，如易在学生中形成等级观念和弱势人群的自卑感等。因此，给学生解释一下实施这一教学组织形式的原因，是教师在首次同质分组前需要做到的，这样可以避免体能和运动技能较差的学生产生自卑感和降低学习的信心，技能好的学生产生骄傲和自满情绪。

（3）异质分组

异质分组，是指分组后同一小组内的学生在体能和运动技能方面均存在差异，各组之间在整体实力上差异不大。异质分组不同于随机分组，它是人为地将不同体能和运动技能水平的学生分成一组，或根据某种特别的需要对"异质"进行分组，从而缩小各小组之间的差异，以利于开展游戏和竞赛活动。例如，在进行接力跑游戏前，教师把跑得较快和跑得较慢的学生合理地分配在各个小组里，此时形成的小组就是异质分组。

（4）合作型分组

合作学习是课程和教学研究非常强调的一种学习方法，已经有人开始探索在体育教学中如何运用合作学习的模式。实际上，体育教学中学生合作学习的机会比其他课程要多得多，这主要是由体育活动的特性所决定的。强调合作学习并不是说不要单个联系，关键是考虑在什么情景中、在什么时候采用合作学习或单个练习。

（5）帮教型分组

帮教型分组是指在教学过程中按照参与者的平等关系，形成的一种互为依赖、相互教学、共同成长的分组形式。在合作型分组中，参与者之间的关系是平等的，是一种互为依赖的关系。但有时候根据教学需要，我们可以组织部分学生直接对其他学生进行帮助，这就形成了帮教型分组。例如，有一定体育专项技能的学生可以在自己所擅长的体育练习中帮助其他相对较弱的同学，有时还可以指定学生"一帮一"的辅导。它的优点是有利于增强学生在学习过程中形成良好的人际关系。在教学过程中教师应重点强调学习练习的分工不是分家，更不是搞以好带差，在小组当中无论是扮演什么角色，小组中人人都是平等的关系。采用帮教型分组的形式所达到的教学效果要比体育教师一个人对众多的学生进行指导好得多，同时帮教型分组的形式是主体学习的一种很好的表现。

（6）友伴型分组

如果让学生自己分组进行活动，大多数学生会选择与自己关系较为密切的同学在一起进行练习，这就是友伴型分组。这种分组学生心里没有压力，有助于学生间的相互沟通和理解，它有很强的凝聚力和向心力，可以提高学生的练习积极性，可提高学生的学习热情，使每一个学生都有可能体验到参与活动的乐趣。但在教学中教师应注意正确引导，预防学生出现小团体主义的思想。分组教学形式有很多，在体育教学中，要合理科学进行选择。选择时，不同阶段学生的特点、不同的教学内容，不同的目标是根据。选择适宜的分组形式或结合集中分组形式来开展教学，才能发挥最大的教学效益。

（三）个别教学

个别教学一般指体育教师因人而异地指导学生的学习。在个别教学的组织形式下，体育教师可以根据每个学生的特点有区别地加以指导，每个学生也可根据自己的实际情况掌握学习进度，从而使程度各异的学生能按自己的能力选择相应的学习内容，让每个学生都能最大限度地获得学习效益，尤其适合体能较差的学生。因此，它对因材施教非常有利。个别教学的缺点也是非常明显的，一个体育教师只能教少数学生，很不经济，而学生只限于和体育教师单一的交往，没有与同伴竞争与合作的机会，若长期把它作为唯一的教学形式，可能会缺少师生之间和学生之间的相互作用，也在一定程度上会影响学生的身心发展。此外，如果学生缺乏应有的自觉性，可能会拖延教学进度。

（四）复式教学

讲到复式教学，首先需要提到单式教学。单式教学是指在班级教学中，教师在同一地点，用同一教材，对同一年级的学生进行教学的组织形式。复式教学是相对于单式教学而言的，它是指教师在同一教学地点，在同一节课上，用不同教材，将直接教学与自动作业活动配合，分别对不同年级的学生进行教学。复式教学有利于培养和锻炼学生自我锻炼、自我控制、自我管理等能力，但是由于要兼顾几个年级，教学管理很难，因此需要正确地加以组织，合理编班，注意培训，发挥小组长的作用，这样，用复式教学就可以取得较好的教学效果。

三、体育教学组织形式的发展趋势

（一）班级授课制仍是基本组织形式

迄今为止，班级授课制本身的优势仍是其他教学组织形式无法代替的。班级授课制自创立到运用已有数百年历史，虽然不断遭到批评，但至今仍没有哪种教学组织形式能完全取代它。班级教授课制教学效率高，而且有利于学生之间互相学习、互相交流情感，更有利于培养团结协作的集体精神及学生健康个性品质的形成。班级授课制在不断完善与更新并在同其他体育教学组织形式相结合的过程中，仍显示其强大的生命力，仍将是体育教学的基本组织形式。

（二）班级教学规模小型化

班级教学至今仍是世界各国教学的基本组织形式，而要最大限度地发挥课堂教学的优越性，尽可能地实施因材施教，班级规模的合理性是一个重要的条件。在小班教学中，由于学生人数少，教师的备课量较小，而且不用花大量的时间去管理学生和维持课堂纪律，从而使教师从繁重的日常琐事中解放出来，更能集中精力搞好教学工作，有利于提高教学效果和质量。另外，在小班的课堂教学中，教师增加了与每一个学生的接触的机会，并能及时解答学生的疑难问题，每个学生也有更多的机会参与教学活动，有利于因材施教。

（三）教学组织形式多元化

传统的教学组织形式只局限在学校里。由于科学技术的发展，打破了学校教学的专一格局，使得教学组织形式越来越现代化。在现代社会，单纯追求学校课堂教学形式的完善是不够的，人们把触角伸向课外甚至校外并研究其组织形式，以此作为正规教学的补充和扩展。目前，各种课外校外活动形式多样，内容丰富多彩，吸引各种年龄和各种爱好的学生参加。

（四）体育教学组织形式从"教"向"学"的方向发展

传统体育教学组织形式一般是使用传统的体育教学手段，完成特定的教学内容的一种体育教学组织形式。教师处于"中心"地位，而学生只能被动地接收学习。这种体育教学组织形式使我国绝大多数学生逐渐养成被动消极的学习习惯。新的体育教学组织理念主张从教学思想、教学设计、教学方法以及教学管理等方面均以学生为中心。这种教学组织形式有利于激发学生的学习兴趣和进行合作学习，有利于培养学生的主动发现和探索的精神，有利于情境创设和对大量知识的获取与保持。

第三节　体育教学的特点与目标

一、体育教学的特点

（一）教学过程的直观性

体育教学过程拥有直观性特点。这种直观性有多种体现，如体育教师对体育教学内容的教授除了要达到与其他学科教师讲解要求一致外，还要求体育教师的语言更加生动，并且还要富有一定的肢体表现能力，以使学生有形象、贴切、有趣的感觉。在某些拥有较难技术动作的体育运动教学中，教师一方面要把传授的重点进行艺术性的描述，另一方面还要用生动的语言、巧妙解释方法把复杂的技术动作简单化，提升学生对学习成功的自信心，加深学生对教学内容的感知。

实际上，体育教学过程中的每一项内容都具有直观性特点。除刚才说到的课堂讲解，在实践演示中也是如此。在教师运用示范法时，需要运用非常直观形象的动作示范，其中包括正确动作的演示和错误动作的演示，这些演示都是非常直观地展现在学生眼前，并没有一丝做作。这样才会使学生从感官上直接感知动作的正确与错误，以利于他们建立正确的、清晰的运动表象。当学生获得正确表象后，才能使之与思维结合起来，从而达到掌握体育知识、技术和技能的目的，同时，还发展了自身的观察能力和形象思维能力。

从体育教学组织与管理过程方面，也能够看到直观性的特点。鉴于教学过程的直观性，教师的行为也应该带有直观性，如要更加富有责任心、为人师表、德高望重，这对学生的身心也是一种无形的教育。另外，直观性特点使得学生在课堂的表现都是最真实的、最直接的，任何伪装在体育教学活动中都是毫无意义的，因此，学生在教学中表现出来的言行都是他们最为真实的一面，而这就非常有利于体育教师对学生的观察与帮助，有利于教师获得正确的教学反馈。

（二）体育知识的传承性

体育是以身体锻炼为主要形式的教育活动。如果从教与学的角度来说，可以将体育知识形容成一种"身体的知识"。这种知识伴随着人类的发展而发展，在不同时期都有它的发展形式，如在原始社会，身体的知识就是人类通过走、跑、跳、投、打等动作捕获猎物或逃避猛兽的追捕等行为。而在现代社会中，体育知识的传承内容变成了某项体育运动或体育技能，如足球、篮球、排球、乒乓球、游泳、田径和武术等专项运动技能。

现代教育越发注重教学过程中学生的主体性作用和"以人为本"的教育理念。人们对这种理念的追求使得人类自我知识的回归不仅代表了体育教学的特殊性，还给予了体育教学知识传承的特殊意义。从这个层面来看，这种体育教学所传承下来的体育知识已经超越了简单的模仿行为，而将更多的相关文化也融入其中。这些体育文化才是体育运动、体育教学等获得长久传承的动力和灵魂。

（三）身体参与的直接性

体育教学的根本目的就是增强学生的体质，其教学的本质就是通过肌肉群的运动，促进学生身体机能的发展，从而增强学生的运动技能。这就决定了体育教学这门课程是通过反复的教授和实践，让学生掌握锻炼的方法，直观地说，就是通过肌肉的感觉将信息传递到中枢，然后经过反复的条件刺激，建立起条件反射，最终经过分析、总结，达到对某种技能的理性认识，使得学生掌握某项体育运动的技能。因此体育教学的特点之一就是身体参与的直接性。所谓身体参与的直接性主要表现在两个方面：第一是教师身体参与的直接性，因为有些体育运动需要教师亲身示范，这是体育教学中最常见的一种教学方式；第二就是学生的身体参与的直接性，通过亲身参与练习，按照教师的示范，进行反复尝试和练习。

（四）认知活动的本体性

体育教学贯穿于学校教育的整个阶段，体育教学内容也较为复杂，因此在教学的过程中，要根据学生的认知规律和身心发展的特点，组织体育教学的内容，最大限度地促进学生对体育教学的知识和技能的掌握。如果所安排的教学内容与学生认知的本体性发展有一定的差距，那么就会降低学生对体育教学的兴趣和参与热情，让学生产生厌恶的情绪，不利于体育教学的开展。如对低年级的学生开展体育教学的时候，就应该多采用一些游戏式的教学方法，所选用的教学内容也应该较为形象、简单，这样易于学生掌握和接受。但是对高年级的学生进行体育教学的时候，就应该在教学的过程中多加入一些比赛活动，激发学生的热情，有利于学生学习兴趣的提高。因此在开展体育教学的过程中，要坚持认知活动的本体性的特点。

（五）身体与心理统一性

在许多人的概念中，身体与心理是两种不同的事物，彼此间并没有很多的交集。实则不然，现代科学研究发现，身体健康有助于改善心理健康，而心理健康与否也可以影响身体健康。另外有一种观点认为开朗的人热爱体育运动，而事实上则是因为人参加了体育运动，才开始变得开朗、阳光的。这就是典型的运动改变心理的事例。因此，在体育教学活动中就充满了身体与心理统一的特点。

体育教学在乎对人身体的改造，与此同时它还强化人的心理与多种适应能力的发展。而在其他学科的教学中便无法达到这样的效果，这主要在于体育教学营造了不同种类的教学情境，这种情境表现出了十足的阳光、生动、积极、外露以及直观的感觉。一系列积极的情境使得参与其中的人在潜移默化中受到感染，以此为学生的心理与社会适应能力的健康发展提供了良好的环境。由此可以说，在体育教学中，人的身心发展看似是多元的，但实际上在过程中是一种一元化的锻炼，即达到身体与心理的共同拓展和发展，表现出十足的统一性。身体发展是基础，心理发展依赖于身体的发展而存在，心理的发展同时促进身体的发展。具体来看，在体育教学中人的身体与心理的统一性主要体现在以下两个方面。

（1）体育教学的教材内容选择要注重身体与心理统一。体育教学内容是体育教学活动的依据。教学内容的好坏将直接影响教学效果。因此，为了体现出体育教学身心统一的特点，首先就要从教材选择环节开始，也就是说，选择的教学内容要对学生身体各部分、各种运动能力和各种身体素质的积极影响，而且要注重教材对学生心理及其社会适应力的影响，所选教材的编排要符合该年龄段学生的心理特点，除此之外，还要满足其美学、社会学等其他方面的要求。

（2）体育教师选择的教学方法要注重身心统一。由于与其他学科教学相比增加了更多的内容，因此，相应地，体育教学的方法也就更加丰富。选择体育教学方法主要是由体育教师进行的，为了使体育教学保有身心统一的特点，体育教学方法的选择就要关注到这方面的内容。通常为了体现这一特点，体育教师选择的教学方法都要遵循与学生年龄段相适应的身心变化规律，使学生在经常进行的体育教学活动中学习到正确的体育技术和技能，学生掌握这些技能的成长曲线并不是一路上涨的，而是有忽高忽低、忽快忽慢的过程和起伏。另外，体育教学方法的选择还应符合学生的心理特点和年龄特点。与对体育技能学习的规律相似的是，学生在接受教学的同时其心理活动也呈现出波浪式起伏的曲线现象。这种生理、心理负荷波浪式的曲线变化规律，体现了体育教学鲜明的节奏性和身心的和谐、统一性。因此，要想选择正确的、适合学生身心发展的体育教学方法，体育教师就必须根据学生的这些诸多身心特点安排，如此才能在促进学生身体发展的同.时，有效激发学生的积极性和兴趣爱好，更有效地发挥体育教学的功能。而根据不同阶段学生的身心特点选择恰当的教学方法也是评判一位体育教师综合水平的重要依据之一。

（六）学习者身体生理负荷性

体育教学中涉及很多的运动和锻炼，这些都是通过肌肉群的运动，促进身体机能的变化，从生理角度而言，很多体育运动、活动都会牵涉到身体做功的问题，学生在参与的过程中，由于肌肉群的运动，促进人体的新陈代谢，增加身体的生理负荷，最终达到强身健体的作用。如组织学生参加跑步活动，我们可以看到的是，跑步结束的学生会感觉到小腿肌肉和大腿内侧的肌肉有酸胀感，同时也会造成身体的劳累，这就说明了体育锻炼具有增加学习者的身体生理负荷性的特点。除了跑步这项运动之外，例如跳远、篮球、足球等能够带动机体肌肉群的运动，都能对机体产生负荷。在进行体育教学的过程中，教师通过引导学生反复的进行体育运动的实践，完成教学任务，因此，体育教学具有增加学习者身体生理负荷性的特点。

（七）人际交往的直接性

体育教学是一个实践性很强的教学，是开放式的教学，因为体育教学大都是室外教学，能够促进学生之间的互动交流，通过与同学之间的自由式的交流、沟通，提升每一位学生自身的交际能力。如学生在进行跳远练习的时候，需要同学之间互相帮助测量跳远的成绩，学生的成绩是透明的，能促进学生之间的交流和讨论，促进跳远技巧的研究，在问题的发现与解决中促进学生交际能力的提升。除此之外，体育教学中会牵涉到很多的比赛项目，将学生分成小组，让小组之间进行比赛，小组成员之间相互配合，相互支持，形成团队凝聚力，培养学生的团队凝聚力。再加上任何一项体育锻炼和小组之间的比赛，都是由学生亲身参与进行的，这就是体育教学人际交往的直接性特点的表现。

（八）教学内涵的优美性

体育教学内容是非常丰富的，它会涉及多种与体育相关的内容，不仅仅限于球类运动、游泳、田径，还包括如体育舞蹈、瑜伽等内容。通过对这些内容的学习，学生可以普遍从中体会到源自体育的丰富情感，这种情感几乎都从"美"中而来。

体育教学内容丰富的情感性首先体现在体育教学过程中，师生可以体会到只有体育才能赋予人的人体美和运动美。学生通过接受体育教学，掌握体育健身的方法和技能，以此达到运动塑身的效果，使身体外在形态保持优美的线条和良好的身材比例。同时，在运动中，可以看到人体不同的动作展现出的动作美和肌肉的动态美，这种美只有在运动中才能看到，是极为外显的美。在内在精神方面，体育教学也蕴含着"美"的元素，如学生为了争取比赛的胜利而表现出的不畏强敌、奋勇争先的精神；在关键时刻始终保持冷静的心态，或是在运动过程中表现出谦虚、文明和有道德的风度等。

既然有美的存在，那么就要有欣赏美的人和能够欣赏美，懂得如何欣赏美的能力。每一项运动都向人们表现出了不同的美的特点和审美特征，如球类运动可以表现个人对球类技术的掌握能力，集体球类项目中除了个人能力外，还包含了与队友之间的协作和互助精神。这些内容都是人类积累下来的体育知识与技能，体育教师通过科学的概括和提炼，将其精髓传授给学生，意在使学生也能感受到体育中蕴含的美，并学着去享受它、感悟它。体育之美首先给人的最大作用就是陶冶情操，平衡人们的心理状态。其次，体育教学是一种创造性的社会活动，其创造的成果就是让学生获得内在的顿悟和精神上的启迪。同时，体育教学中教师和学生之间有一条无形的通道联系着，构成了教与学的系统。教师在传授知识的过程中，伴随着师生之间丰富而真诚的情感交流。

二、体育教学的目标

（一）体育教学目标的概念

体育教学目标是指在体育教学情境中学生所要达到的最终学习成果的预期标准。体育教学目标是由体育教师制定的，具有较强的灵活性和实用性，为具体的体育教与学活动提供依据。除此之外，它还是对具体教学过程与丰富教学活动的定向。体育教学目标又可分为阶段性目标和最终目标两种。其中阶段性目标就是指体育教学过程中各个阶段的目标；最终目标就是所有阶段性目标的总和，也就是体育教学的总目标。最终目标的达成是体育教学目的得以实现的重要标志。

（二）体育教学目标的特性

1. 预见性和挫折性

体育教学的目标并不是在确立之日起在很短的时间内可以达到的，也就是说它并不是已经实现的现实。由此可知，体育教学目标对体育教师和学生共同完成体育教学活动有着很大的指导作用和激励作用，它是一种对体育教学活动结果的预见与期待。另外，体育教学还具有一定的挫折性，因为体育教学目标不是已经存在的现实，因此在实现的过程中会遇到许多不在预期之内的问题和困难，这些困难会给最终要实现体育教学目标以极大阻碍，所以要达成教学目标就需要有持之以恒的毅力，付出艰辛的劳动才可。

2. 方向性和终结性

体育教学目标能够反映出特定的价值取向，这也说明了它带有明确的方向性特点。在实际的体育教学中，这个方向性也是非常直观、明确地展现在体育教学主体面前，如他们应走向什么方向，走到哪里等。

而体育教学目标的终结性不是体育教学的终止。体育教学目标的完成意味着下一个更高更强的体育目标的建立和开始，这个"终结点"只是整个体育过程中互相联系的一个一个的"歇脚点"。

（三）体育教学目标的功能

分析体育教学目标的功能有助于人们了解和掌握体育教学目标，为体育教学目标的制定提供科学依据。

1. 激励功能

体育教学目标是体育教学目的和活动价值的集合，是学校开展体育教学活动课程所要达到的一种目的和效果。确立体育教学目标能够激发学生对体育学习的兴趣，而且目标中的功能和效果能够提升教师对体育教学的热情，激励教师科学地开展体育教学工作，保证教学目标的实现。对社会而言，体育教学能够培养符合时代所需的接班人，这一目标激励着学生、教师和教学研究者重视体育教学。

2. 定向功能

体育教学目标实际上就是体育教学所要达到的一种方向，指导着教学活动按照一定的方向进行，体育教学目标反映体育教学的目的，体育教学的目的是体育教学所要达到的效果和方向。如学校开展体能训练课程的目的就是增强学生的体能，促进学生的身心健康，使其适应社会的发展需要，因此，体育教师在进行教学的时候，会朝这个方向进行。所以，体育教学目标对于体育教学而言，具有定向的功能。

3. 评价功能

任何一种学科的教学过程都需要教学目标，它不仅在教学中发挥着激励作用和定向作用，同时也是教学的评价标准。如学校开展篮球课程的根本目标是让学生学会篮球运动的相关技能和知识，这也是教师在教学过程中的方向。如果教师完成了这一教学目标，那么这名体育教师就获得了相应的教学成就，是一名合格的体育教师；如果不能实现这一教学目标，那么教师没有完成自己的教学任务。由此可以看出，体育教学目标具有评价功能。

4. 规范功能

体育教学相对于其他学科而言，具有复杂性，再加上新课标的要求，更加大了体育教学的难度，这就使得有些教师在开展体育教学的过程中，无法保证体育教学的科学性，最终造成不好的影响。体育教学目标是教师教学过程中的参考，规范了教学过程中教师的行为和教学的内容，使得体育教学能够按照科学的轨道进行，促进了教学质量的提高。

（四）体育教学目标的构成

1. 学校体育目标

在整个学校体育教学系统中，学校体育目标是一个具有一般意义的目标，处于体育教学目标系统的最顶端，它对整个体育教学目标而言具有非常重要的意义。

在我国现阶段，制定学校体育目标的意义表现在以下方面。

①全面锻炼学生的身体，增强学生体质。

②掌握体育与卫生保健的基本知识基本技术和基本技能。

③进行思想品德教育，促进学生个性的全面发展。

④提高学生的运动技术水平，为国家培养体育人才。

2. 体育教学总目标

体育教学目标是依据体育教学目的而提出的预期成果。这个预期成果可分为阶段性成果和最终成果。阶段性成果是体育教学的阶段目标；最终成果是阶段性成果的总和，即体育教学总目标。体育教学总目标对各个层次的具体教学目标具有指导意义，它是体育教学目的得以实现的重要标志。

在我国，体育教学目标主要包括以下三部分。

第一，实质性目标：使学生掌握一定的体育知识和技能。

第二，发展性目标：全面锻炼学生身体，促进学生身心全面发展。

第三，教育性目标：培养学生正确的世界观，形成学生健康的个性品质。

3. 单元目标

单元是指一门课程中相对独立、完整的组成部分，它反映着课程编制者或教师对这门课程或概念体系结构的总的看法，以及在此基础上对这种结构按照教育科学的要求所做的分解和逻辑安排。单元目标是教学设计的主要依据，对教师的教学活动具有直接的指导意义。在我国，体育课程标准都是由一系列单元目标组成的，相互关联，单元目标是对该单元教学的具体要求。单元目标一般是由教师参照课程标准和教学参考用书，并结合学生实际来制定，还要兼顾到个别学生的经验和特点。

4. 课时目标

课时是体育教学活动的基本单位，课时目标即每一堂课的教学目标，它是对单元目标的进一步具体化，关系到每一次具体的教学活动。体育教学总目标通过逐步具体化，最终在每一堂课中得到具体实施，从而实现体育教学总目标。

第四节　体育教学的原则与方法

一、体育教学的原则

(一) 身心发展教学原则

身心发展教学原则是指在体育教学中，不仅要发展学生的身体，而且要发展学生的心理品质和社会适应能力。因为学生在体育活动中身心发展是合一的、统一的、和谐的。体育教学体现了学生身体活动的特殊性，因此，身体活动对学生的身体必然有一定的刺激作用，对学生的身体会产生一定的影响。但同时，体育教学活动也对学生的心理产生较大的影响，其中主要的影响包括两个方面：一是对学生的个体心理产生影响，如兴趣、爱好、思维、记忆、情绪、意志等。二是对学生的团体心理产生影响，如集体意识、班级纪律、合作意识、协助态度等。人是一个完整的有机体，不仅具有生物性，还具有社会性，只有身体与心理相互协调，全面发展，人体才能正常运行。

贯彻身心发展教学原则的基本要求如下。

1. 在制订学段、水平、全年、学期、单元、课时等各种体育教学工作计划时应注意各类教材的选择与合理搭配。要切实关注学生体能的发展，遵循体能发展的规律，使学生在运动过程中有足够的运动量，对人体产生良好的作用。因此，在体育教学实践过程中，要特别注意教材对学生身体的作用。如果某教材本身具有较大的运动负荷，那么可以针对不同年龄的学生进行适量安排，如果某教材本身的运动强度不够，那么可以在体育课教学中搭配一些身体素质的练习，促进学生体能的发展。

2. 体育教师在实施体育实践课教学的过程中，要加强对学生有关身体健康知识、科学锻炼身体知识的教育，积极引导学生正确认识身体健康的重要性，养成科学锻炼、经常锻炼身体的习惯与爱好，并促使学生在学习较为广泛的运动技术的基础上逐渐形成某些运动特长。

3. 体育教师在制定教学目标、安排教学任务、选择内容和方法时要注意体育教学育人的作用，不要轻易放过一个运动技术传习活动、一个竞赛过程的教育机会，因为这些活动本身隐含着体育道德的规范、体育精神的内涵、人际关系的功用等。我们在体育教学过程中不仅要培养身体健壮的社会人才，更为重要的是培养心理健康、人际关系良好、愿意为国家发展做贡献的合格人才。而要实现培育身心和谐发展人才的目标，仅靠其他学科是不够的，只有把各个学科的育人优势都淋漓尽致地发挥出来，才能产生最大的功效。

4. 在体育教学过程中，特别是体育课上，体育教师要充分研究学生的心理，了解学生的心理特点，激发学生的主动性与积极性，并在教法与手段上实现多样化、灵活化，使学生愉快地学习体育、锻炼身体，从而纠正"喜欢体育活动而不喜欢上体育课"的现象。因此，作为一名合格的体育教师，不仅要分析教材内容、关注学生身体发展特点，更为重要的是深入研究学生学习体育的心理，研究学生的个人心理特征，这样才能有的放矢，促进学生身心和谐发展。

5. 由于教学评价具有教学导向性功能，因此，在进行体育教学评价时要注意学生身心发展的全面性，不仅要研究与确定学生身体健康方面的评价指标、运动技能方面的评价指标，而且要注意其体育学习态度、人格形成、体育道德与人际发展、社会适应能力的评价指标，把教学预设与结果评价合理地结合起来，使体育教学的身心全面发展、和谐发展的理念得到落实。

（二）重视提高运动技能原则

重视提高运动技能原则是指在高校体育教学中要不断提高学生的运动技能，提高学生的运动成绩，实现有效的体育教学。在高校体育教学中贯彻重视提高运动技能原则的基本要求如下：

1. 正确认识提高运动技能在体育教学中的重要意义

掌握运动技能是体育学科"授业"的本职，是体育学科"解惑"的重要基础，还是锻炼学生身体、增强体能的途径，更是学生掌握体育锻炼方法、体验运动乐趣的前提。不断提高学生的运动技能是体育教学的基本要求，是判断体育教学是否有效和高质量的标准，也是评价体育教师教学能力的标准。因此，体育教师要充分认识到提高运动技能在体育教学中的重要意义，进而重视提高学生的运动技能。

2. 明确运动技能教学的目的，让学生有层次地掌握运动技能

学生掌握运动技能与提高技能水平的目的与职业运动员不同，职业运动员主要是为了竞技，而学生主要是为了健身和娱乐。因此，体育教学中运动技能的传授要以"健康第一"和为学生终身体育服务作为指导思想，要围绕"较好地掌握 1~2 项常用的运动技能""基本掌握作为锻炼身体方法的运动技能""初步掌握多项可能参与的运动技能""体验一些运动项目"等不同运动技能提高的目标，分门别类和有层次地让学生掌握他们终身体育所需要的运动技能。

3. 合理编排体育教学内容

为了让学生有层次地掌握运动技能，就需要制订科学的教学计划。对于常见的、可行的、学生喜欢、教师能教、场地允许、与学校传统项目相结合的项目，如篮球、足球、排球、乒乓球、武术、健美操等，可作为精教类内容，每学年安排 1~2 项，每项安排 15~30 学时，学年共 30 学时；对于未来生活中学生可能遇到的、有必要具有一定基础的、教学条件允许的项目，如羽毛球、体育舞蹈、棒球、轮滑、短拍网球、太极拳等，可作为粗教类内容，每学年安排 2~3 项，每项安排 7~10 学时，学年共 20 学时；对于没有必要掌握，但有必要让学生知道或体验的运动文化或项目的有关知识，如高尔夫球、橄榄球、台

球、保龄球等，可作为介绍类内容，每学年安排 3~4 项，每项安排 1~2 学时，学年共 5 学时；对于身体素质和身体基本活动能力的练习项目，如 100 米短跑、1500 米长跑、铅球、立定跳远等，可作为锻炼类内容，每学年安排 3~4 项，每项安排 1~2 学时，学年共 5 学时，或每学时安排 10 分钟穿插于其他类型的项目中。

4. 教学方法上注意精讲多练

由于体育教学的特点，在体育教学过程中不能过多地使用讲授法，不能形成"满堂讲"的局面，要精讲多练。一是要求课堂上尽量多给学生运动技能的练习时间，减少不必要的、无效的讲授时间，教师的指导有时可在学生的练习过程中进行。二是要求教师要根据情况布置一些课外作业，让学生课外多花时间进行练习。而对于必须讲授的内容要求精讲。精讲就是要求讲授要目的明确、层次清楚、重点突出、正确使用术语和口诀、讲授与动作示范相结合。

5. 创造提高运动技能的环境和条件

要让学生很好地掌握运动技能，还必须创造良好的学习环境与条件，它既包括提高教师自身的运动技能水平和教学技能水平，也包括构建民主和谐的体育课堂氛围，优化体育教学制度环境，还包括场地设施和器材的美化。

（三）循序渐进教学原则

循序渐进教学原则是指在体育教学过程中有关教学目标、教学内容、教学方法、教学手段、运动量与运动负荷的安排要有一定的系统性和连贯性，符合学生年龄、性别、学习基础等方面的特征，体现学生的个体差异，使教学目标得到逐步提高与发展。制定循序渐进教学原则的主要依据是人们认识事物的规律、动作技能形成的规律和知识、技术的系统性和连贯性、教学目标的层次性等。在体育教学中，必须遵循由易到难、由简到繁，逐渐深入、逐步深化，才能使学生的知识、技术、技能、体能等得到稳步发展。

贯彻循序渐进教学原则的基本要求如下。

1. 深入了解学生身心发展的一般规律和特点。学生是教学的对象，学生的各方面的特点是开展教学的基础，因此，作为一名优秀的教师，必须实际分析各个阶段的学生身心发展特点，不仅要分析他们的身体发展的阶段性特征，还要分析学生的心理发展特征，这些特点为体育教学实施循序渐进教学原则提供了基础和条件。

2. 认真钻研教材，了解教材的内外部系统性。教材是教学的中介，因此，教师必须认真钻研教材。首先要善于了解教材外部之间的关系，分析它们的相通之处与不同之处，这样有助于在安排教学计划时关注教材之间的搭配。其次要善于分析教材内部的特点，即教材单元的课次、重难点等问题。

3. 教学设计体现层次性、连贯性。教师在教学预设过程中，可以根据学生的特点与教材内外部特点来进行合理的教学设计。这里的教学设计不仅是教案，也指包含教案在内的单元教学计划、学期教学计划、学年教学计划、水平教学计划、学段教学计划。因此，体育教师不仅要关注各类教学计划之间的关联性，还要注意某项教学计划的层次性，保证各类教学文件的连贯性、系统性、层次性，使运动项目的安排由易到难、由简到繁，符合循序渐进的要求，使每个学段、每个水平、每个学年、每个学期、每个单元、每节课的目标、内容、教法、手段等都做到前后衔接，逐步提高。

4. 安排运动负荷与运动量要有一定的节奏。人体身心发展的特点呈现出各类波浪形，学生的身体体能的发展更是如此。因此，体育教师在安排各课的运动负荷与运动量时，一定要注意节奏。首先，课内的运动负荷与量要有一定的节奏，要根据学生在 45 分钟内身心变化的规律安排好他们的节奏；其次，要关注课与课之间的运动负荷与运动量安排的节奏性，一方面使学生的机体得到足够的刺激量，另一方面又要防止过度疲劳对人体造成伤害。

（四）因材施教原则

因材施教原则是指在体育教学中要贯彻"面向全体学生"的教育理念，根据每一个学生的具体情况，实施各不相同的、有针对性的教育，使每一个学生的身心健康和运动技能都能在各自的基础上得到充分的发展。对此，在高校体育教学中要做到：

1. 深入细致地了解和研究学生

了解学生的个体差异是贯彻因材施教原则的前提条件。体育教师可以通过课堂观察、问卷调查、与学生谈话、咨询辅导员等方法对学生进行细致的了解，弄清学生在身体条件、兴趣爱好和运动技能等方面存在的个体差异，并进行全面分析，然后设计个性化的教学策略。同时，对学生的个体差异，还要用发展的观点来对待，不能用静止的眼光看待学生，应定期对学生基本情况进行复查。

2. 设置类型多样的体育选修课程

设置大量的选修课程是体育教学进行因材施教的最佳途径。不同的学生，身体条件、兴趣爱好和运动技能有很大的差异，在充分征询学生意见的基础上设置选修课，就能满足学生的个体需求，促进学生个性发展。

3. 体育教学组织形式多样化

在体育教学中，"等质分组"是一种较好的因材施教的教学组织形式。体育教师可以按身高、体重、体能、运动技能水平等对学生进行分组，给身体条件和运动技能较差的学生开"小灶"，给予特殊关怀与照顾；对身体条件和运动技能较好的学生提出更高的要求，并为他们的进一步发展创造条件，从而保证全体学生都能有所进步，使每个学生都能体验到学习和成功的乐趣。

二、体育教学的方法

（一）体育理论知识的基本教授方法

1. 讲授法

讲授法是指运用教师和学生所能接受的简明语言，系统地讲述体育基础理论知识的方法。讲授法可分为讲解法、讲述法和讲演法三种。

（1）讲解法是叙述体育与卫生保健知识的有关事实、现象、定理、定律的方法。

（2）讲述法是向学生叙述事实材料或描述事件、过程及其结果的方法。

（3）讲演法是教师借助于语言与非语言的形式，完整、系统地讲解事实，而且深入分析与讨论事实、事件、定理，并得出结论的方法。

2. 谈话法

谈话法又称问答法，是教师与学生以口头语言的交流方式，要求学生运用已有知识经验回答教师提出的问题，从而获取新知识的方法。在体育教学中，谈话法可以分为传授新知、巩固复习、指导总结式谈话三种。

（1）传授新知式谈话是教师依据学生已有的知识经验，引入新的有关问题，学生经过思考并结合、运用已有的知识经验回答问题的方法。

（2）巩固复习式谈话是教师依据学生已经学习过的教学内容。检查学生掌握情况，巩固已学过的内容，学生回答问题的方法。

（3）指导总结式谈话是教师在结束一个课题或一个部分教学前，引导学生提出问题，教师进行回答；或反之，教师提出问题并回答；同时在此基础上概述总结的方法。

3. 演示法

演示法是指老师把模型、图表、实物等直观教具或幻灯、录像加以操作演示，以引导学生从观察中获得知识的方法。演示法有演播法和插播法两种。

（1）演播法是指在体育课堂教学中，根据教学需要，借助教学媒体（实物、模型、标本、图片、幻灯片、电影、录像等）进行演示和传达信息，从而传播体育知识的方法。

（2）插播法是指在体育教学过程中，教师根据教学的需要，穿插播放音像教材的有关片断，为讲授提供感性材料，以帮助学生理解学习内容的方法。

当教师难以用分解方法为学生进行讲解示范时，常可借助现代媒体以插播方式向学生展示技术细节。插播法一般遵循"提示、播放、讲解、播放、讨论、小结"的步骤进行。

（二）运动技能的基本教授方法

1. 语言法

语言法是指在体育教学中，运用各种形式的语言指导学生掌握体育知识、技术、技能的一种方法。它的优点是能够同时向许多学生传递有关信息。正确运用语言法能启发学生的思维，形成正确的认知，促进学生运动技能的形成，培养学生分析问题与解决问题的能力，还能激发学生学习锻炼的积极性，活跃课堂气氛，融洽师生关系。

在体育教学中，语言法运用的具体方式有讲解、口令与指示、口头评价、问答、"默念"与"自我暗示"。

（1）讲解。讲解法是教师运用语言向学生说明教学任务、动作名称、要领、做法、规则及要求等，以指导学生掌握体育知识、技能并进行练习的方法。

（2）口令与指示。口令是有一定的形式和顺序、有确定的内容，并以命令的方式指导学生活动的语言方式。例如，队列队形练习、基本体操、队伍调动等都需要运用相应的口令。口令的运用应做到洪亮、准确、清晰、及时，并注意根据人数、队形、内容、对象等的特点控制声音的大小、节奏的快慢等。另外，也可以运用口哨、铃、鼓、击掌等方式来发布命令。

（3）口头评价。口头评价是指按教学标准对学生的行为表现和练习完成的情况，以口头方式进行评价的方法。适时的、恰如其分的口头评价，对激发学生的学习兴趣、提高学习信心、鼓励进取精神、提高练习效果、抑制不良行为、维持课堂秩序等有重要的作用。

（4）问答。问答是教师要求学生根据教学目标和自身的体验，简明扼要地说明自己见解的语言方式。它对教师及时了解、把握学生的学习情况，调控教学过程，培养学生积极思考问题的习惯，提高学生自我评价能力等均有积极作用。

（5）"默念"与"自我暗示"。"默念"是学生在实际练习前，通过无声语言重现整个动作或动作的某些部分的过程、重点和时空特征，以提高练习效果的语言方式。"自我暗示"是学生在实际练习过程中默念某些指令性的词句，自我调控练习过程的语言方式。

2. 直观法

直观法是指在体育教学中，借助人的视觉、听觉、动觉（触觉、肌肉本体感觉器官）来直接感知动作的方法。直观法具有鲜明的形象性、具体性、真实性。正确运用直观法有助于学生了解动作形象、结构、过程、时空关系等。

（1）视觉法，即通过学生的视觉器官直接观察所学习的知识、技术、技能的方法。视觉法一般有动作示范、直观教具、模型演示、定向标记等。动作示范是教师或教师指定学生以具体动作为范例，使学生了解动作形象、结构、要领，以建立动作的正确表象的方法；直观教具与模型演示是指利用挂图、照片、模型等直观手段，显示练习动作的结构、过程及时空特征，帮助学生正确感知练习动作的方法；直观教具与模型往往是静态的，它能更长时间、更清楚地显示练习动作的结构、动作的关键等，具有不可替代的示范作用，不足之处是在人数较多、距离较远的情况下难以观看。

（2）听觉法，即以声音为信号使学生掌握动作空间与时间特征的方法。例如，以掌声、节拍器来控制跑的节奏、步频、速度，或按口令、口笛、口哨或音乐节奏练习广播操、韵律操等。

（3）动觉法是借助外部力量帮助学生通过触觉和肌肉本体感觉，直接感知和体验动作要领，辨别动作空间与时间关系的一种方法。

3. 动作示范法

动作示范法是教师（或教师指定的学生）以自身完成的动作作为范例，用以指导学生学习的方法，是体育教学中最常用的直观方法。它在使学生了解所学动作的表象、顺序、技术要点、要领和动作特征方面具有独特的作用，以轻快优美的动作示范还能激发学生学习的兴趣，增强学生学习的自信心。

动作示范法的几个要素：

（1）速度。为了帮助学生建立完整正确的动作表象，教师注意根据情况运用不同的速度予以示范。一般情况下可用常规的速度予以示范，但当为突出动作结构的某些环节时则应采用慢速示范。

（2）距离。应根据完成动作示范的活动范围、学生人数和安全需要等恰当地选择学生观察动作示范的距离。

（3）视线。学生视线与动作示范面越接近垂直越有利于观察。在多数学生以横队形式观察示范动作的情况下，越靠近横队两端的学生，其视角就越不接近垂直。因此，学生观察示范动作的队形不宜拉得太宽。学生多时，应让学生排成若干排横队观看示范，并避免横队前列的学生遮挡后列学生的视线。

（4）视线干扰。应注意让学生背向或侧向阳光、风向，以避免视线干扰，有利于观察。

（5）多种媒介途径配合。示范应与讲解（听的媒介）、学生思维（想的媒介）等紧密结合，以争取最好的动作示范效果。

第二章　体育教学模式探索

体育教学模式作为体育教学系统的关键环节，是教学理念和教学思想的最主要载体，承担着理论通往实践的桥梁作用。本章主要论述了教学模式、体育教学模式的特征与功能、体育教学模式的结构探析、体育教学模式的选用原则、体育教学模式的发展趋势等内容。

第一节　教学模式概述

一、教学模式的定义

教学模式又称教学结构，简单地说就是在一定教学思想指导下所建立的比较典型的、稳定的教学程序或阶段。它是人们在长期教学实践中不断总结、改良教学而逐步形成的，它源于教学实践，又反过来指导教学实践，是影响教学的重要因素。因此，了解教学模式的发展及其规律，对于提高教学质量具有重要意义。教学模式是一种教学活动的范式。教育工作者对教学实践进行分析研究，以一定的教学理论为基础，再根据经验和各种教学实践的成效，提出一种或多种的教学模式。所以，教学模式能以具体、可操作的形式体现教学的理论或理念。例如，交际教学模式体现了英语或第二语言教学应该培养交际能力这一理论，教学中就有了结构教学模式或功能意念教学模式。前者多安排句型操练，后者则注重角色的扮演、问题的解决等。教学模式一方面有利于我们学习理解和掌握先进的教学理论，使科学的理论能迅速而成功地得到应用，另一方面，也有利于用成熟的经验来不断丰富教学理念，从而提高教学效率，促进学生语言能力的发展。

二、教学模式的要素

由于教学活动是教师、学生、内容、方法和环境共同构成的有机整体，因此，一个完整的教学模式至少包括上述五个基本因素，他们彼此联系、相互作用，共同推进教学活动开展。

（一）理论依据是教学模式的指导

教学理论既研究教学的现象、问题，揭示教学的一般规律，也研究利用和遵循规律解决教学实际问题的方法策略和技术。从具体操作上说，教学理论主要研究"怎样教"的问题。教学理论是关于教学情境中教师行为（如引起、维持和促进学生学习）的规定或解释。它关注的是一般的、规律性的知识，旨在指导教学的实践。不同的教学模式基于不同的教学理论，比如，传递—接受模式的理论依据是行为心理学理论，自学—辅导模式的理论依据是人本主义理论，探究教学模式的理论依据是建构主义理论，概念获得模式的理论依据是思维研究理论，等等。

（二）教学目标是教学模式的核心

教学目标指教学模式所能达到的教学效果，是对教师对某项教学活动在学生身上将产生什么样的效果所做出的预先估计。教学目标决定着教学模式的操作程序和师生在教学活动中的组合关系，也是教学评价的标准和尺度。正是由于教学模式与教学目标的这种极强的内在统一性，决定了不同教学模式的个性。

（三）操作程序是教学模式特定的逻辑步骤

操作程序既包括教学内容的展开顺序，又包括教学方法的运用顺序，还包括师生心理活动的产生顺序等。操作程序规定了师生在教学活动中应该先做什么、后做什么，以及各步骤应当完成的任务。操作程序将师生的活动有机联系在一起，共同指向教学目标。

（四）实现条件是教学模式实践的现实基础

实现条件包括教师、学生、教学内容、教学手段、教学环境、教学时间、教学策略等。只有条件具备，教学模式才能真正得以实施和起效。

（五）教学评价是达到教学目标的评价方法和标准

各种教学模式是否完成其特有的教学任务，必须通过相应的教学评价予以检验和判断。

三、教学模式的特点

（一）指向性

由于任何一种教学模式都是围绕着一定的教学目标设计的，而且每种教学模式的有效运用也需要一定的条件，因此不存在对任何教学过程都适用的普适性的模式，也谈不上哪一种教学模式是最好的。评价教学模式最好的标准是在一定的情况下达到特定目标的最有效的教学模式。教学过程中在选择教学模式时必须注意不同教学模式的特点和性能，注意教学模式的指向性。

（二）操作性

教学模式是一种具体化、操作化的教学思想或理论，它把某种教学理论或活动方式中最核心的部分用简化的形式反映出来，为人们提供了一个比抽象的理论具体得多的教学行为框架，具体地规定了教师的教学行为，使得教师在课堂上有章可循，便于教师理解、把握和运用。

（三）完整性

教学模式是教学现实和教学理论构想的统一，所以它有一套完整的结构和一系列的运行要求，体现着理论上的自圆其说和过程上的有始有终。

（四）稳定性

教学模式是大量教学实践活动的理论概括，在一定程度上揭示了教学活动带有的普遍性规律。一般情况下，教学模式并不涉及具体的学科内容，所提供的程序对教学起着普遍的参考作用，具有一定的稳定性。但是教学模式是依据一定的理论或教学思想提出来的，而一定的教学理论和教学思想又是一定社会的产物，因此教学模式总是与一定历史时期社会政治、经济、科学、文化、教育的水平联系，受到教育方针和教育目的的制约。因此这种稳定性又是相对的。

（五）灵活性

作为并非针对特定的教学内容教学、体现某种理论或思想，又要在具体的教学过程中进行操作的教学模式，在运用的过程中必须考虑到学科的特点、教学的内容、现有的教学条件和师生的具体情况，进行细微的方法上的调整，以体现对学科特点的主动适应。

（六）优效性

由于教学模式能将比较抽象的教学理论化为具体的教学策略，不仅能对教学实践起到良好的指导作用，还能实践先进的教育和教学理念，提高教学的效益和质量。因此，优效性是教学模式的根本任务所在。

（七）反馈性

随着人们对教学实践认识的加强，教学思想和教学观念的更新，人们可以通过各种途径，不断地从教学实践中得到反馈信息，对教学模式进行修正和改造，使之得到较完整的发展。

四、教学模式的功能

教学模式作为教学理论与教学实践的桥梁和中介，一方面，能以简约化的形式表达一种教学思想或教学理论，便于被人们掌握和利用；另一方面，能够为教学实践者提供达到教学目标的条件、程序和活动方式，改进教学过程、方法和结果。因此，总体上来说，教学模式具有实践和理论两个方面的功能。

（一）描述组建功能

教学模式筛选了被实践证明行之有效的教学经验，经过概括和简化，组建为一种相对稳定的结构框架和活动程序。用来描述某一特定的教学过程所涉及的各种因素以及它们之间的相互关系。教学模式的组建往往围绕某一主题进行，这就使教学模式具有强大的凝聚力和个性特点。经过教学模式构建的教学理论。不仅是浓缩和精炼的，还具有可行性、典型性和优效性等特点。优秀教师可以借助教学模式的描述组建功能，将成功的教学经验进行加工和升华，使之转化为一般理论。从而提高教学理论的层次。

（二）咨询阐释功能

教学模式作为教学理论的简化形态，可以通过简明扼要的语言文字、象征性的符号和图形来阐释教学理论的基础及基本特征。使教师直观而迅速地把握和领会其精神，从而完成为实践者提供咨询的任务。教学模式的咨询阐释功能的发挥，有利于教学理论的普及与传播。成为教学理论的"宣传员"和"解说员"。教学实践者通过对教学模式理论要点的理解和操作要领的把握，增强自身驾驭教学模式的信心和选用教学模式的针对性，使教学实践者自觉接受教学理论的指导，克服教学实践的盲目性，增强教学实践的有效性。

（三）示范引导功能

教学模式为一定的教学理论应用于教学实际规范了较为完善、便于操作的实施程序。初任教师若掌握了一些常用的教学模式，就有了进行教学的常规武器。可以很快过渡到独立教学，从而大大减少盲目探索、尝试错误所浪费的时间和精力。教学模式的示范引导功能，旨在交给教师教学的"基本套路"，并不限制或扼杀教师的创造性。教师在运用这些"基本套路"时，可以根据具体教学条件或情境灵活调整，形成适合教学实际的"变式"。教学模式的示范引导功能的发挥，对于青年教师尽快独立教学、学校教学工作规范化、正常教学秩序的建立等，具有非常重要的意义。

（四）理论与实践联系的桥梁

教学模式是一种设计和组织教学的理论，它将教学方法、教学组织形式、教学手段等组合在一起，并从时间和空间上阐明它们各部分之间的关系，从而使人们在教学理论与教学实践之间找到了中介环节，促使人们对教学过程的诸要素、诸环节进行重新审视，突破原有的教学理论框架，探索新的教学理论体系。

（五）经验与智慧的桥梁

每个经验型以上的教师都有自己的教学模式，应善于总结教学经验，形成教学特色。

教学模式是某种教学理论或思想的具体表现形式，它总是以简化形式表达，便于教师掌握，为教师达到教学目标提供实施程序，为设计教学方案，预见教学效果提供参考。尤其是年轻教师，借助教学模式可以掌握教学活动的大体结构和框架，使教学有序、有方，避免实践中从头摸索。

（六）理念与行动的纽带

把新理念、新理论演绎为可操作的实践活动。教师恰当地选用教学模式，有助于提高教学质量，改进教学工作，促进教学改革。

五、教学模式的分类

教学模式林林总总，层出不穷，令人眼花缭乱，但可归结为若干类型。现将一些重要的分类，列举如下。

（一）着眼于心理科学

（1）信息加工教学模式（以认知学派理论为依据）；
（2）行为教学模式（以行为主义学派理论为依据）；
（3）个性教学模式（以人本主义学派理论为依据）；
（4）交往教学模式（以社会本位教育思想为依据）；
（5）合作教学模式（以人本主义和社会本位教育思想为依据）。

（二）着眼于现代教学理论

（1）着重于认知发展的教学模式；
（2）着重于整体优化的教学模式；
（3）着重于探究发现的教学模式；
（4）着重于技能训练和行为形成的教学模式；
（5）着眼于非理性主义的、开放性的教学模式。

（三）着眼于教学活动特征

（1）指导—接受教学模式；
（2）自学—辅导教学模式；
（3）探索—发现教学模式；
（4）情趣—陶冶教学模式；
（5）示范—模仿教学模式。

（四）着眼于教学基本模式系列

（1）直接教学模式
适用于教授基本事实、知识和技能，可用于各科教学。
（2）概念获得模式
适用于界定、理解和运用概念，注重于如何获得概念。
（3）概念发展模式
适用于围绕概念的归纳性推理发展学生的思维能力，这种模式注重如何探究概念及概念之间的关系从而达到新的理解，在这种模式中，学生有更大的自主性。

（4）群辩法模式

通过在集体中交流不同意见，利用非理性力量达成新的理解的创造性过程。这种模式适用于发展学生的创造性思维能力。

（5）探究模式

用于问题解决和探究，这一模式试图模拟科学家解决问题的过程，使学生获得在真实生活情境中发现问题、解决问题的能力。科学家面临疑难情境，搜集和加工所需要的资料，最后达成问题解决的探究过程成为探究模式的基础。

（6）课堂讨论模式

用于提出问题、培养洞察力及促进批判性思维，在这种模式中，教师通过事实性、解释性和评价性问题引发讨论，激发学生形成自己的观点。

（7）合作学习模式

以小组学习的形式，通过学生之间的交流、合作促进学生在认知、情感和社会性方面的成长。

（8）探索情感和解决矛盾模式

这一模式包括两个独立的策略：探索情感策略和解决矛盾策略。运用这一模式旨在帮助学生将学习与他们的情感、态度联系起来，学会如何处理矛盾情境。

上面介绍的八种基本教学模式体系分别适用于不同的教学目标，教师只有从实际出发，综合地运用这些模式才能充分发挥各个模式的教学功能，满足来自学生、社会和教学内容三个方面的需要。教师将这些模式运用于教学实际时，必须考虑四个因素：规划、教学、评价和课堂管理。确定目标、设计教学单元、选择教学内容的规划过程，实施规划和教学模式的教学过程，评定教学效果的评价过程以及有效的课堂管理有机地结合起来，才能有效地选择和运用教学模式，最终达成教学目标。

第二节　体育教学模式的特征与功能

体育教学模式指的是具有特定的体育教学思想，用以完成体育教学单元目标而设计的相对稳定的教学程序。

一、体育教学模式的特征

随着体育教学实践的不断发展，以及高校体育教学改革的不断推行，体育教学模式的类型也越来越丰富。有的教学模式注重师生之间的关系，有的则将重点放在教学目标上，还有的更加重视教学手段和方法；如有的适用范围较广，有的则只适用于较特殊的教学情景。尽管拥有各种类型的体育教学模式，它们都具有以下特征。

（一）整体性

教学模式是由教学思想、教学目标、操作程序、实现条件、教学评价五个要素构成的有机整体，必须从整体的角度出发，把握其理论。体育教学模式不仅仅是将教学方法进行简单的组合，而是体现了教学思想、教学目标相互联系的教学过程的结构。因此，体育教学模式具有整体性特征。

（二）简明性

教学模式是简化了的教学结构理论模型，一般用精练的语言、象征的图像、明确的符号表达出来，被称为"小型的教学理论"。在体育教学中，采用适当的教学模式既能使那些凌乱纷繁的实际经验理论化，又能在人的头脑中形成一个比抽象理论更为具体的、简明的框架。

（三）操作性

与其他一般教学理论的特点相比，教学模式有其特有的可操作性。教学模式不是空洞的理论，而是便于把握和运用的具体程序。主要原因有两个方面。

（1）总是从某种特定的角度和侧面来揭示教学规律，能够与实际教学相符合，并容易让人们理解和应用。

（2）它的产生并非为了思辨，而是为了具体的应用。教学模式在理论与实践之间搭了一座桥，充分发挥其"中介"作用。

（四）稳定性

体育教学模式的确立，实际上标志着新型的体育教学过程结构的确立，它具有一定的稳定性。教学模式是指这种教学在任何时候运用，其基本的程序和主要的环节都不应有大的变化（当然根据学生的情况和教学条件变化做些细微的调整是可能的）。如果某种教学模式在不同人和不同时间运用时都需要产生大的变化，这就说明教学模式并没有建立成功。只有具备稳定性，才能控制好教学实践的可行性。

（五）开放性

体育教学模式形成以后，其形式并不是固定不变的，而是要在实际的教学过程中不断加以修正、补充、完善，加强其针对性和应用性，因此，开放性是体育教学模式具有的特点，这也表明体育教学模式不能教条化、模式化，要与时俱进，这也是体育教学得以发展的重要动力。

（六）健康性

树立"终身体育"意识，关注人的终身健康是现代学校体育的发展方向。学校体育正在进行全面变革，立足素质教育，以"健康第一"为指导思想，对体育课程的目标、内容、实施和评价方式进行整体改革。这就要求体育教学模式要以新的健康观、体育观和课程观为指导，对体育教学模式的目标进行反思和重构。它不仅涉及人的身体健康，而且关注人的心理健康、道德健康以及社会适应能力。同样，在组织程序和方法体系以及评价要求上，体育教学模式也是围绕着学生的健康发展进行建构的，学生的身体认知、心理发展、生理机能以及运动技能形成过程，都是体育教学工作者所要认真考虑的重要方面。

（七）娱乐性

与其他教学相比，体育教学中的身体活动更加接近儿童的天性，学生在一定负荷和一定规则下进行身体练习时，得到了放松和欢愉，体现出体育教学模式具有娱乐性的特点。如何改进和创新体育教学模式，使这种娱乐性得到进一步升华，是体育教学工作者正欲探讨的问题。这将在体育教学模式的目标、教学程序和方法组合上，对广大的教师提出更高的要求。在科学合理的程序基础上，采用贴近生活实际的教学方法和现代教学手段，将有助于解决这一问题。同时，在体育教学模式的多维构建中，需要较完美的衔接和配合，发挥多方面的功能，从而使学生在教学活动中达到身心娱乐的整体效果。

二、体育教学模式的功能

（一）中介功能

教学模式是教学模式和教学实践之间承上启下的"中介"，一方面它能对教学活动进行理论指导，使教师能在深远的背景中思考教学的若干问题；另一方面，它又能为教学实践提供操作程序和策略。体育教学模式的"中介"功能也是如此，它既是一定的体育教学指导思想、体育教学相关理论的具体体现，又能为体育教师提供具体的操作程序和操作策略，以便更有方向性地开展实践活动。例如：启发式体育教学模式体现的指导思想是开发学生的积极思维能力，使体育学习活动既有学生肢体的参与，又有大脑的积极活动，提高体育学科的科学性。它的操作程序则为：设置教学情景→进行初步的尝试性练习→提出问题，创设情境，引起学生兴趣，形成探究动机→洞察、展望、分析、比较，提出假说，进行选择思维→从事操作，验证假说，得出结论→进行正常的运动技术教学→结束单元教学活动，可为教师提供可操作性的教学使用程序。

（二）简化功能

体育教学活动具有其特殊性和复杂性，这种特殊性和复杂性仅靠人们的思辨和文字的方式去处理显然是不完全的。如果采用图示去揭示各系统之间的次序及其作用和相互关系，就可先使人们对事物有一个整体的形象。体育教学结构图既注重原则、原理，也注重行为技能的学习。因此，从客观上，它是符合现代体育教学任务的，既重视体育知识的学习，又注重体育技术、体育技能的学习与掌握；既着重于学生的学习目标，又着眼于教师的设计方案；既反映教学理念，又注重具体的操作策略，所以它具有可操作性，具有一套比较完整的结构和机制。它比抽象的理论更具体、简化，为体育教师提供了基本操作框架，更接近教学实际，有一种一目了然的感觉，易被教师理解、选用、操作与认可。

（三）解释、启发功能

体育教学模式可以用简洁明了的方法来解释相当复杂的现象，如发展体能教学模式的建立给人以整体的框架，通过文字的解释使我们加深了对模式的理解，蕴含的理论包括：

1. 体育教学系统地、长期地发展体能的指导思想；

2. 阶段性的体能目标实施与反馈控制理论；

3. 非智力、非体力因素参与体育活动并促进技能教学的发展理论，如体能的发展是比较枯燥的，如何激发发展体能的兴趣是一种非智力、非体力的关键因素。

具体的某种教学模式核心环节是教学目标的制定与教学过程中实施的形成性评价，它包括：

1. 预先体能测验——诊断性评价；

2. 根据学生的身体条件与身体素质的侧重点安排好教学单元；

3. 对单元中诸体能目标进行练习；

4. 学习终结——总结性评价；

5. 依据评价的结果实施矫正措施。

这种模式体现了诊断、确立目标、定向、反馈和矫正这五种功能，体现了集体化教学和因材施教相结合的原则，激发了学生的学习动机，促进了学生认识发展。模式的建立引导教师和学生来共同关注某一教学环节，使模式又有了启发的功能。

（四）预测功能

体育教学模式是建立在体育教学内在规律及逻辑关系的基础上的，因此，它可以帮助人们对体育教学的进程或结果进行推断，至少可以根据其内在规律来估计各种不同结局，甚至可以建立其假说。当一个模式建立后，可以根据其内在、本质的规律及其现象来完成推断功能。如快乐体育教学模式，注重的是学生在愉快中学习体育，并享受体育活动的快乐，同时学会一种基本的运动技能，为终身体育打好基础。若在教学中没有达到这种预先的目标，那么就可作相应调整；若达到了，则与事先的预测相吻合，证明理论与实践的统一。

（五）调节与反馈功能

实践是检验真理的唯一标准，根据具体的教学条件、环境和具体的教学指导思想而安排的体育教学模式最终要受到实践的检验。如在具体的操作过程中，某种具体的教学模式并没有达到教学目标，则应对操作过程中的各环节、各因素进行具体的分析，找出其中的利弊，分析原因，从而为下一阶段的教学程序设计与实践操作打好基础，这就是体育教学模式的调节反馈功能。

第三节　体育教学模式的结构探析

体育教学是一个开放型系统，这个系统具有一定的可控性，其中系统中主要包含了六方面要素，即教学思想、教师和学生、课程教材、教法学法、场地器材及结构程序等。总的来说，体育教学模式的研究，就是对这些要素之间的组合设计进行研究。

科学原理认为，任何系统整体功能优化的前提是，要素与结构必须达到优化。我们将体育教学模式的结构分为体育教学思想、体育教学目标、体育教学程序、体育教学条件、体育教学评价五个方面。

一、体育教学思想

体育教学思想是体育教学模式建立所具备的理论或思想，是体育教学模式的灵魂。体育教学模式的建立需要一定的理论知识进行指导，不同的理论会建立不同的教学模式。如起源于我国20世纪80年代的愉快教育与日本快乐体育的教学模式，都是根据学生当时的具体状况提出来的，并能够适应于终身体育的发展。体育教学思想是建立体育教学模式的指导性思想，为建立体育教学模式指引正确的方向。

二、体育教学目标

体育教学模式的建立，其最终目的就是实现一定的体育教学目标，没有目标，教学模式也没有存在的意义。模式所能达到的教学效果是体育教师对某项教学活动在学生身上将产生的效果所作出的预先估计。

教学目标将教学主题更加具体化，同时也是体育教学模式的核心，能够制约其他四个要素。如体育技能教学模式的目标是以促进学生掌握体育技能的有效方式为手段，主要学习体育教学大纲规定的技能评定项目，依据运动技能形成的规律，以学生学习体育技术知识、提高体育技能为主要目标的教学模式。

三、体育教学程序

操作程序是指教学环节或步骤。在体育教学中主要是指在时间上展开的逻辑步骤以及每个步骤的主要做法等。任何体育教学模式都有其独特的操作程序，操作程序一定是基本的和相对稳定的，不是没有任何变化的。

四、体育教学条件

实现条件指体育教学模式中的手段和策略。它补充说明了操作程序，能够让教师选择正确、合理的教学策略和方法。其内容主要包括三方面条件，即人力条件、物力条件和动力条件，如学校的基础设施、教学内容、教学的时间和空间、教师和学生等诸多因素。

五、体育教学评价

教学模式的不同，其完成的教学目标也不相同，所使用的教学程序和条件也存在差异，因而其使用的评价方法和评价标准也就不同。如果用统一的标准进行评价，就不具备一定的科学性，任何教学模式都要有自己的评价标准和方法。如群体合作教学模式评价因素不同于标准化的评价，它的评价标准是采用计算个人和小组合计总分的评价方式。

综上所述，体育教学模式的五个要素有机结合，相互作用，共同构成完整的体育教学模式。它们之间相互影响，相互依赖，缺一不可，因此，要具体分析体育教学实践中的每一个问题，选择最佳的教学模式，保证教学实践的效果。要注意的是，教学模式不能模式化，因为教学现象是千变万化的，不能照搬、盲目借鉴别人的经验，应在实践中不断地创新、改变。

第四节　体育教学模式的选用原则

一、根据体育教学思想、理念来选择教学模式

体育教学思想是制定体育教学模式的灵魂，不同的体育教学思想赋予了体育教学模式生命力，使教学模式有了方向盘，也给了教学模式区别于另外一种教学模式的武器。自新课程改革以来，体育教学目标发生了一些变化，目前新课标下的体育教学目标包含了"运动参与、身体健康水平、运动技能、心理健康、学会适应"五个方面，根据五个目标的具体的教学思想采用不同的教学模式。例如：情景教学模式、发现教学模式、快乐体育教学模式等就比较适合发展学生的心理素质，促进其心理健康。

二、根据不同的教材性质选择体育教学模式

体育教材是体育教学活动的基本工具，是学生达到课程标准所规定目标要求的内容载体，是教师教学和学生学习的主要工具。我们根据教材内容的不同性质，参照教学内容排列理论，把体育教材内容分为两类：需要进行细致传授的教材和介绍性教材。前面一类教材应选用传统运动技能教学模式、发现式教学模式、小群体教学模式等，后一种教材内容由于不需要学习难度较大的运动技术，故了解体育项目、培养兴趣、增进健康作为该类教材的主要思想，所以可以选用快乐体育教学模式、情景体育教学模式、成功体育教学模式等，让学

生通过快乐学习、成功学习体验运动的乐趣。

三、根据不同的外部教学条件选择体育教学模式

从教学模式而言，不同的体育教学模式所选用的体育教学条件不同。体育教学条件是一个很复杂的问题，各地区学校的教学条件是不一样的，城市和农村由于经济条件的差异，学校的各种器材和场馆条件不一样，所以体育教师应该根据实际情况，因地制宜，克服困难，合理选择体育器材，并对场地进行合理布置，且运用多种教学辅助手段来实现不同的教学目标。例如小群体教学模式要求外部的教学条件是要具有充分的场地与器材，以便每个同学都可以使用，如果学校不具备此条件，那么就要考虑其他教学模式。

四、根据教学对象的基础条件来选择体育教学模式

学生是教学活动的主体，是教学活动中非常重要的成分，因此在选用教学模式的时候要考虑学生的具体情况、具体特点。学生根据不同的年龄可以分为小学阶段、中学阶段、大学阶段。由于各阶段学生明显存在生理上和心理上的差异，因此我们在教学上要因材施教，选用适合其年龄段的教学模式。小学阶段根据其生理和心理特点应以游戏为主，所以可以选用快乐体育教学模式、成功体育教学模式、情景体育教学模式；中学阶段是学习运动技术的黄金时期，学生对各种运动项目都有着非常浓厚的兴趣，并且该阶段学生已经具备了较好的思维能力和逻辑分析的能力，因而可以选择发现式教学模式、运动技能教学模式、小群体教学模式、成功体育教学模式；大学阶段以专项教学训练为主，在选用技能类教学模式的基础上配合体能类教学模式。

第五节　体育教学模式的发展趋势

任何一种教学模式都应是一个不断变化、更新的系统，虽然某种模式一旦形成就具有稳定性，但这并不意味着其内部要素和非本质结构不发生变化。所以，稳定是相对的、暂时的，而变化是绝对的，发展是必然的。随着体育教学改革的逐步深入，教学理论的发展和教学观念的更新，一定会对原有模式中各要素或结构进行调整、更新，不断注入新的内容，予以充实。体育教学模式有

以下发展趋势。

一、总体种类趋向多样化

由于教学实践的需要，新的教学思想层出不穷，人们借助多门学科的研究成果、技术和方法，构建了许多新的教学模式，出现了多种体育教学模式并存的发展趋势。随着体育教学改革的发展，一些先进模式被引进体育教学，先后出现了"发现学习模式""俱乐部制教学模式""合作教学模式""小集团竞争模式"等。任何一种教学模式，只能适用于特定的教学情境，每一种教学模式，都有其自身的优点和不足。不同体育教学模式不是排斥的，而是相互取长、借鉴、补充，发挥着各自特有的功能，为体育教学实践提供了选择体育教学模式的广阔空间。

二、形成途径趋向演绎化

体育教学模式的形成存在着两种方向：一是从体育教学实践中归纳，二是从某种理论中演绎。传统的体育教学模式多是从体育教学实践中总结出来的，是归纳型的教学模式。当代出现的一些体育教学模式大都是依据一定的理论构建的，属于演绎型的。从归纳型向演绎型发展，表明了体育教学论及其研究方法发生了变化，科学水平有了提高。现阶段的学校体育要贯彻"健康第一"的指导思想，体育教学要使学生身心得到全面发展，张扬学生个性，培养学生的创新能力、协作精神和社会适应能力，以什么样的培养模式才能完成培养目标，就需要运用演绎的方法去创造新模式。

三、师生关系趋向合作化

教学过程中关于教师和学生谁是中心的问题，在教学发展史上长期争论不休，存在着两种观点，一种是教师中心论，一种是学生中心论。体育教学中的"注入式"与"放羊式"就是以教师为中心和以学生为中心的两个典型模式，人们从前者那里发现了学生主体地位的丧失和受动性的无止境延伸，又从后者那里看到了教师主体地位的冷落和学生主动性的放任自流。因而，这就促使人们不得不重新审视教师和学生的关系，既重视发挥教师的主导作用，又重视学生学习的积极性，教师和学生共同合作完成教学任务，由此成为现代教学模式的一个发展趋势。

四、目标指向趋向情意化

学生的智力因素与非智力因素在他们的学习活动中都有着积极的重要作用。现代教学模式的构建过程，改变了传统的教学活动中片面强调智力因素的作用，忽视非智力因素对人的发展功能的做法，把培养学生对体育学习的兴趣、激发学生学习动机、树立正确的学习态度、养成良好的体育锻炼习惯放到教学活动的重要位置。无论是教学方法的选择与运用、教学活动的组织与实施、教学效果的测验与评价，都考虑学生的心理需要，注意有利于发挥非智力因素的作用，力争使学生在愉快、积极、向上的情绪体验中掌握知识，培养和发展能力。如情境教学模式、快乐体育教学模式，均设有一定的问题情境，使教学过程具有复杂、新奇、趣味等特征，学生在一种浓厚的兴趣、强烈的动机、顽强的意志状态下学习和掌握体育知识技能，更能激发学生求知的内驱力，保证学生以最佳的情感投入到体育教学中。

五、技术手段趋向现代化

随着科学技术的发展，越来越多的现代体育教学媒体不断涌现，这不仅大大丰富了教学中信息传递的途径，同时，也促进了体育教学模式的改革。许多体育教学研究者开始了这方面的探索，出现了一些新的体育教学模式，这些模式大多注重运用现代科学技术的新成果。如在体育教学中运用多媒体教学帮助学生建立正确技术表象；健美操课运用多媒体技术手段培养学生的创编能力等，电子计算机辅助教学越来越受到重视。在教学模式的运用过程中，充分利用现代教学手段，将学生的视觉与听觉有机地结合起来，往往会取得更好的教学效果。

第三章　体育游戏化教学模式与训练实践

在素质教育的新形势下，体育游戏化教学模式对学校体育教学将产生深刻的影响，它不仅可以促进新的体育课程改革的发展，培养创新型体育教师自主成长的能力，还能够充分利用体育教学资源，有效解决体育教学中深层次的矛盾问题，使学生的主体性得到完善和发展。本章首先分析了体育游戏化教学模式的相关基础性知识，接着进一步探讨了体育游戏化教学模式的结构与基本功能，论述了体育游戏化教学的程序与对策，最后研究了体育游戏化教学模式在足球及网球训练中的应用等相关内容。

第一节　体育游戏化教学模式概述

体育教学具有主体性和开放性的特点，教学过程中师生的互动较为频繁，学生主要从事身体练习，并在项目活动中扮演各种角色，司职不同的任务。不仅体育活动来源于游戏，而且体育教学本身就具备游戏的某些特性，但它同时又受到教育教学严肃性规律的约束。体育教学的这种特性使得它有可能运用体育游戏的模式来实施体育教学内容，达到体育教学的目标。

所谓体育游戏化教学模式，就是为提高体育教学效益，在游戏理论和"健康第一"体育教育思想的指导下，按照体育认知规律和技能形成规律的要求，通过一系列游戏情境的改造、创新以及融合而建立起来的较为稳定的、多维指向的体育教学实践系统。体育游戏化教学模式的概念至少包含四个关键词：体育教学效益、健康第一、游戏情境和多维指向。

第一，体育教学效益。提高教学效益是每一种教学模式所追求的目标，在体育教学中更应合理地配置教学资源，为教学目标的实现最大限度地寻找最优化的教学方案。但长期以来，体育教学效益并没有得到足够的重视。无论是快乐体育教学还是成功体育教学，都没有将体育教学效益充分体现出来，而是追求师生的喜乐和随和，缺乏体育教学应有的严谨和稳重。体育游戏化教学模式能够解决教学效益和松散随和的矛盾，它是游戏情境的再创造，这种再创造具有科学的结构联系，更具有全方位的影响和更显著的教育功能。

第二，健康第一。在素质教育的理念下，一切为了学生的健康是体育教学改革的必然趋势。进入 21 世纪以来，健康概念逐渐从单维的体质健康向身体健康、心理健康、社会健康、道德健康等多维健康目标发展。体育教学不仅要满足学生的身体健康的要求，还要满足学生心理的正常发育，社会适应能力的锻炼和增强；不仅要满足学生当前的学习和生活，更要促成学生终身体育和终身健康的形成。体育游戏化教学模式在"健康第一"思想的指导下，面向每一位学生多维健康发展，以游戏化的、潜移默化的方式，满足学生的需求，使每一位学生受益。

第三，游戏情境。教育是内含于生活过程之中的过程，现代教育却走向了疏离生活的道路，个人所获得的只是适应现代生活的意义贫乏的技能与规范，而没有获得生活的完满。体育教育和教学也同样表现出对儿童日常生活的疏离，并且至今还在所谓的现代体育的引导下纠缠不清。体育游戏化教学采用游戏情境模式，把体育还原于儿童的生活过程，通过体育游戏去实现人的完满生活。游戏情境的开发和利用，可以帮助儿童天性的回归，也是体育教育的生活回归。

第四，多维指向。体育教学内容一旦融入游戏的成分，就会增加许多游戏的性质和特征。贴近儿童生活的体育游戏在塑造身体、心理以及社会生活适应性等方面往往发挥着十分重要的作用。体育游戏的开放性和主体性，给予儿童更多的锻炼机会，可以让他们得到多方面的体验。从另一个角度讲，多维指向还指教学模式的横向结构和纵向程序的连接。体育游戏化教学模式在"健康第一"思想的指导下，用游戏来连接各部分的教学内容，并且相互补充、相互作用，充分利用教学资源和教学条件，力求达成教学系统的目标和结果的一致，并通过科学、全面的评价、反馈，以进一步提高教学的效益。

由此可见，体育游戏化教学模式不仅能有效地贯彻当代体育教学改革理念的要求，而且在模式的运作方式上，也不同于以往的体育教学模式，这种全方位、多指向的模式特点将在体育教学中逐渐显现出来。

第二节　体育游戏化教学模式的结构与基本功能

一、体育游戏化教学模式的结构

（一）体育游戏化教学模式的基本结构

体育游戏化教学模式的结构一般包括：生本体育思想、模式目标、实现条件、操作程序、教学策略和评估。

1. 生本体育思想

这是体育游戏化教学模式所赖以形成的基础，即该教学模式得以成立的教学思想或理论基础，它为体育游戏化教学模式提供了理论支持与思想源泉。生本体育思想来源于对当代体育教育改革趋势的洞察，涵盖了"健康第一"的学校教育理念和终身体育观念，它要求努力贯彻以人为本的教育思想，注重学生的全面、和谐发展。

2. 模式目标

即体育游戏化教学模式运用于具体每一次课堂教学的教学目标，是体育游戏化教学模式的运行方向，是生本体育思想指导下，对体育教学活动在学生身上产生预期的结果，决定着体育游戏化教学模式的操作程序以及活动策略和评价标准等。

3. 实现条件

它是指能使体育游戏化教学模式发挥效力的各种条件因素，其包括教师、学生、教学内容、游戏手段、活动环境等，其中活动环境又包含活动场地、地理、天气以及人为的教学氛围等。实现条件是使体育游戏化教学模式产生作用，达到预期的教学目标，实现生本体育思想的各种条件的总和。

4. 操作程序

它是指体育游戏化教学模式所特有的、规定一系列游戏活动展开的时间序列或逻辑步骤。即是对体育游戏化教学过程的操作步骤、各步骤完成任务的具体规定或说明，确定体育游戏化教学中各步骤应完成的任务，采用怎样的游戏形式，各部分的衔接形式，师生先做什么、后做什么等。

5. 教学策略

它是指整个体育游戏化教学过程中，教师和学生所采用的活动方式、方法、措施的总和。游戏活动的组织形式是教学策略的重要部分，而游戏教学的方法和手段以及控制措施，则影响着体育游戏化教学的效果。因此，各种教学策略的优化组合将提高教学的质量和效益。

6. 评价方法

它指体育游戏化教学效果的测量标准和方法等。由于体育游戏化教学模式所要完成的教学目标是多维的、以学生发展为基础的，因而其教学评价的方法和标准也应该是多元化的、服务于学生的全面发展。

（二）体育游戏化教学模式的构成方式

体育游戏化教学模式作为一个有机的实践系统，不同层次、不同部分的结构之间存在着相互联系，共同发挥游戏化教学的效应，如图 3-1 所示：

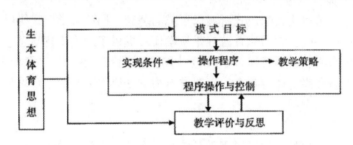

图 3-1　体育游戏化教学模式结构图

体育游戏化教学指导思想是整个体育教学模式的理论基础，它规定着体育游戏化教学模式的目标和评价的方向。在"生本体育"教学思想的指导下，体育游戏化教学模式的目标将"生本体育"理论实践化，从而走向体育游戏化教学模式的内核，即"实现条件—操作程序+程序操作+控制—教学策略"。在这个复合式的内核中，操作程序是该教学模式纵向演绎的体系，而其演绎的每一个步骤又涉及实现的条件和策略。实现条件包括游戏化教学活动的主体、环境、时间、器材、媒体、医务监督等，教学策略则包括一系列游戏化教学方法、手段、保护措施等。同时，体育游戏化教学程序的操作和控制则是该模式主体性、多维性的体现，是教师和学生根据多维化的游戏情境，对教学操作程序的一种创造性的重新建构。教学模式的运行需要过程反馈和结果反馈，通过教学评估的各个指标的检验，可以判断出游戏化教学效果的优与劣，能够及时地反馈于"实现条件—操作程序+程序操作+控制—教学策略"这个复合体，调整其中的演绎步骤和组合方式，提高体育游戏化教学的质量，实现体育游戏化教学模式的目标和理念。

（三）体育游戏化教学模式的结构特点

体育游戏化教学模式各个结构要素之间是相互关联、相互支撑的，整个模式的结构俨然一个具有整体化的系统。这个系统呈现出与其他模式迥然不同的特点。

1. 指导思想贯穿始终

体育游戏化教学的指导思想是生本体育思想，不仅指导着教学模式实施的课堂教学目标，而且还是衡量教学能力和学习效果的总体尺度。更重要的是，在该模式中指导思想还指引着教学过程的每一个细节，包括实现条件、教学程序及操作，教学的策略体系等，为整个教学情境的和谐发展奠定了基调，为教学理念的顺利实现打下了良好的基础。

2. 教学思路清晰明确

体育游戏化教学模式的结构很清晰地体现了教学的思路，明确了作为主导者的教师的工作方案，也显现出作为主体的学生的学习策略。这种教学思路来自游戏以及体育游戏化教学本身的性质，即游戏是一组身体练习活动的集合体，而体育游戏化教学又是若干游戏按照一定顺序整合的结果。同时这种教学思路还遵循着学生的身体认知发展规律，遵循着体育运动的规律和特点。

3. 可控程度显著提高

从体育游戏化教学模式的内核来看，"实现条件—操作程序+程序操作+控制—教学策略"复合体显然已自成系统，它没有规定具体的操作方式，为体育教师留下了足够的空间，以让其发挥自己的主观能动性，这样就显著提高了教学的可控制程度，使整个教学过程在师生的互动中得以创造和演绎。

二、体育游戏化教学模式的功能

每一种教学模式都有其独特的思想基础、结构和程序，与此同时，它的功能也有别于其他的教学模式。体育游戏化教学模式在生本体育思想的指导下，通过游戏情境教学方式发挥着诸多方面的功能。

（一）思想引导功能

体育游戏化教学模式第一次采用生本教育理论作为自己的指导思想，在体育教学领域关注学生的生命发展，关注身体教育和情感教育的结合，为学生的全面健康和素质提高寻找出一条可靠的途径。与以往的各种体育教学模式相比，体育游戏化教学模式试图通过生活化的、自然、朴实的教学情境，来完善学生的内心世界，构建学生自己的体育文化知识体系。这种更具人性化的教学模式，从多个维度造就体育教学本身正在追求和应该追求的目标。

体育游戏化教学模式致力于先进教学理念的传播，同时也完成了体育教学开放性与约束性这对矛盾的统一。在该教学模式中，游戏活动始终处在教学目标的监督和控制之下，向着预定的效果演进。适时的多元评价则不断地反馈于教学，游戏的进程和结果基本倾向于理想的方向。

（二）文化传递功能

我国国土面积广阔，地域差异较大，特殊的生态地理环境，宗教文化，传统习俗形成了不同的文化心理和传统精神，从而决定了人们独特的文化形态。"一方水土养一方人"，各地区孕育着各自特有的风土人情，人们长期生活在自己的文化氛围中，形成了不同族群的独特个性。而风格各异、绚丽多彩的传统体育游戏文化，作为各地区社会历史文化的浓缩点，是社会生活的简单再现，有其深厚的文化积淀。游戏活动的形成一般都与本地的宗教信仰、历史变迁、生产生活习俗等密切相关，而且在长期的历史演化进程中，又往往与本地的音乐、舞蹈、艺术等相互渗透，相互影响，自然完美地结合在一起，具有浓厚的地域色彩和艺术色彩。

如此历史悠久的、具有丰厚人文底蕴和气质的游戏活动，是人类文明的宝贵财富。但随着现代社会的发展，许多传统游戏文化因受到冲击而逐渐走向湮灭。体育游戏化教学模式，担负着传递传统体育文化的使命，对传统体育文化的挽救、保护、传承与弘扬，必能起到十分重要的作用。

（三）健康促进功能

健康促进是体育教学的首要任务，在当代体育教学改革中越显重要。摒弃以前的狭隘健康观念，倡导生物、心理和社会的三维健康生活，正是体育游戏化教学模式所追求的目标。在游戏化教学中，学生不仅承受一定的生理负荷，还通过游戏情境得到心理的修复，社会化的锻炼。特别要指出的是，体育游戏化教学在心理健康和社会健康方面所取得的效果，显然是其他体育教学模式所远远不及的。这种体育教学模式将教学的健康目标内隐于具体的活动之中，潜移默化地进行行为的教化，将学生引向生活的本真，促进学生健康人格的正常发展。

（四）教学相长功能

体育游戏化教学模式的运用，为体育教师的自主成长提供了一个较好的平台。教学本身是师生互动、相互交流的过程，同时也是师生共同对教学内容创新的过程。体育游戏化教学要求教师在理解生本体育思想的前提下，主动整理和挖掘体育教学资源，特别是丰富的体育游戏资源，结合教学目标和内容，对这些资源进行再创造。在教学过程中，教师对整套游戏活动的驾驭控制能力，是所有体育教学模式中要求最高的。不仅如此，体育游戏化教学模式采用多元评价方式，就教师而言，收到的反馈信息是非常多的，但要及时综合分析和处理这些信息，也是一个较大挑战。因此，在体育游戏化教学中，教师与学生都能得到卓有成效的进步和发展。

第三节　体育游戏化教学的程序与对策

一、体育游戏化教学的程序

体育游戏化教学程序的设计主要围绕运动参与、运动技能、身体健康、心理健康和社会适应五大领域的教学进行。而根据这五大领域目标所涉及的内容标准，教学的任务又可概括为两大任务，即运动教育和情感教育。

（一）以运动教育为主的程序

以运动教育为主的教学程序设计，主要涉及运动知识、健康知识、运动技能、体能练习等教学内容。由于运动认知的特殊规律，以及理论与实践的联系性，以运动教育为主的教学程序的设计往往具有相似的要求。运动教育不仅要遵循学生身心发展的规律，更要遵循身体活动本身的规律，它客观上要求将教学程序分为三个阶段，以利于学生对运动技能的学习、身体机能的恢复和适应等。这种教学程序一般可表示如图3-2所示：

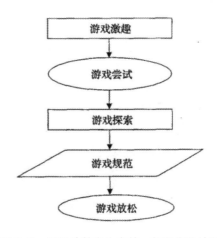

图3-2　以运动教育为主的一般程序设计图

（二）以情感教育为主的程序

以情感教育为主的教学程序设计，主要涉及运动的参与、心理健康的教育、社会适应的培养、道德健康的引导等教学内容。这种教学程序的设计强调潜移默化地实现教学的目标，教育的作用和效益不仅在于课堂教学，还在于课堂教学之后的生活和实践中。因此，以情感教育为主的教学程序设计更为注重教学策略的设计，必须精心选择和采用合理的教学组织形式和方法手段，达到促进学生情感健康发展的目的。这种教学程序可以表示如图 3-3 所示：

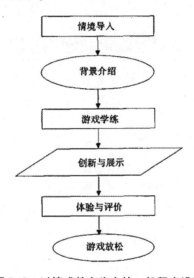

图 3-3　以情感教育为主的一般程序设计图

在进行教学程序设计时，可以根据具体的教学内容，将以上两种类型的教学程序设计图式进行充实和改造，使之更加清晰，更具有可操作性。

二、体育游戏化教学的对策

（一）加强体育教师对体育游戏相关知识学习

在高校体育教学中体育游戏要想合理地运用和发展，就需要转变教师的原有观念，强化体育游戏知识储备，提升体育游戏运用能力。面对身心发展相对成熟的大学生，他们对外界新鲜事物敏感，学习能力较强。因此，大学体育教师要运用体育游戏完成教学内容，教会大学生体育技能和顽强的意志品质，因此体育教师要不断加强自己知识储备量，提高对体育游戏学习的热情，将体育游戏合理运用到大学体育教学中。

1. 优化体育游戏组织方式

体育教师对教学组织方式的选择影响体育游戏的课堂运用效果，体育教师是体育游戏的组织者，大学生是体育游戏的体验者，体育教师要非常了解学生，及时找出学生喜欢的组织形式，带动学生积极开展运用体育游戏，让师生在体育游戏中共同学习交流，心情愉悦地完成教学内容。

2. 强化体育游戏评价

体育教师要在运用体育游戏后对学生反馈信息进行评价，有利于提高体育教师教学水平，提升大学生对体育课堂参与的主观能动性性。体育游戏运用结束后体育教师针对不同的学生表现及时发表评价，要做到因人而异，因材施教。由于学生不能及时回收体育教师对体育游戏的评价，学生的课内的表现得不到认可。增加体育教师对体育游戏的评价频率，每节体育课运用体育游戏后都及时做出评价，并对体育游戏教学内容进行调整，针对不同性别的学生做出针对性的教学内容，提升大学生在大学体育教学中体育游戏的参与度。

3. 提升体育游戏学习能力，丰富体育游戏储备数量

体育教师要主动参加体育游戏培训，收集体育游戏相关资料，提高体育游戏知识水平。体育教师可以在网络上学习先进的体育游戏方式方法，打造高效体育课堂，加深体育游戏内涵的学习。体育教师要经常和同事之间相互学习，共同进步，增加体育游戏储备数量。

4. 增加体育游戏创编频率，提升体育游戏科研水平

教师要在完善体育游戏运用形式的基础上，提高体育游戏创编频率，丰富体育游戏学习内涵，体育游戏要及时更新，要求体育教师要结合实际情况编排出符合高校大学生身心发展的体育游戏。

体育教师是科学知识的传递者，也是体育课程的组织者，将体育知识传授学生，教会体育知识同时掌握运动技能，现如今主流先进知识都是学者通过不断学习探究而得。因此体育教师要不断提升体育游戏科研水平，不断提升体育游戏的价值。

(二) 加强体育游戏场地器材设施的建设

高校体育教学场地器材是运用体育游戏的最主要条件之一。由于吉林省高校体育场地和器材设施相对缺乏，在学校所出经费基础上，还要发挥体育教师的主观能动性，结合学校内部各种有利因素，寻找可利用的空旷场地以及可以利用的游戏道具资源。将课程教学时间进行调整，对场地器材使用较多的时间

段减少课程安排，减少因场地器材设施少导致体育游戏开展的问题，这种方式可以有效利用仅有的场地器材，发挥最大的作用，保证体育课运用体育游戏的时间，加强学校的资金投入，就能很好地解决体育游戏因为缺乏场地器材而无法开展的问题。

（三）提高学校体育相关部门重视，协调各部门管理机制

1. 提高学校体育相关部门重视

体育教学中体育游戏的合理运用对于大学生的身心发展具有重要的作用。在如今全面实行素质教育，学校和教育部门的高度重视，提高体育教师对体育游戏的重视程度，有利于提高大学体育教师在大学体育中运用体育游戏的频率，在大学生的体质不断加强的同时养成终身体育的习惯。体育教师对体育游戏运用频率影响体育游戏的发展，学校体育相关部门对体育游戏的重视显得极为重要。提高体育游戏运用频率，发挥体育游戏的积极作用，是高校完成教学目标的重要方法。

2. 完善体育教师培训制度

高校要增设体育游戏的培训制度，对大学体育教师进行体育游戏培训，结合体育教师自身实际情况，为体育教师创造去外校交流的机会，尽量要求高校体育教师到外校进行学术交流研讨，加深对体育游戏的了解。邀请体育游戏领域专家前来指导，提高体育教师在体育游戏方面的知识储备。通过培训学习，掌握先进的体育游戏的方法和理念，体育教师相互学习，共同提高体育游戏方面的知识储备。

3. 购置体育游戏教材资料

体育游戏是普及性较强的教学方法，大学生易于接受并学习，可以让大学生在玩中学，在学中练，有效促进大学生终身体育习惯的养成。体育教师根据大学生的身心发展情况，在大学体育教学中不断改善体育游戏组织运用形式，选择安全、科学、合理且适合他们的体育游戏内容。购置体育教材数量，可以增加体育教师的知识储备，增加对体育游戏的掌握水平，运用各式各样类型的体育游戏，针对不同学生情况因材施教。

（四）加大宣传的力度，强化学生对体育游戏的认知

首先，加强学校内部推广普及，开展体育游戏活动促进体育游戏的内部宣传，利用体育游戏的特点发挥体育游戏的功能，激发大学生对体育课锻炼热情，养成终身体育的习惯。其次，在体育课前，要求体育教师向大学生普及体育游戏内涵，体育教师要在运用体育游戏后对教学情况及时做出评价，完善教

学内容的同时提高学生对体育游戏的认知水平。体育教师要不断创作编排多种形式的体育游戏，同时要求大学生自主编排切实可行的体育游戏，经考察合理的体育游戏在体育教学中插入施行，展现大学生在体育课堂的重要地位，促进大学生对体育游戏知识的学习与运用。

第四节　体育游戏化教学模式在足球及网球训练中的应用研究

一、体育游戏化教学模式在足球训练中的应用研究

游戏化教学在高校足球训练中具有积极的促进作用，可以有效地激发学生对足球学习的兴趣与欲望，培养学生顽强不息、机智勇敢等良好品质，提高学生的身心综合素质。在足球训练中实施游戏化教学，应该选择符合大学生身心发展特点的教学形式，制定科学周密的教学方案，将足球训练充分的融入游戏化教学中，从而提高学生的足球水平与技能。

（一）足球游戏的主要特征分析

1. 趣味性特征

足球游戏本质上是一种游戏，因此，其具有游戏的本质特征—趣味性特征，球员在足球游戏的过程中可以感受到运动带来的乐趣，同时对足球产生足够的兴趣。在兴趣的驱使下积极学习足球知识，主动完成既定的足球训练目标。由于足球游戏具有趣味性的特征，因此能够更好地激发球员的足球运动兴趣，让球员积极投入到足球学习之中，提升自己的足球技能和运动水平，促进球员身体机能的发展。

2. 竞争性特征

足球运动相对于其他技能而言具有竞争性的特征，需要球员分成两个不同的团队进行比赛，只要有比赛必然会产生相应的竞争，这就是足球游戏竞争性的特征。在双方团队进行竞技的过程中，不同的队员需要运用不同的足球战术和足球球技来赢得比赛的胜利，团队需要统一协作，在集体精神下完成足球比赛。因此，在足球游戏之下球员的团队精神可以逐渐提高，而且在竞技的过程中球员的球技也会逐渐提升，在足球场上积累战术经验，提高思维能力。

3. 教育性特征

足球游戏是本身也是训练的内容，带有一定的训练目的，只不过是以游戏的形式呈现在球员面前。足球游戏应用的主要目的是提高球员的技能，帮助球员快速掌握足球知识，因此，教育性特征不可忽视。足球游戏应用到训练之中需要培养球员的足球技能和团队意识，培养球员的心理适应能力和身体机能。因此，其具有教育性的特征，在游戏的过程中，球员需要拥有组织能力，通过科学的组织战术配合和指挥分析，赢得游戏的胜利。足球游戏一旦进入训练科目之中，就被赋予一定的教育性。

(二) 游戏化教学模式在高校足球训练中的意义

1. 增强足球教学趣味性，提升学生运动技能

在高校足球训练中，实施游戏化教学，能够激发学生对足球的兴趣与热情，使得学生的运动神经中枢系统处于兴奋的状态，促使学生的运动肌肉的弹性得到增加，对于防止学生受伤和提升足球运动技能具有积极的促进作用。

2. 丰富课堂教学形式，提高课堂教学效果

游戏化教学增加了足球教学的趣味性，为学生营造了一种轻松欢快的学习气氛，能够有效地吸引学生的注意力，提高了课堂教学的效果。而且游戏具有多样性，与传统的单一足球要领讲解、动作示范、学生练习的教学模式相比，更能够充分地发挥学生的主观能动性，培养学生思维的创新性。

3. 培养学生顽强意志力，提高学生身心素质

在传统的高校足球训练中，往往采用的是重复机械的练习方式，其过程单调乏味而且异常艰苦，从而导致学生对足球兴趣不高，甚至产生了抵触的心理，不利于课堂教学效率的提升。因此，为了改变该现状，引入游戏化教学法，如轮流推小车、负重接力赛、运球比赛等，不仅能够锻炼学生的体能，促进学生个性的发展和顽强、坚韧意志力的培养，而且提高了学生的竞争意识与团队合作精神，对于学生的身体与心理素质的提高都起着非常重要的作用，使得学生的足球技能得到全面的提高。

(三) 高校足球训练中运用游戏化教学模式的可行性分析

1. 符合大学生的身心特点

在传统的高校足球训练中，体育教师更多关注的学生足球技能的培养，而忽视了学生对足球是否有兴趣，这就导致了学生在足球训练过程中，缺乏积极性与主动性，无法达到预期的教学目标。而大学生的精力比较旺盛和充沛，而且其对事物的喜爱容易受到外界因素的影响。为此，在足球训练中，引入游戏

化教学，能够吸引学生的兴趣，让学生的生理与心理能够处于兴奋的状态，这样有利于学生更好地融入训练中，并且掌握足球技能和动作要领，对于提高学生的足球成绩具有积极的催进作用。

2. 符合体育课堂足球训练的特点

对足球运动的熟练掌握与运用，是建立在学生能够掌握足球运动基本要领，并能够进行大量的训练基础上的。在足球训练中，运用游戏化教学能够让学生对足球产生兴趣的同时，让他们将注意力集中到对动作要领的训练中。在这个过程中，学生能够通过同学互相帮助，纠正彼此错误的动作，并通过与其他同学的动作相比较，找到自身动作存在的不足，这样就可以加深学生对动作的理解与记忆，促使他们掌握正确的动作技巧与要领，从而才能提高他们的足球水平，从而达到提高足球训练效率的目的。

（四）游戏化教学模式在高校足球训练中的具体应用

1. 游戏化教学中应对学生进行安全教育

在游戏化教学过程中，学生的人身安全应该放在课堂教学的首位。这就需要，教师在课前要进行充分和认真的备课，考虑到游戏中可能会出现的不安全因素，并逐一进行排除。同时，要加强对学生的安全教育，在游戏前，将游戏的规则与要求加以说明，确保学生能够严格遵守游戏规则，在游戏过程中，要培养学生之间友爱互助，团结合作的精神。尤其是在天气环境比较恶劣、场地设施等因素造成的安全隐患，更要保证学生在游戏过程中的安全问题，以确保游戏活动能够在安全的条件下顺利进行。

2. 合理选择游戏化教学内容

在足球训练中，运用游戏化教学应该根据足球教学内容、学生的身心特点与实际情况，合理的选择游戏项目，以确保游戏与教学能够紧密地结合起来，既符合足球运动的特点，又能充分的发挥游戏化教学的作用。例如，对于女生，可以适当加入力量、奔跑与速度的游戏训练，而对于男生，可以加入对灵敏性、柔韧性的游戏训练，这样才能让每个都学生的足球运动技能都有所提高。例如，在课前准备阶段，进行运球比赛、取球比赛、人手一球等游戏活动，能够在短时间内将学生的注意力吸引过来，同时能够为学生的足球训练起到一定的热身作用，并为接下来的训练活动奠定了良好的基础。

3. 在足球训练中运用游戏化教学

培养学生的足球基础技巧，是足球教学的重点与难点。在传统的高校足球训练中，教师往往为了完成课堂教学任务，通过机械重复的动作训练，让学生掌握其要领。这样的方式虽然也能够锻炼学生，但长此下去，会降低学生的学习热情与主动积极性。为此，在足球的教学过程中，教师首先应该加强学生对足球的认知，让学生尽可能多的接触足球，从而帮助学生掌握足球的运球技巧；其次，在足球训练中，教师可以适当地穿插一些足球游戏来提升学生的情绪，活跃课堂的氛围，例如，对于运球训练时可以进行"谁是运球王""穿球门接力比赛"等游戏提高学生的运球技能。例如，对于足球战术训练时，可以进行"三对一""四对二"等游戏比赛，使得学生能够情绪高涨，斗志昂扬，精力充沛，这样才能充分地发挥游戏化教学的积极促进作用，使得他们能够真正地爱上足球运动，从而塑造学生良好的身体素质与思想品质，提高学生的体育综合素质能力，达到体育课堂教学的预期目标。

4. 在足球训练结束时运用游戏化教学

由于足球训练内容和任务比较多，为此在足球课程结束时，教师也可以借助足球游戏，帮助学生缓解他们紧张的情绪，消除他们的身体疲劳，让学生的心理活动以及身体机能逐渐恢复到平稳的状态。因此，教师可以选择一些比较简单、轻松、有趣、运动量比较小的游戏，如传球、背人接力赛等，从而让学生在轻松舒适的游戏中，降低兴奋程度。这不仅实现了课程的一张一弛的有度开展，同时也保证后续课程能够顺利进行。

（五）游戏化教学模式在足球训练中的应用策略

1. 足球游戏的选择需要遵循教育规律

足球游戏的过程实质上是训练的过程，由于足球游戏应用到足球训练之中具有教育性的特点，因此，在选择相应的足球游戏时需要遵循具体的教育规律。足球教练选择什么样的足球游戏会影响球员的学习状态和学习积极性，同时也会影响训练的侧重点，因此，教练需要考虑球员的实际接受能力、实际足球运动技能，结合球员的阶段性球技选择相应的足球游戏，通过游戏的方式来提高球员的身体素质，帮助球员促进智力、情感以及心理适应能力方面的发展。高校足球队球员大多热爱足球，有的已经具备一定的足球认知经验，因此足球教练既可以选择现成的足球游戏，也可以根据每日的训练内容进行具体的创编。在游戏的过程要培养球员各方面的能力，提升其兴趣。

2. 遵循高校球员身心发展特点

教练在选择足球游戏的过程中必须针对性地看待球员的身心发展特点，以球员的身心发展特点为标准来编排足球游戏的应用环节，既可以将足球游戏应用到训练开始之前，也可以让足球游戏代替传统的训练模式，还可以让足球游戏作为训练之后的放松活动，让球员在疲惫的练习之后利用游戏放松身心。无论运用到哪一个环节，教练都需要结合球员的生理特点和实际足球能力，结合球员的爱好等编排游戏。一般来讲，男球员和女球员的心理特点和生理特点存在差异，男生相较于女生而言更喜欢体力方面的游戏，例如力量型和耐力型游戏；而女生相较于男生而言更喜欢灵敏性游戏，如垫球、带球绕杆等游戏。高校现有的球队多以男球员为主，教练需要阶段性的测试球员的体能和足球技巧、战术等，结合球员存在的缺陷设置游戏，通过游戏提高训练效果。

3. 足球游戏与训练结构相匹配

在选择足球游戏的过程中，教练必须考虑到训练内容和游戏的相配性，结合足球训练内容、训练时间长短选择一些游戏。例如在准备阶段的游戏需要结合具体的训练长短安排合适的游戏类型，时间不宜过长，可以设置一些暖场游戏，既能调动球员的情绪，衔接训练内容，也能避免球员在游戏过程中浪费大量的体力，无暇在正式的训练中发力。例如在正式训练部分选择游戏时，教练需要注重游戏的技术动作要点、游戏内容中的技术技能，既要让球员体会到游戏的乐趣，也要在游戏中加入较多的教育元素，让球员通过游戏锻炼自己的技能技巧。教练需要注意足球游戏需要与具体的足球动作结合，帮助球员减少训练的疲倦感。在训练结束部分选择的足球游戏需要选择一些负荷比较小，能够帮助球员放松的游戏，促进球员通过游戏来恢复身体机能，消除运动疲劳。

4. 教师在足球训练中遵循适度性原则

教练在选择足球游戏的过程中必须遵循适度性原则，也就是说，在整个训练中需要适当的展开足球游戏，避免频繁利用足球游戏引发球员的疲惫感。足球游戏只是一种传递足球技巧的工具，全程利用游戏展开训练会影响到训练效果，一些球员会因为全程都是游戏产生不认真训练的后果，而且球员不仅需要足球训练，在日常还需要学习专业技能，因此，游戏的选择需要适度。应该搭配具体的训练内容，适当穿插游戏，发挥游戏的功能，展现游戏新颖和独特的特点。让球员在感觉到新鲜感的同时，巩固球员的足球兴趣，避免大量利用足球游戏产生适得其反的效果。

总之，游戏化教学在高校足球训练中的应用，能够有效地激发学生对足球学习的兴趣与热情，丰富课堂教学形式与内容，有利于提升足球教学效果，培养学生团队协作精神与坚韧的意志力，促进学生身体与心理素质水平的提高。为此，作为高校体育教师，应该结合足球课程教学特点与学生的个性差异，选择符合大学生生理与心理的游戏化教学方法，充分发挥游戏化教学的作用，从而促进大学生健康全面的发展。

二、体育游戏化教学模式在网球训练中的应用研究

随着我国体育发展不断深入，高校网球各种训练模式也得到了越来越多的

重视。网球运动需要将力量和技巧进行结合，在这个过程中能够帮助学生更好地协调动作，对于学生的发展具有非常重要的作用。游戏模式能够使网球训练富于趣味化，而且通过游戏对学生的各项技能进行提高，能够潜移默化地对学生的各项发展进行促进。游戏本身具有较强的开放性，对于网球训练具有非常重要的引导作用。我国传统观念认为游戏和训练是两个对立的部分，两者之间具有不可逾越的障碍。实际上游戏本身是进行训练活动很好的载体，训练活动又能够使游戏得到更好的延伸。两者在实际中能够进行相互补充，并通过教师的引导，使得学生在训练的过程中自主地进行探究和学习，这有利于拓展学生的视野和专业网球知识。游戏模式能够在高校网球训练中，帮助学生更加完善的培养自身的各方面性能。因此，在进行高效网球训练的过程中，教师要通过游戏积极引导学生有目的地进行自我体能的锻炼，更加适合网球运动的需求，使学生进行连续化的高速发展。

（一）我国网球训练的现状分析

1. 训练方法存在问题

在大多数高校展开网球训练的过程中，对于网球学习停留在表面上。而且教师一味要求学生进行高强度的训练，而不注重学生综合能力的提高。这种训练方式虽然能够在短时间内大幅度地提高学生的网球运动技巧，但是学生的根基不稳，在以后的发展过程中就会成为很大的瓶颈。在进行训练的时候，教师必须注重学生各方面综合体能的训练，并结合学生的兴趣，设置相应的运动活动，才能培养学生对网球训练的兴趣。而且在训练的过程中也要帮助学生寻找到适合自己的训练方式，树立学生主动训练的意识，使训练活动从单向输出到双向流动。除此之外，也要提高对相关网球训练设备的完善，综合采用多种运动器械，建设更好的网球运动场地和设施，帮助学生进行有针对性的提高。部分高校缺乏网球训练的条件，难以使学生通过各种渠道获得网球训练的信息，对开展网球运动非常不利。

2. 评价模式不完善

在目前大多数高校网球训练都是对以往训练模式的延续，并没有根据实际训练状况进行相应的改善，因此训练无法满足学生的实际发展要求。在高校开展网球运动训练，一方面是为了使学生更好地了解这项运动，并通过这项运动建立健康阳光的生活习惯。另一方面对于有网球天赋的学生而言，通过有针对性的训练，可以成为专业的网球运动员成为谋生手段。在当下对于网球训练结果的考核都是通过比赛的方式进行，对于学生的综合能力发展，并没有相应的考核方式。网球运动是一项复杂的综合性运动，其中不仅涉及很多专业操作性技术，而且其中也包含着很多专业知识。会进行考核的过程中也要对学生的网球专业知识进行考核，使学生获得全方位的发展。训练模式依赖于考核模式的建立，在中国目前网球训练的背景下，考核方式改革是一项非常复杂的体系建设，需要在训练的过程中不断进行摸索改善，才能构建出更加符合学生训练要求的测评体系。

3. 网球教学设备单一

随着体育事业的发展，越来越多的人看到了体育行业未来的发展前景，积极的加入了与之相关的建设与研究热潮当中，为我国的体育事业的发展提供了进一步的推动型力量，其中体育机械的类型的多样化、质量水平的提升等更是为体育运动员自身的水平的提升提供了可靠的力量支持。但在高校的网球训练中，体育机械设备的配置却存在较大的问题，普遍呈现出了教学设备单一，更新换代的速度较慢的情况。而造成这一情况出现的根本原因则在于高校在这一方面的缺乏重视，资金投入不够，致使学生能够使用的网球训练设备较少，在一定程度上限制了学生的体育综合水平的提升。

4. 考核标准过高，训练强度缺乏合理性

高校网球训练课程设立的核心在于提高学生对体育运动的兴趣，促进学生的身心健康发展。而在实际的高校网球训练中，多数教师却将大多数的注意力放在了学生的网球运动成绩上，缺乏对学生的实际身体素质观察，进而导致部分学生自己的身体承受能力不足以满足高强度的网球训练，在训练的过程中出现了不同程度上的身体损伤的情况。并且，由于教师设立的考核标准对于部分学生而言难度过大，对学生参与网球运动的信心造成了一定的伤害，不利于帮助学生建立对体育运动的热爱心理的任务的实现。

(二) 游戏化教学模式应用于高校网球训练的重要性

1. 有利于提高学生的训练积极性

在网球训练的过程中，需要对各个身体的部分进行训练，才能更好地提高身体的灵活性、平衡和协调能力。传统的网球训练方法都是通过高强度的训练来完成的。因此，大多数学生在进行网球训练的过程中缺乏足够的积极性。利用游戏开展网球训练活动，能够使学生更加深刻的了解到网球运动的乐趣。在长期的训练过程中，必定会存在厌烦的心理，通过创设游戏的情景，能够使学生更好地投入到训练的状态之中。在进行游戏创设的过程中，也需要依托相应的体能锻炼目标进行。这样的话才能更好地对学生进行体能的专门训练。在进行综合性游戏训练的过程中，教师要仔细观察学生的运动状态，并根据学生的外在表现找出学生的薄弱项目，以便于在后期训练的过程中有针对性地提高；

游戏训练模式也需要相应的设备和器材，要根据相关的运动要求对器材进行选择。并不是说在这个过程中投放的器材越多就越好，器材的选择要综合各方面的因素，考虑到学生的能力及发展状况，以便于学生能够有针对性地进行选择。

2. 有利于开展针对性训练

游戏训练模式不是漫无目的的进行放松，而是通过游戏外衣的形式对体能进行训练，并在这个过程中激发学生的主观能动性，对网球进行由浅入深的学习。开展游戏训练的过程中，教师要适当地放松对学生的要求；而要通过在游戏中的反应察觉到学生体能的欠缺，并以相应的方式进行针对性的引导和训练，使学生在游戏的过程中得到体能的提高。网球运动是有氧运动与无氧运动的结合，在训练的过程中也得又要对学生肌肉的收缩能力进行提高。通过游戏模式的训练活动，提高学生心率、肌肉的恢复能力，进而使学生的身体可以得到更大血流供应、提升肌肉运动表现、降低疲劳度。教师在设定游戏的过程中也要注重层次设置，随着游戏的深入时体能的要求逐层递进，枯燥无味的训练变成闯关式的游戏，增强网球训练的娱乐性。教师在这个过程中要深入了解学生的发展状况，并在宽松自主的训练环境中，对学生进行体能的拔高。游戏化的训练模式将重点转移到学生身上，令学生进行自我潜能的发掘。游戏模式本身并不能保证所有的部分都与训练有关，随着活动的不断深入，游戏所带来的体能训练，便会逐渐凸显出来，这样的话，学生在潜移默化中对体能进行相应的训练，再次进行网球运动的时候就会感受到自身能力的提高。

3. 有利于提高学生的综合能力

在进行游戏化训练的过程中，要根据学生的身心发展水平进行设置，并对其中可能发生的情况进行预测，以便于在发生问题的时候，能够有针对性地进行解决。游戏训练模式不宜进行过多的干预，教师只有对学生的表现进行充分观察之后才可以有针对性地开展指导，尽量避免强制性的干预，给予学生更多的自主发挥空间，以便于学生能够进行主体潜能的发挥。在进行网球比赛的过程中，不仅仅是体能的对抗，更是脑力的战争；双方球员之间需要根据对方的出球方式，缜密思考之后调整自己的战术。

而游戏本身就是对抗类的活动，能够在这个过程中给予学生最大限度的模拟，突破单一对于抗式的训练，给学生的整体素质得到相应的提高。游戏于网球比赛都需要学生长时间的保持专注度和耐心，并灵活地改变自身的战术，双打比赛也需要能够与队友之间进行良好的合作，才能取得成功。需要注意的是游戏本身毕竟具有一定的娱乐性，学生带进行网球训练的时候，难免会陷入游戏的娱乐本身，而难以展开体能和思维的训练。教师要能够制定相应的规制方法，避免学生陷入娱乐化，从而更好地发挥游戏网球训练的作用。

（三）游戏化教学模式在高校网球训练中的具体应用

1. 体能训练

网球运动与其他运动之间存在较大的差异，其对上肢力量和下肢力量都具有较高的要求，因此，在体能训练的时候要注重上肢和下肢力量的双重提高。以往的体能训练大多都是长时间的奔跑或者垫脚跳进行练习，或者通过俯卧撑，引体向上等活动进行。这种训练方法单一枯燥，而且对于学生的体能发展非常有限。体能训练涉及的专业知识比较少，主要通过针对性的训练，提高肌肉群的反应能力。网球运动员在进行比赛的时候，往往需要进行激烈的对抗性运动。而所有动作的发出，必须以坚实的力量为基础，提高身体肌肉群耐力具有多种方式。例如，可以使学生之间相对站立，两人为一组，双脚相抵，双手相拉，然后互相用力拉引，将对方拉过来者为胜。在这个过程中，通过力量的训练能够使神经系统的负荷强度强弱，而且这种能够使肌肉收缩的频率降低。在这个过程中，要最大限度地将学生的身体控制能力进行训练，以便于学生能够更好地维持自身平衡。力量训练不需要通过专门的器材进行，只要经过多种趣味化的游戏就能够增强肌肉系统的负荷能力。肌肉训练的时间不能过长，一般来说，每周三到四次为宜，避免给身体造成过大的负担，游戏活动方式可以更换，但是要保证学生能够进行肌肉能力的提高，要做到持之以恒。

2. 弹跳力训练

在网球比赛的过程中需要运动员跃起击球，因此，弹跳力训练也是网球训练中非常重要的一部分。弹跳力的训练比较复杂，在跃起的过程中将力量、速度、协调性于一体，它是综合能力的反应。一方面，学生要能够每天对自己每个部位的韧带进行拉伸，另一方面，学生也要有针对性地对肌腱进行训练，最大限度地扩大关节的活动范围。对于弹跳力训练可以通过跳绳、蛙跳等方式进行，也可以开展跨栏运动，以便于对臀部和大腿的力量进行提高，最大限度地提高弹跳力的水平。教师可以组织开展垫脚跳比赛，两个学生为一组，同向而站，并绑住相邻的两个脚，在固定的时间内比赛哪个组走得快。这样不仅能够提高学生的弹跳力水平，而且能够提高他们之间进行交流合作的能力，在进行对抗比赛的时候能够更好地相互帮助，培养更好的默契。弹跳力训练不需要过多的进行，一般来说一周进行一到两次为好。也可以采用简单的跳箱方法，使学生在微蹲之后，双手后摆带动身体跳到箱子上。这个过程中要使双脚打开与肩同宽，而且在跳的过程中不可直上直下，避免由于弹跳力不足，而且肌肉负荷受伤。在实际训练的过程中，也要考虑到学生自身的能力，按照实际情况规定进行弹跳力训练的频率。

3. 耐力训练

网球运动持续的时间比较长，在进行训练的过程中，也必须加强学生肌肉耐力。在耐力训练的过程中，必须以速度力量相结合，才能进行大幅度的提高。在开展游戏训练的过程中，也要注重到这方面的内容。使学生在各种突然变换的条件下，灵敏地完成各种动作，在对身体各项机能进行发展的基础上，提高身体的耐受力。一般来说，长跑是进行耐力训练最好的方法。但是如果仅仅进行长跑训练，就使得训练活动极其枯燥，并不能快速的提高肌肉的耐力。在进行长跑的过程中，也可以适当地穿插负重越野活动，将野外生存与负重奔跑融为一体；或者采用游泳比赛、自行车比赛等方式进行肌肉抗疲劳的训练。在这个过程中，一定要把握好运动量，每周不得少于三次。除此之外，也要对学生的平衡力进行相应的培养，避免由于网球比赛中奔跑活动而摔倒，并刺激自身的神经系统，使肌肉群活动起来，进而使学生的神经系统更加灵敏，对球的位置进行精准的控制。可以采用"雄鸡斗架"的游戏方式进行，在地上画出圆圈之后，使两名游戏者站到相应的圆圈中相互用手推，一方的脚发生移动则为输的一方。

4. 分析能力培养

网球现在的时候不仅有一定的运动量，而且需要对对方的战术进行分析，并进行相应的调整，才能取得胜利。网球运动是体能和智能的双重考验。因此在平时训练的时候，也要注重学生分析能力的提高。例如，可以将学生分成人数相等的甲、乙两队，使双方进攻队员按照本方进攻路线向对方大本营发起攻击，能够先触及对方司令部的一方获胜；双方的防守队员在比赛开始后可用推拉的办法将对方的队员推出或拉出其行进通道，使其出局。教师在设计相应游戏的时候，要注重对学生观察能力和问题捕捉能力的培养，使学生能够在多种信息中分辨出对自身最有利的信息。除此之外，也要有效地提高学生的逻辑分析能力，这样才能结合观察力和判断力对对方的网球击打方法做出分析，并进行相应的调整。

（四）游戏化教学模式在高校网球训练中应用的策略

1. 保障网球训练中游戏化教学的安全

在网球训练中运用游戏教学具有非常大的优势，在实际操作的过程中，必须对各个阶段进行精准的控制，避免发生安全事故。首先，为了保障相应的游戏能够顺利地开展，教师需要对游戏需要的各种设备和事项进行复核，最大限度地减小由于设备本身给学生造成身体损伤。某些高校对于运动设备没有进行及时的检修，运动器材长期暴露于室外，其安全性能存在很大问题。教师要要求学生在进行训练的过程中进行合适的着装，对于危险的运动，要佩戴相关安全护具，避免事故发生。其次，大多数游戏都存在较大的对抗性，学生在开展运动之前必须进行相应的热身运动，避免造成身体损伤。通过身体运动能够更好地调整人的身体机能，帮助身体更加迅速地进入兴奋的状态，积极调动学生的运动器官，以便于更好地开展游戏运动。另外，在设计游戏的过程中，必须充分的结合网球运动的特点和学生的兴趣，否则游戏就会失去意义。在这个过程中也要针对性地培养学生的团队合作能力，使学生主动参与到游戏之中。幼稚的游戏不但具有较强的趣味性，而且能够更好地实现网球训练的目标，两者达到有机的结合，才能更好地实现游戏模式训练的意义。大多数游戏本身都具有较强的对抗性，开展游戏的过程中要能够积极地排除其中存在的不安全因素，做好安全防范措施。

2. 在网球训练的游戏化教学中灵活地运用多媒体等方式

随着互联网技术的不断提高，各种新媒体技术得到了极大的应用，网球训练自然也不例外。在开展网球训练的过程，可以利用多媒体丰富教学的内容，以便于进行教学模式的改善。我国体育教学方式非常贫乏，虽然目前已经有很多院校已经开始利用多媒体进行教学，并结合游戏的教学模式，取得了比较明显的效果。但是在高校的网球实际训练中整体情况还是比较复杂的，大多数教师对于多媒体游戏教学模式的应用依然非常贫乏，对于学生网球技能的提高非常不利。首先，教师要提高对于多媒体教学的意识，并不断提高自身的专业技能，以便于能够系统全面的帮助学生开展网球训练。网球训练是非常枯燥的活动，引入互联网教师模式能够在很大程度上提高训练的乐趣，丰富训练的方式，互联网给网球教学带来了无可比拟的优点，也能够通过大数据分析对学生的训练状况进行针对性的分析，并建立相应的模型，为学生设计训练方案，使学生能够有效率的开展网球训练活动。其次，进行互联网训练能够使学生更加清晰的了解自身的训练状况，结合自己的发展水平开展训练教学活动，以便于学生对自己薄弱的环节进行针对性的改善。在训练的过程中，要尽可能以学生为主，尊重学生的学习需求，使学生发挥自身的潜能，但是学生自身的能力毕竟有限，教师不可能对每个学生进行一对一训练。在学生进行游戏训练的过程中，教师可以通过互联网技术对学生的表现进行观察，进而进行针对性的分析。网球要求运动员能够具有较好的合作能力，因此，在进行教学的过程中，要进行相应的分组，使学生在训练的时候进行更好的交流，突破自身的局限性，每个学生都有自身独特的优点，在组间进行交流能够使学生进行更要效率的提高。

3. 发挥网球训练中游戏化教学的优点并克服相应的缺点

游戏模式的训练方法固然存在着很多其他教学方法难以比拟的优点，但是在实践过程中仍然会存在很多问题。游戏虽然通过相应的设置能够具有提高学生网球技巧的能力，但是其本身的娱乐性非常容易使学生遗忘训练的目标。这种训练方法得到的训练效果是分散而又不系统的，必须经过相应的引导才能达到理想的效果。为了更好地发挥游戏教学的优点，教师在游戏之后要带领学生进行总结性的学习，使学生清楚游戏学习的重点所在，并结合网球训练的要求对从游戏中提高的专项技能进行提高。这个过程中，教师要积极发挥自己的作用，帮助学生发现自身在训练中存在的问题，以便于他们进行及时的改正。游戏只是进行网球技能训练的一种媒介，学生要能够意识到其中的训练意义，也要结合多种训练方法提高自己的网球技能。在游戏训练之后学生也要对各种技能进行重复练习，以便于达到更好的训练效果。教师也要帮助学生在训练的过程中建立适合自己的方法，更好地开展网球技能训练。

4. 落实分层教学理念

每一个学生的身体素质都有所不同，如果教师以同化的标准要求学生，让学生向着同一运动目标前进，将极容易导致学生在训练的过程中身体上出现损伤问题，导致高校网球训练与其实际的设立目的背道而驰。因此，教师在制定高校网球训练中的游戏模式时，应当向从学生个体的身体素质情况的角度出发，对每一个学生的各项身体指标进行检测，整合出综合性的信息报告，以此为依据将学生科学的合理的分成几组，保障每一组的学生的身体素质差异在最小的范围之内，进而降低学生的心理压力。而后，教师需要带领学生进行"竞赛游戏"，并设立不同的竞赛目标，要求学生按照分组进行同组竞赛，进而在提升网球训练的趣味性的同时，保障训练强度在学生能够接受的范围之内，降低因竞赛游戏的强度过大而造成的学生的身体损伤的问题的出现，保障学生在游戏过程中的安全性。

5. 优化网球的教学设备

教学设备是高校网球训练中游戏模式能够有效地落实支撑力量，对学生的网球训练的成效具有较大的影响力。因此，高校领导应当对此重视起来，在网球训练设备上极大资金投入，积极的优化教学设备，为学生提供更为优质的训练环境，使得学生在训练过程中的体验感受更为显著。此外，为了让教学设备在游戏教学法中发挥更大的价值，体育教师还应积极地提升自身的专业素质与能力，加强对新型的网球训练设备的研究，使得新型网球运动设备能够更好地服务与学生，推动学生的网球训练水平的提升。例如，在网球训练课程的"弹跳力"训练中，教师可以将专业化的训练设备作为辅助，带领学生进行

"挑战"游戏，让学生通过不断地刷新上一个学生的记录的方式，进而激发学生的潜在力量，使得学生能够在游戏中到达较高水平的训练成绩，并在这一过程中使得教师能够找到学生的极限所在，为下一步的训练计划提供可靠的数据支持。

6. 优化网球的教学评价

高校学生虽然在思想与意识上已经逐渐成熟，但在获得教师的认可方面依然存在较大的期待，如果教师在教学的过程中对学生的评价过于单一，仅将考核成绩作为评价学生的标准，将会极大地削弱学生的主动性，降低游戏教学模式的正面影响力，致使最终呈现出的教学效果不佳。因此，教师应对优化教学评价重视起来，积极地参与学生群体中，与学生共同进行游戏训练，让学生逐步与教师互动，从而拉近师生之间的关系。教师需要在训练的过程中注意观察学生的动态训练情况，分析学生的心理状态，性格特点等，在游戏结束后，依据学生的实际情况，以学生的角度为切入点，给予学生积极的正面的评价，使得学生能够感受到教师的重视，进而更为优秀的精神状态参与到今后的网球训练课程中。最后，教师还应注意在评价的过程中给予学生一定的建议，使得学生能够更为客观的看待自己，不断改掉缺点，让学生向着更为优秀的方向发展，实现高校网球训练中游戏模式的构建价值。

对于高校网球训练而言，教师必须结合学生的实际发展状况，才能建立更加完善的考核模式。通过游戏训练的模式力求能够对学生的各项综合体能进行发展，在进行考核的过程中，也要涉及这方面的内容。首先就要改变以往单一的测评方式，游戏模式能够在很大程度上丰富网球训练的内容，根据网球训练的内容，对学生进行有针对性的考核，有利于提高游戏模式的应用水平。测评方式可以通过比赛进行，但是最后的成绩不仅仅包含比赛的结果，成绩的评定有平时分，技能考试分，综合评价后分优秀、良好、及格三个等级，由三项成绩总体评定；同时注重学生的平时训练状况和训练结果，有利于激发学生的训练积极性，对于学生的发展具有非常重要的作用。目前，我国网球训练模式仍然在探索阶段，幸好根据实际要求进行相应的调整。网球训练与其他运动不但存在共同性，也存在差异性，因此在进行网球成绩考核的过程中，既要遵循一般体育课程的方法也要结合网球自身的特点进行设置。网球训练要求学生掌握一定的基础知识，它不仅是一项以身体练习为主的运动，更是提高综合发展素质的一种手段。在教学的过程中也要有针对性地提高学生的身体素质，不能仅仅将网球训练作为一种运动进行学习，考核方式也要根据网球训练的内容进行拓展，以便于学生对网球进行更加深入的了解，意识到网球运动与健康生活习惯的重要性，使学生处于一种健康的生活状态。

总之，游戏模式对于高校网球训练具有非常重要的作用。虽然在实际训练过程中依然没得到较好的应用，但是这种教学模式的作用却又不可小视。教师在进行训练的过程中，必须结合网球的训练特点，大胆创新，在游戏中深度挖掘训练的意义，更好地发挥游戏的体育训练作用，帮助学生更好地开展网球训练活动。

第四章 体育运动处方教学模式与训练实践

运动处方教学指的是在体育教学过程中，以学生身体素质为基本内容，有针对地开展体育教学活动，通过结合学生实际和教学目的，实现二者有效结合的教学方法。实施这一教学方法是体育教学环境变化的客观要求，更是人才培养理念丰富下的全新要求。通过聚焦运动处方，不但从根本上提升学生身体素质，同时更能实现体育教学改革目的，发挥体育教学应有的作用。

第一节 运动处方基础知识

运动处方的完整概念可概括为："对从事体育锻炼者或病人，根据医学检查资料（包括运动试验及体力测验），按健康、体力以及心血管功能状况，结合生活环境条件和运动爱好等个体特点，用处方的形式规定适当的运动种类、时间及频率，并指出运动的注意事项，以便有计划地经常性锻炼、达到健身或治病的目的，即为运动处方"[①]。

一、运动处方的特点

（一）个体化

在制订运动处方之前首先要了解锻炼者的年龄、性别、个人健康信息、体育活动的经历、医学检查信息，以及体质测试结果，如心肺耐力、身体成分、肌肉力量、肌肉耐力、柔韧性等，综合判断锻炼者的健康状态、体力活动现状、有无疾病或危险因素等具体情况之后，再有针对性地制订运动处方。

---

① 李春光. 大学体育［M］. 天津：天津科学技术出版社，2019：64.

（二）系统化

运动处方的基本内容包括运动频率、运动强度、运动方式、运动时间、总运动量和运动处方实施进程，以及运动中的注意事项和运动中的医务监督力度等。

（三）安全有效

按照运动处方有计划地进行身体锻炼，能够以较短的时间、适宜的运动负荷获得较明显的锻炼效果，有效地提高身体机能，达到预防和治疗某种慢性疾病的目的；同时，可显著减少运动伤病的发生率，达到"事半功倍"的效果。

二、运动处方的作用

运动处方与普通的体育锻炼和一般的治疗方法不同，运动处方是有很强的针对性、有明确的目的、有选择、有控制的运动疗法。运动处方的生理作用主要有以下几个方面。

（一）运动处方对心血管系统的作用

运动处方主要是采用中等强度的有氧代谢为主的耐力运动，即：有氧运动。正常情况下，有氧运动对增强心血管系统的输氧能力、代谢产物的清除，调节做功肌肉的摄氧能力、组织利用氧的能力等有明显的作用。按运动处方锻炼可使心率减慢，血压平稳，心输出量增加，心血管系统的代偿能力增强等。

（二）运动处方对呼吸系统的作用

实施运动处方可增强呼吸系统的通气量、摄氧能力，改善呼吸系统的功能状态。

（三）运动处方对运动系统的作用

实施运动处方可增强肌肉力量、肌肉耐力和肌肉协调性保持及恢复关节的活动幅度，促进骨骼的生长，刺激本体感受器，保存运动条件反射，促进运动系统的血液和淋巴循环，消除肿胀和疼痛等。

（四）运动处方对消化系统的作用

实施运动处方能促进消化系统的机能，加强营养素的吸收和利用，增进食欲，促进胆汁合成和排出，减少胆石症的发生，促进胃肠蠕动，防治便秘等疾病。

（五）运动处方对神经系统的作用

实施运动处方能提高中枢神经系统的兴奋或抑制能力，改善大脑皮质和神经-体液的调节功能，提高神经系统对各器官、系统的机能调节。

（六）运动处方对体脂的作用

实施运动时间长、运动强度中等的运动处方能有效地减少脂肪组织，达到预防疾病和健美的目的。

（七）运动处方对代偿功能的作用

因各种伤病导致肢体功能丧失时，人体产生各种代偿功能来弥补丧失的功能。有的代偿功能可以自发形成，如：一侧肾切除后，身体的排泄功能由对侧肾负担。而有的代偿功能则需要有指导地进行训练或刻苦训练，才能产生所需要的功能。如：肢体残缺后，用健侧肢体代替患侧肢体的功能。运动处方对代偿功能的建立有重要的促进作用。

（八）运动处方对人的心理作用

运动能有效地释放被压抑的情感，增强心理承受能力，保持心理的平衡。在疾病的治疗和康复过程中，能增强患者治疗和康复的信心，有助疾病的恢复；按预防、健身、健美的运动处方运动，可保持良好的情绪，使工作、学习更积极、更轻松。

三、运动处方的分类

随着运动处方的不断完善，对"不同的身体状况、不同的锻炼目的应采取不同的锻炼方法"的要求更加严格，尤其是那些身体患有疾病的人，必须严格地按照运动处方进行体育医疗。按照不同的标准将运动处方进行分类，有助于我们认识运动处方的特点，更有效地发挥它的作用。

（一）按目的分类

1. 健身运动处方

健康人进行运动处方锻炼是以增强体质和提高健康水平为目的的。这类运动处方又可以根据不同年龄分为老年人健身运动处方、成年人健身运动处方、青少年健身运动处方、幼儿健身运动处方、女子健身运动处方等；还可根据不同的工种分为企业工人健身运动处方、公务员运动处方、科教人员健身运动处方等。

2. 竞技运动处方

针对从事专项运动的人员，以增强其身体素质和提高运动技能水平为目的而制定的运动处方。可根据发展某项身体素质分为力量性运动处方、耐力性运动处方、速度性运动处方、灵敏协调性运动处方等；也可根据训练计划分为周期性训练处方、周训练处方、课训练处方等。

3. 康复治疗运动处方

用于慢性病患者和残疾者，以辅助治疗疾病、提高康复医疗效果为目的。用于某些疾病或损伤的治疗和康复，它使医疗体育更加定量化、个别对待化。例如，肥胖症运动处方、高血压运动处方、糖尿病运动处方、冠心病运动处方、癌症运动处方等。

（二）按构成体质的要素分类

1. 改善身体形态的运动处方

身体形态主要通过身高、体重、身高、胸围、腰围、臀围和皮褶厚度等指标反映。可以制定相应的运动处方，通过锻炼使身体形态得到改善，如增加身高运动处方、控制体重运动处方、改善胸围运动处方等。

2. 增强身体机能的运动处方

身体机能是人体各器官、系统及整体所表现出来的生命活动现象。制定相应的运动处方，能增强各器官、系统的功能，提高健康水平。如增强心血管功能运动处方、增强肺功能运动处方、促进消化功能运动处方等。

3. 增强身体素质的运动处方

人体肌肉活动中所表现出来的力量、速度、耐力、灵敏度及柔韧性等能力统称为身体素质，它是人体为适应环境变化所储存的身体能力要素。为增强身体素质制定的运动处方，有增强力量素质运动处方、增强速度素质运动处方、提高耐力素质运动处方、发展灵敏性素质运动处方等。

4. 调节心理状态的运动处方

健康的心理可以维持人的正常情绪，保持人的正常生理功能，以适应内外环境的各种刺激。可以制定有关的健心运动处方，通过锻炼增进心理健康，如培养意志品质运动处方、增进健康情感运动处方等。

5. 提高适应能力的运动处方

适应，是指与周围环境间的关系发生较大变化时人体采取的一系列被动性与主动性调整，这些调整大部分属于保护性反应。通过提高适应能力运动处方的锻炼，可以提高人体对内外环境各种变化的适应能力，增强对疾病和有害生物因素的抵抗能力，以及对各种社会心理性紧张刺激的应激能力。

（三）按照锻炼的器官系统分类

1. 心血管系统的运动处方

以提高心血管系统功能为主，用于各种心血管疾病的治疗、康复和预防，如冠心病、高血压等。

2. 呼吸系统的运动处方

改善和提高呼吸系统功能，以预防、治疗和康复各种呼吸系统疾病，如哮喘、肺结核、气管炎等。

3. 神经系统的运动处方

改善和提高神经系统功能，以预防、治疗和康复各种神经系统疾病，如改善睡眠的运动处方、预防和治疗神经衰弱症的运动处方等。

4. 消化系统的运动处方

改善和提高消化、吸收功能，以预防、治疗和康复各种消化系统疾病，如治疗消化不良的运动处方等。

5. 运动系统的运动处方

以改善和提高运动系统的功能为主，预防、治疗和康复运动系统疾病，如治疗肩周炎的运动处方、预防关节炎的运动处方等。

四、运动处方的实施

运动处方的制订和实施的过程是一门科学，同时也是一门艺术。成功、有效与理想的运动处方要在对健身者研究结果的基础上，以一种较有弹性的方式，考虑环境与个人状况，来促进参与者的健康和体适能。依据对健身者身体状况而制订的运动处方，运动专业人士应监督和督促健身者实施为其制订的运动处方。运动处方实施的过程，其实就是运动锻炼的过程。在运动锻炼过程中要遵循训练学的原理，遵循训练的基本原则，同时更需要对运动训练的过程进行监督，避免出现机体异常现象，或过度训练等造成对机体的伤害，或造成肢体关节的功能障碍。

（一）运动处方实施的组成部分

一次运动锻炼的组成，一般包含 3 个重要的组成部分：准备活动、正式锻炼、整理运动。

1. 准备活动

准备活动是在正式锻炼以前锻炼机体循环系统和运动系统之间的协作关系，其目的是克服内脏器官的生理惰性；降低肌肉的黏滞性，提高肌肉收缩和舒张速度,增加肌肉力量;增加肌肉的氧供应;提高机体内酶活性,提高物质代谢水平,保证在运动中有较充足的能量供应;体温升高还可以提高中枢神经系统和肌肉组织的兴奋性;同时,体温升高使肌肉的伸展性、柔韧性和弹性增加,从而预防运动损伤。

准备活动的目标应具有多向性,使健身者从生理和心理两方面为即将参加的运动做好充分的准备。合理有效的准备活动应该能够对健身者产生多方面积极效果。

2. 正式锻炼

正式锻炼是我们要达到锻炼目标的主要手段,它必须保持有适宜的强度和运动量。人体的机能水平和工作效率在一段时间内处于一种动态平衡或相对稳定状态。如果漫不经心地、随意地运动是达不到健身效果的,也就是说运动强度与量太小没有效果,太大则会产生副作用,甚至造成损伤。

3. 整理运动

整理运动是在正式锻炼完成后所做的,旨在消除机体疲劳,加速机体恢复的辅助练习,让整个机体能逐步地慢慢地适应安静的环境。剧烈运动后,进行3~5 min 的慢跑或其他动力性整理运动,在心血管、呼吸等运动后进行整理运动可加速全身血液重新分配,促进运动代谢产物的消除,减少肌肉的延迟性酸痛,有助于疲劳的消除,预防重力性休克的发生。另外,做一些静力性牵拉练习,使参与运动的肌肉得到牵拉、伸展和放松,可有效地消除运动引起的肌肉痉挛,加速肌肉机能的恢复,预防延迟性肌肉酸痛。由此可见,运动后做整理运动非常必要。

(二)运动处方实施进度划分

健身者的健身运动进度大致可分为 3 个阶段:起始期、改进期及维持期。

1. 起始期

要求从事较轻的体力活动与运动锻炼,以减少健身者的不适与疼痛,并减少运动伤害。健身者开始运动时出现的身体不适与疼痛,多数是与机体生理无法适应有关。可以通过客观和主观的一些指标使健身者调整其运动强度,开始运动的时间以健身者的身体评估的结果为依据,而后逐渐增加运动强度。一般健身者在起始期持续时间为 4~6 周,但如健身者的体适能较差或年龄较大,持续的时间要延长。对于健身者在健康评估时,身体健康不佳或有病理症状,可以实施间歇性的运动,运动一段时间后,休息一段时间,如此反复,建立运动目标(目标要合理)。

2. 改进期

持续的时间约 4~5 个月。在此阶段健身者体适能提高的幅度比较大。运动持续时间每 2~3 周要持续增加。对于体适能较差或有疾病症状的健身者需要更长时间来适应。有症状的健身者在起始期使用间歇式的有氧运动，然后逐渐适应后，变为连续性的运动，应该在改善阶段完成。一次持续运动时间能持续 20~30 min 时，考虑增加健身者的运动强度。老年健身者的适应的时间比一般年轻人要长。

3. 维持期

健身者在开始运动锻炼约 6 个月以后，体适能进入到稳定期，健身者的心肺功能、肌肉的力量/肌肉耐力、柔韧性功能已经达到一个较高的水准，训练效果已明显地显示出来，健身者对运动健身已适应，基本养成了运动锻炼的习惯。此时，健身者只需保持相同的训练量，使其体适能维持在这个标准上。

五、健身运动处方示例

健身运动处方大多选用有氧运动项目为基本内容。有氧运动能为活动的肌肉群提供充足的氧气，因而有效地改善机体呼吸循环系统功能，促进心、肺、血液的适应性变化，有效地提高机体的摄氧和利用氧的能力，增进机体的防御机能和抵抗力，从而增强体质。健身运动处方开出的内容简便、易行，其运动形式对技巧的要求也不高，且强度低，有节奏，不中断，持续时间长，还便于进行运动中的自监自控，是锻炼者在保证安全的基础上增进身体健康、增强体质的最理想方法之一。现对几种比较流行的健身处方介绍如下：

（一）步行健身运动处方

"走为百练之祖。"走是一种最简捷、最有效的锻炼身体、延年益寿的方法。常言说，"饭后百步走，能活九十九"。可见人们对于行走的健身价值已经早有认识。但是，以什么样的速度步行好呢？对于这个问题，很难一概而论，只要自己认为是适宜的速度就可以了。健身步行可根据自己的健康状况、体力和锻炼习惯自行掌握。

（二）慢跑健身运动处方

现代健身慢跑风靡世界，被人们誉为有益健康、祛病延年的"有氧代谢运动之王"。慢跑，对于保持成年人良好的心脏功能，防止肺组织弹性衰退，预防肌肉萎缩，防治冠心病、高血压、动脉硬化等，都具有积极的作用。

成年人跑的速度不宜太快，不能快跑或冲刺，要保持均匀的速度，以主观上不觉得难受，不喘粗气，不面红耳赤，能边跑边说话的轻松气氛为宜。客观上以慢跑时每分钟心率不超过 180 减去年龄数为度。例如，60 岁的人慢跑时的心率应为每分钟 120 次左右，慢性病者跑的速度还可适当慢些，时间也可短些。

1. 走跑交替健身运动处方

适合初始参加锻炼的人或年老体弱者。走跑交替有两种方法：一种为在一次锻炼中先走后跑，交替进行。如初始参加锻炼的人，一般是走 1 分钟，跑 1 分钟，交替进行，每隔 1~2 周调整增加一次运动量（缩短走的时间）。另一种为由走开始锻炼，随着身体适应能力的增强，逐渐过渡到由慢跑替代行走。

2. 常规健身跑运动处方

一般来讲，年龄较轻、体质较好者，宜选择强度较大、持续时间较短的方案；中老年人及体质较差者，宜选择强度较小而持续时间较长的方案。

初始锻炼者先从步行开始练习，待基础体力提高之后再慢跑，过渡期间可用走跑交替的方法练习，以使机体能力与运动能力相适应。

慢跑的场所最好选择土路和较为僻静的地方，如果在城市的马路上进行，一定要注意安全。时间以清晨为好。

如果在慢跑中出现腹痛，多由呼吸不当引起，这时需要立即减慢跑速，加深呼吸如症状不能缓解，应停止运动，查明原因。在感冒发烧期间或患有某些不适于慢跑的疾病时，不应参加慢跑锻炼。

慢跑锻炼可根据个人对运动量的自我感觉，以不产生过度疲劳为宜，采用每日或隔日的锻炼形式。

（三）游泳健身运动处方

游泳是一项很好的全身运动，也是人类生活中的一种实用本领。它集日光浴、空气浴和水浴为一体，是充分利用自然条件锻炼身体的有效办法。无论男女老少、体力强弱，甚至某些慢性病患者均可参加，并从中得到锻炼和治疗。

第二节　体育运动处方教学模式概述

一、运动处方教学模式在高校体育教学中运用的目的

近些年来，我国高校体育教育存在体育教育以整体教育教学为目标、形式

单一、课程不合理等多方面的弊端。运动处方教学模式是要目的是为了使学生不同身体素质都能自身潜力充分挖掘，并在学习中通过努力而达到最佳效果，让每一个学生都能得到提高和进步，从而体验到体育的乐趣。

运动处方教学模式就像医生根据病人的病情开药一样，在身体评定的基础上，由受教育者身体的体质状况以及自身的需要，教师凭借科学健身这一原则，依据运动训练学、运动生理学的理论，基本手段是身体练习，主要目标是促进身心健康增强体质、身体全面发展，针对学生生理特点和身体状况的不同，用处方的形式制定运动的时间、强度频率等，为受教育者提供的运动锻炼方案，具有一种具体的、定量的、科学的指导性，让受教育者充分掌握，培养好的运动习惯，这样的目的是为了增强体质，促进身心健康随着不断深入地高校体育教学改革以及全面推行高校素质教育。

二、运动处方教学模式在体育教学中运用的科学性、可行性

1. 运动处方评价体系是适合体育改革要求的评价体系。运动处方是根据运动实验的数据指导运动参与，分阶段对取得的成绩进行评价，然后重新调整处方，在练习参与过程中逐步提高练习的难度，运动的强度和时间。如此的学习过程是对具体问题的针对性解决过程，本身就反映了学习的效果，教师只需随时掌握学生的学习情况并给予指导，提供超越自我的下一阶段运动处方，如此逐步提高。由此可见，运动处方的实施评价体系是一个纵向的层次评价体系，学生在看到自己又上了一个阶段的同时，也增强了他们锻炼的积极性和自信心。

2. 学生体质水平差异性与当前学校体育组织形式之间的矛盾决定了运动处方的科学性与可行性。学生体质水平有较大差异性，在某种程度上也与学校体育相关。只有把学生按照身体形态和体质状况分成若干小组，以小组的形式学习，完成一个阶段后，再进行下一个阶段，才能充分照顾到每一个学生的需要，教会他们如何进行适应自己的锻炼。只有运用运动处方才适合这样的教学组织形式。

3. 体育教学改革的目标决定了在学校体育实施运动处方的科学性与可行性。我国的体育教育改革经历了三个阶段，第一阶段初步形成了自己的理论研究体系，即体育课以系统掌握运动技术、技能为主，教学方法的研究以掌握运动技术、技能方法为目的，在评议课的质量上，侧重评价动作技能的规范程度；随即改良到了第二阶段，在原教材优点的基础上提出了"打破竞技项目编排体育教材体系"的思想，侧重增强体力；紧接着又提升至第三阶段：促进学生身心全面发展；由于改革浪潮的涌进，国外先进体育教学理论的影响，

体育教学改革的浪潮开始不断冲击传统的教学思想和教学模式，在评议课的质量上，评价增加了心理因素和社会因素标准，体育教学改革向整体改革方向发展。

我国学校体育的目的是以身体练习为手段，培养学生的体育意识，增强体育能力，养成自觉锻炼身体的习惯，使之成为体魄强健的社会主义现代化事业的建设者和接班人。如何通过体育增进学生的健康，为学生终生体育奠定基础，教会他们如何锻炼，已成为学校体育课程必须认真研究并要解决的问题。提出运动处方正是因为运动处方的特点符合教育改革体育目标的需要。体育教学中运动处方的实施，是在学生自身条件和个人爱好的基础上安排运动的项目、量、强度及时间，实施过程中按照个体条件的变化循序渐进，加大处方的难度等级，意在区别对待每一位学生，使每一位学生能够有指导地进行科学锻炼。这对体育课的教学有促进和辅助作用，弥补了素质差的学生在课上练习的运动量不够、针对性不强和优秀学生体育明显得不到早期合理培养的缺点。意即能够根据学生的实际情况"因材施教""因时施教""因好施教"，充分调动了学生的主动性和积极性。处方的实施，无论是锻炼方法、量、强度、运动时间的选择，还是锻炼的实施，都体现课程内容的现代化，学习方式的自主化，评价观念的人性化，都促进了课程的民主化与适应性。

三、体育运动处方教学模式的特点

（1）运动处方教学模式目的性强运动处方教学模式是根据不同身体素质的受教育群体单独制定的教育方法，有明确的目标，能够因材施教从而达到既定的目标。

（2）运动处方教学模式针对性强运动处方教学模式是根据每一个受教育者自身的身体素质制定和实施的，有很强的针对性，能取得很好的效果。

（3）运动处方教学模式科学性强运动处方教学模式的制定和实施过程是严格按照康复体育、临床医学运动学等学科的要求进行的，有较强的科学性，能在较短的时间内，取得较明显的健身效果。

四、体育运动处方教学模式的实施意义

（1）实施运动处方教学模式有利于实现学生的德智体美的有机统一。新时代的教育教学尤其是体育教学应该更加注重学生的全面发展，特别注重特殊个体学生的全面发展，实施运动处方教学有利于把握整体，关注个体，使整个体育受教育群体能够在德智体美方面获得全面健康发展，实施这一教学方法满

足了学生运动的需求、发展的需求，促进学生全面健康发展。

（2）运动处方教育法更加注重受教育者个体的主体地位教师以被教育者的身体需求为目标，因材施教制定教育教学目标，一切以被教育者为主体，提出强调了学生的主体地位，不但调动了学生学习的积极性，而且有利于学生提高身体素质和正确掌握技战术；有利于根据个体差异，因材施教，激发同学们的潜能，使每个人都有进步，能体会到成功带来的乐趣；有利于最大限度地发挥教师在教学中的主导作用和学生的主体作用。

（3）运动处方教育法有助于克服体育教学方法的模式化教师要克服教学方法模式化的倾向，应该追求教法的新颖性实际与可操作性，以激发学生的求知欲，使之保持稳定的注意力。改革传统体育教学方法过分注重运动技能知识灌输，局限于一种固定程序的单向知识、技能传递的教学模式；要从实际出发，打破一堂课一个标准负荷，营造有利于学生身心健康的良好环境和氛围，重视对学生全面而长远的发展和良好的体育兴趣、爱好、意识和习惯的形成。

五、对学校体育教育实行运动处方的建议

运动处方的实质是根据受测试者的各个数据，给受测试者提供以后锻炼的方法，使受测试者用科学的锻炼方法提高自身素质。运动处方通过信息采集（如身高、体重、肺活量、皮质厚度、台阶实验等数据）分析处理（将采集的信息通过一定的方法进行变换处理，从不同的角度提取其中包含的最需要的、最有价值的特征信息参数，可以通过学生体质测试完成）、运动处方三个环节进行制定。可以从以下方面进行操作：

（1）了解学生的基本状况和运动负荷的测定，包括姓名、性别、年龄、病史、参加锻炼情况及身体承受运动的能力的检测和评价。通过测定，找出科学锻炼处方的负荷指标，对学生健康状况做出判断，这是制定运动处方的重要依据。对于有特殊情况的学生应予以特殊对待，不宜参加大运动处方循环。

（2）为学生群体制定与实施具体运动处方。根据调查测定的结果和科学锻炼身体的基本原则，为学生提供包括锻炼内容、强度、时间等在内的锻炼方案，督促学生贯彻实施。应该注意的是，学校要制定良好的管理规章制度，对于学生锻炼的强度、持续时间、间隔时间及锻炼次数要控制得当，让运动处方规范化。

（3）在每个群体运动处方实施一段时间后，要对学生的身体形态、机能及素质进行再测试，以检验运动处方是否有效，对于每个处方应反复修改、优化，保证行之有效，达到提高学生健康水平的目的。

（4）学校体育教育要给每个学生的体育发展提供一个相应的环境。这个

环境具有开放性、时代性、广泛性、包容性和可持续性的特点。学校体育教育需尊重每个学生的体育权利和选择，让每个学生的体育潜能和才华都能得到挖掘和展现。制定运动处方时，让学生和教师共同参与制订、执行自己的健身方案、运动训练计划。在学生和教师摸索和实践的过程中，形成不同层次和不同需求的体育健身方案、运动训练计划。学生逐渐体会制定体育健身方案和运动训练计划的过程，也是学生不断自我体育教育和接受体育教育的过程，也是学生体育锻炼习惯、自主体育意识和能力形成的过程，更是学生增强体质、增进健康的过程。

（5）学校要注重体育教师在保健课方面的培训，并加强运动处方教学方法的学习研究。运动处方在实施过程中的义务检查、监督、跟踪等，都需要学校、医院的大力协助和支持。

第三节　运动处方模式的制定与教学实施

一、运动处方模式的制定

健身运动处方是指针对个人身体状况而采用的一种科学的定量化的健身锻炼方法。健身运动处方的特点是因人而异，以便有针对性地达到健身和防治疾病的目的。

（一）制定运动处方的步骤

1. 确定目标

从事体育运动的人，其目的因人而异，有人是为了身体健康而运动，有人是为了娱乐消遣而运动，有人为了减肥、健美而运动。这里的运动处方则是为了促进人的健康和增强体质。在以增进健康、增强体质为目标的运动处方中，也还有不同的情况，有些是为了提高全身耐力水平而锻炼，有些为减肥而锻炼，而有些为治病而锻炼，这些属于确定身体锻炼目标的范畴。在各个锻炼目标中，以提高人的耐力水平为主，在确定目标时要注意是为了健身而进行运动锻炼，不要刻意去追求运动技术与运动能力的高水平。

2. 选择运动项目

运动处方中的运动项目是为了增强体质而选用的，在健身运动中不要选用高难度、大负荷的竞技运动项目，不要把较量技术水平高低的竞技运动与增强体质的健身运动混在一起，要把选择运动项目与确定锻炼目标结合起来，一般不选择体操举重等运动项目，不选择短跑等无氧运动项目，而应选择有氧运动项目。因为有氧运动是一切处方采用的最基本运动，这种运动要消耗大量氧，又不致产生氧债，所以可长时间进行，它能引起身体极好的变化，是增进健康、增强体质的有效方法。

3. 确定运动强度、时间、频率

运动强度是衡量运动量的重要指标之一，它对锻炼效果和人体运动安全有直接影响。合理掌握强度，是运动处方对症下药的关键指标。在安排运动强度时，应充分考虑身体承受能力和锻炼目的。要检查运动强度是否合理，一般以疲劳感觉、运动后食欲是否正常、睡眠是否良好、第二天精神是否振奋等自我感觉及现场即时脉率等客观测试指标为依据。以脉率指标判定运动强度，可参照按年龄划分的运动强度。

运动时间（一次锻炼的持续时间）与运动强度密切相关。强度大则时间应稍短，强度小则时间稍长。以提高心肺功能为主的健身运动时间不应少于5分钟。一般要求最好能坚持20～60分钟。体质较弱或病后康复者锻炼时间不宜过长，强度也应减少。医疗体操和其他保健体操应视实际情况而定。运动频率是指每周锻炼的次数，运动频率与效果密切相关。以发展肌肉力量为主的锻炼频率每周进行3～4次为宜，即隔天一次的效果最好，每周2次以下的锻炼效果不明显。随着人体的体格、体能、适应能力的不断提高，可延长运动时间和增进频率。一般掌握在每周3～5次为宜，或者坚持天天锻炼，养成锻炼习惯。

（二）制定运动处方的原则

运动处方原则是锻炼过程中所遵循的科学原理，它是在完善身体、健身锻炼过程中所要遵循的基本规律，掌握健身运动处方的原则是进行健身锻炼，增强体质的重要环节，它对运动处方的实施有直接的指导作用。

1. 意识性原则

意识性原则主要指对锻炼目的、健身途径和健身效果的思维定式，是有意识地要进行健身，完善身体，以获得健康的思维结果。

运动处方的意识性原则首先是原则的意识指向。它是指健身·增寿的问题，与竞技训练的意识指向有着本质区别。运动处方的意识性原则是增强体质完善身体的意识，而不是提高运动技术水平的意识。

在贯彻意识性原则中，要注意健身的实效性和方法的简捷性，要有意识地选择健身的手段和方法，并且有意识地体会锻炼的强度、时间和频率，观察其效果，同时根据效果的反馈不断地调节锻炼的强度时间和频率。在锻炼恢复过程中，结合健身目标有意识地选择营养物质和种类，以适于健身运动后身体对健身目标的需要。

2. 全面性原则

全面性原则是指运用处方来完善身体和身心全面发展的重要的健身准则。在贯彻这条原则时，既要考虑运动处方的内容、方法和对身体锻炼的部位顺序和效果，又要针对锻炼目标和身体的薄弱部位，扬长避短地实施运动处方的内容和方法而获得身心的全面发展。

3. 个别性原则

个别性原则是指在实施运动处方过程中，每个人按其体质状况和特点选择适当的锻炼内容、手段、方法和运动负荷，以求达到增强体质的良好效果。

在贯彻个别性原则时，需要根据个人的体质特点，确定锻炼的强度、时间和频率，应用的手段也要根据其体质评价状态来选择，这是运动处方的基本原则。

4. 渐进性原则

渐进性原则是根据逐步增强体质的规律，应用处方的内容和方法来锻炼身体所确定的法则，它按照循序渐进的性质、遵循超量恢复的法则来逐步提高运动负荷量。

5. 反复性原则

反复性原则是指用运动处方的手段来增强体质的过程，具有一遍又一遍的多次重复性。把反复性作为健身运动的原则，是因为在反复中含有决定增强体质效果的重要规律。这种规律的本身就是运动处方的原则，这是锻炼身体过程中客观存在的。

反复性规律首先是锻炼和间歇相结合的规律，即在整个增强体质锻炼的过程中，既要有充分的运动时间，又要有适当的休息。锻炼的数量和间歇的关系是：运动强度小则反复次数多而间歇时间短，运动强度大则反复次数少而间歇时间长。

二、运动处方教学模式的实施

（一）运动处方教学模式的实施过程

运用运动处方教学模式进行授课教学是一个不断循环的过程。运动处方模式集科学性、全面性、针对性、有效性为一体，不仅能锻炼学生的身体素质，而且能不断提高教师的科研以及创新能力。

其主要分为以下几个阶段：

（1）测评阶段：制定测试内容对学生的身体形态、身心素质等方面进行测试。

（2）分析与对比阶段：将测定出来的学生的各项指标指数进行全面的分析对比，寻找出之间的差距并得出结果。主要侧重分析学生的身体素质数据等指标，进行分析总结处理。

（3）制定处方阶段：教师应根据本学校的实际情况编排教学内容，保证处方的科学性、可实施性和实用性。使制定的运动处方能真正地为学生服务，有效地增强学生的身体素质。

（4）调整运动处方阶段：在测试当中，测试的结果与实际产生差异不理想时，要及时适当地对运动处方教学进行科学合理的调节。在教学过程中，要尽可能按照制定的运动处方教学完成训练计划，如在实施教学中出现必须更换运动器材或内容时必须详细地说明并做好相关的记录。在实施运动处方教学过程中，应时刻注意保持对实验组及对照组的态度一致，确保数据的准确性。

（5）处方的实施阶段：首先将学生分为两大组，分别分为实验组和对照组，进行无差别的数据测试。针对运动处方实施的目的项目进行测试，检验前阶段的实施效果。

（6）数据整理及数据分析：经过一段时间的练习过程，进行有效的测试，对实验组与对照组进行测试，将测试的结果进行分析研究，制定出表格和图标进行直观分析。

（二）实验教学的实施与控制

在实行运动处方教学模式过程中侧重点在于增强学生身体素质，时刻以学生为主体，以增强学生的身心健康为目的，在实施过程中要实现三个结合（运动与健身相结合、理论与实践相结合、课内与课外相结合），在科学的教学指导下充分地发挥学生的自主性，并充分地调动学生的健身意识和学习习惯。

实施运动处方教学的目的是全面增强学生的身体素质。增强学生的耐力水平及心血管系统的机能，加快身体代谢的能力。运动处方教学制定和实施内容包括三大类：第一是以健身为目的，其中包含了跑步、跳远、足球、篮球、健美操等。第二是以增强身体机能能力为目的，其中包含了力量、速度、耐力、柔韧度、灵敏度的活动。第三是以健身理论内容制定为目的，其中包含了教学内容、教学方法、教学可实施性等。运动处方教学模式要参照学校教学体育大纲进行编排与讲授：其中理论课时为 4 学时；运动处方健身课时为 40 学时，其中包含了健身实践课；进行学生测试为 6 学时。

运动强度在运动健身当中起着重要作用，要取得良好的健身效果关键在于运动强度大小。要取得良好的健身效果需要安排科学有效的健身运动处方来对身体进行干预。运动强度的大小和安排的内容都要考虑到健身者的实际健身效果，最重要的是在锻炼身体的同时更要考虑到锻炼时的安全问题，同时还要考虑运动的趣味性。

在实施运动处方教学模式过程中，运动的强度大小要用心率测试法进行有效的控制。而在实施运动处方教学过程中采用的是人工记脉的方法进行调控，分别在训练前准备部分、训练中期、训练后，进行 30 秒的统一测试，并将指标换算成一分钟心率的监控强度。运动强度设定标准一般为心跳 130~150 次/分。在训练中，心率是控制运动量最简易的可视指标，体育锻炼是一把"双刃剑"，运动强度不能超过安全范围。

综上所述，运动处方教学要有针对性、全面性、安全性，要根据学生身体状况进行针对性的制定，制定运动处方教学前要进行检测，了解学生的身体情况，根据学生的身体状况制定有针对性的运动处方教学。在实施运动处方教学时，要严格按照处方教学进行练习，严格监控学生的身体变化。

运动处方教学模式能有效地增强学生的运动能力，受到运动处方教学模式干预的同学其立定跳远，柔韧度、臂力、耐力等都有显著的提高。可以看出此运动处方教学对学生的力量素质有显著的提高。

运动处方教学进行对学生身体干预性训练时，对学生的心血管系统和呼吸系统有着不同程度的改善，尤其对学生的心肺功能有明显效果。其主要体现在肺活量指数上，从大学生肺活量测试结果中可以明显看出其对大学生的心肺功能有一定的增强作用。

第四节　运动处方教学模式在田径训练中的应用研究

一、田径训练概述

（一）田径运动训练的基本内容

1. 身体训练

为了让学生的整体素质有一定的提升，进行身体训练是必要的。通常身体训练可分为两种，即专项身体训练和一般身体训练。后者是为专项训练奠定了基础，对身体素质和机体的各器官系统的功能有明显的协调作用。一般训练包含了多方面的内容，通常是通过游泳、体操、球类、滑冰等运动来提高身体素质。一般训练的方式必须根据专项训练的特征进行选择。前者是为了发展和提高某一专项所需的身体素质而展开的训练。专项身体训练中，往往采用专项分解动作来发展某一专项素质。田径运动要将一般身体训练和专项身体训练结合起来，处理好两者之间的关系，这样才能使专项能力不断得到突破性发展，取得更好的专项成绩。

2. 技术训练

技术训练是为了训练学生某一具有个人特点的运动技术直至充分掌握，取得更好的运动成绩，有效地发挥潜能。田径运动的技术不能够与生物学规律和人体运动力学规律相悖，田径运动技术必须要通过具体的动作才能得以体现，而只有实现了技术的共性与个性的有效统一和结合才能称得上是最佳技术。此外，技术会在实践中得到不断的发展，是具有相对性的，没有人能达到对一项技术的完美掌握。

3. 战术训练

田径运动的项目较多，各个项目也会有其不同的运动战术。如在中长跑项目中，根据跑位来判断是采用变速跑还是匀速跑，跟跑还是领跑；在投掷项目中力争首先投出最好成绩，为获胜创造心理机能的优势等。在田径运动战术训练中，要着重培养学生的能力分配、判断意外和迅速反应能力。可以说参加各种类型的比赛就是田径运动战术训练的最佳手段。

4. 心理训练

心理训练是为了发展学生自我感情的控制和调节能力，有利于其保持良好的心理状态和运动状态，为竞赛做好充分、积极的心理准备，并取得好成绩。心理训练主要有放松训练、集中注意力训练、表象训练、应激控制训练、自我暗示和自我放松训练、模拟训练、生物反馈训练等多种方法。

(二) 田径运动训练的基本方法

1. 变换训练法

变化训练法是指一种有针对性、有目的性地变换运动负荷、训练环境、训练条件、单个动作结合的训练方法。变换训练法能够培养机体对环境的适应度，提高人比赛的适应能力，还有利于克服运动训练中的烦闷心理，使其保持对运动训练的积极性，此外还对运动技术和战术的提高起着有效的促进作用。变换训练的方法通常有改变负荷变换法、改变练习环境和条件的变换法、改变动作组合变换法。

2. 重复训练法

重复训练法，是指在不改变运动负荷量以及动作结构的情况下，进行反复训练和练习使反射得以建立和巩固，最终使运动技术得以定型的训练法。它广泛适用于各种运动项目，有利于发展人的身体素质，提高运动技术和战术，同时还能培养人坚强勇敢的精神品质。

3. 间歇训练法：

间歇训练法指的是在完成部分训练任务后，经过一定时间的休息，在机体尚未完全恢复的情况下又投入下一轮练习的一种练习方法。由于机体尚未完全恢复，所以这一训练法有利于提高人的呼吸和心血管系统的机能。间歇训练法有严格的间歇时间规定，在田径运动训练中可根据训练的强度来严格规定间歇时间。

4. 竞赛训练法

竞赛训练法指的是在比赛的要求和条件下进行练习的一种训练方法。竞赛训练法是运动训练的一个重要训练手段，能够实现对训练效果的有效检验和观察，此外还能培养和提高人的运动技术、知识以及战术的实际运用能力，有利于提高人的实战水平和素质。常用的竞赛训练法有训练性竞赛、游戏性竞赛、适应性竞赛、身体素质竞赛以及测验性竞赛等。

(三) 田径运动训练计划制订的要求

在制订田径运动训练计划时，一般有以下几个方面的基本要求。

1. 训练计划应以健康为出发点

田径运动训练的目的在于通过肌肉活动不同程度地促进人体机能的提高和实现人体健康要求，这也是人们参加运动健身的重要出发点。人们参加运动有各种不同的需要和目的，如为健康身体、促进生长发育、愉悦心境、开发智力和提高运动技能等。但不论最终的目的是什么，运动始终都要以身体运动为模式，在运动中衍生出运动强度、运动时间、运动类型、运动频率和持续的周期等属性。这些属性都是运动处方的基本要素，在制订训练计划必须考虑运动处方，因此也必须考虑这些因素，必须以运动的目的和学生个人身体状况的不同为根据，对不同的运动锻炼方式加以采用。

2. 训练计划应依据人的生理和心理特点进行阶段性划分

田径运动训练计划的制订应依据田径运动专项技术与人的生理、心理特点进行阶段性划分。每个阶段都具有鲜明的特征以及所对应的训练任务与训练内容。

3. 训练计划应具有可操作性

田径运动训练计划需要根据不同的学习阶段以及不同的生理、心理特点来制订，这就是训练计划的可操作性原则。在这一原则下，制订出的训练计划应保持清晰的理论性和良好的实用性，无论是教师或者学生本人都可以按照计划安排的训练程序、内容与方法，根据不同年龄阶段和运动等级进行训练。因此，田径训练计划由项目和训练对象出发，做到理论与实践相结合，极大地提高了作为训练计划的可操作性。

4. 训练计划要有针对性

田径运动训练计划是利用科学理论和方法来合理有效地指导训练者达到预期训练目标的一种途径。由此可以看出，其具有较强的针对性。要想通过田径运动训练来达到提高技能的目的，就必须按照有科学根据的田径运动训练计划来实施锻炼，这就是训练计划的针对性要求。不同学生的身体素质和对运动的理解能力各有不同，因此，田径运动训练计划就如同医生给病人开的药方，一是选配锻炼项目，二是给各个项目科学定量，要求选用简便可行、实效性高的锻炼项目，根据每名学生的特点确定适合自己的运动负荷量。

5. 训练计划要有科学性

田径运动训练计划必须有很强的科学性。因为，田径运动训练计划是随着人类对体质研究的深入而产生的，采用运动锻炼加合理的饮食营养及良好生活习惯的方法，从而顺利实现训练目标，以及达到增强人的体质、提高肌体的抗病能力、积极保护健康人的身体、预防疾病发生等训练目的，是每一项田径运动训练计划的基本要求。

6. 训练计划应具有应用的实效性

训练计划的实效性要求制订的训练计划要符合学生的各方面条件，最终使之在参与了训练后能够达到预期效果。学校田径运动队或体育课程的训练时间除了常规课堂、校内训练外没有其他训练时间。因此，学校田径运动训练计划主要是体现在负荷强度方面，因此在训练计划的制订中要注意将不同时期负荷强度的训练凸现出来，尽量使训练手段和方法具有较强的实效性，以提高训练的效果。

7. 应有明确的指导思想和特色

在制订田径运动训练计划时，首先应明确田径运动训练的指导思想，指导思想应随训练主体及训练客观条件的改变而调整。

8. 应具备创新性

田径运动实践活动本身是教师与学生所进行的创造性劳动，因此，在训练实践中的确存在大量前人创造的可以借鉴的内容，但教师与学生自身也必须有创新意识，因为没有创新就没有活力，没有创新就不会有发展，也不能持续取得优异的田径成绩。

二、运动处方与田径训练的结合

运动处方是指在教学中以体检资料为基础，结合个人的特点，以处方的形式，制定相应的运动方式、强度、频率、性质等，目的是为了达到更有效的运动效果。

相比于传统的田径教学模式，运动处方更加考虑到学生身体的实际情况，更加安全和科学，可以实现教学目的和教学内容的和谐统一。田径运处方可以增强学生的运动兴趣，使得学生进行科学、有效的锻炼，既不会让学生的训练量超过自身的身体负荷，也不会使学生的训练停留在表面。另外，运动处方的应用，还可以促进学生个性化的发展，让学生根据自己的兴趣选择和的田径项目，这样就使得学生参与的主动性大大提升，这与素质教育"以生为本"的理念相统一。因此，体育教师要在田径教学中有效实施运动处方教学，提升田径教学的有效性。

（一）对大学生健康体态的影响

个性化运动处方教学模式对学生体重指标的影响显著，主要是因为选择的田径素质训练内容对体重指标变化影响大，例如 50 m 冲刺、立定跳远、1 min 仰卧起坐、双向投掷垒球等项目，有利于学生力量练习效果的提高，达到促进肌纤维增粗的生理学条件；个性化运动处方教学模式对提高学生的心肺能力具有显著的效果，例如 1 min 跳绳、3 000 m 变速跑、1 500 m 计时跑等项目，能使学生耐力素质得到巩固与提高；个性化运动处方教学模式对大学生身高指标无明显的影响，主要原因是由于大学生的身高发育已基本停止，田径素质训练的内容对身高发育的刺激较小。需要说明的是，虽然大学生健康体态的形成不能单纯地依靠个性化运动处方教学，但大学生的力量、速度、耐力和弹跳力等素质却可以在个性化运动处方的教学效果影响下得到显著的改善。

（二）对大学生运动态度的影响

当前，大学生的身体素质、运动水平普遍下降，对于许多技术性很强的田径项目，例如跳高、跳远、障碍跑等，在其教学过程中都会出现学生厌学、受阻等情况，教师通过个性化运动处方教学模式的运用，可以让学生对田径专项的知识、原理有进一步的了解，掌握一些基本的动作和技能，拓宽学生的视野，提高学生从事体育锻炼的兴趣，从而形成对体育运动的积极态度，最终养成勤于锻炼、乐于运动的体育习惯。

在大学生田径素质训练课中，教师实施个性化运动处方教学时应强化健康价值，需要了解、收集学生情况，并进行分类、整理，根据学生的体质情况、素质测试的数据，以及学生个体需要、技能水平和兴趣爱好等，向学生提供和推荐相关运动处方和个体锻炼的建议，从而满足学生个体需求，以强化健康价值为前提制定的个性化运动处方，在满足个体需求的同时，也促使大学生整体体质水平进一步提高，使学生既提高专业运动素质，也能够保持个性化的健康。

三、开展田径运动处方教学训练的策略

（一）制定运动处方

实施田径运动处方的第一步就是收集学生的身体各项指标，尤其是心率和肺活量的身体指标，从而制定科学的运动处方。现在学生每年都有国家体质健康测试，根据国家体质健康测试制定相关策略，并且根据田径运动项目对身体的标准要求做相应的检查项目。比如测试学生的血压、肺活量、心指数、安静心率等项目，这样才可以在田径运动项目开展时做到有的放矢。

例如，在"100米短跑"教学时，教师应首先掌握学生身体的各项指标，然后设计相应的运动方案。有的学生体脂含量较高，血糖含量较低，反映在身体上的情况是偏胖，在进行短跑时，如果采取平常的训练量，就会超过学生的身体负荷。结合学生的身体指标以及学生的心理反馈，可以让学生采取运动量较低的训练方式，并且循序渐进，按照学生的身体指数变化，相应地给学生调整训练量和训练方式。这样一来，学生在短跑时就会在自身的基础上不断提升。

（二）科学制定田径运动训练档案

在制定和实施运动处方教学之后，教师还要根据学生的身体指标情况和心理变化做一个分析和总结，并且给学生的身体数据做记录，在教学中不断地修正与调整。田径运动是一个长期的过程，因此教师需要对学生的身体指标情况和训练效果做一个长期的统计，制定成档案，这样一来，每一位学生都有一份属于自己的田径训练方案，并且还会在潜移默化中帮助学生形成科学锻炼的意识。

教师可以将学生的身高、体重、肺活量、心率、血压等做成了单独的档案，并且在不同的田径运动项目中，侧重记录的身体指数也不同。比如，在"立定跳远"的教学环节，更加侧重学生的身体柔韧性和力量，记录学生的体

脂含量以及肌肉变化情况，在"1000米长跑"教学环节，更加侧重于学生的耐力以及速度，记录学生的肺活量、心率等。如此，就会使得学生的训练更加科学、合理。

（三）建立田径运动兴趣小组

田径运动项目的内容十分丰富，包括竞走、跑步、跳跃、投掷、全能等，而具体到某一个项目，比如跑步，又分为短距离跑、中距离跑、长距离跑、障碍跑、马拉松等。由于学生的个性化思维比较突出，学生会对某一个田径运动项目的兴趣比较高。因此，体育教师在教学中也要顾及学生的兴趣特点，通过建立兴趣小组来提升学生参与田径运动的积极性。

教师可以根据班上学生的特点建立各个兴趣小组，比如竞走小组、立定跳远小组、短跑小组、投掷小组等。在课堂教学中，在给学生讲完了所有的课程之后，在接下来的课程中教师就按照学生的兴趣让学生进行自由训练和运动，发挥学生的特长。另外，在课下学生也会参加兴趣小组组织的各项训练活动，这样还可以促进学生心智的发展。

总而言之，田径运动处方教学的实施符合科学的运动规律，不仅可以激发学生的学习兴趣，还可以促进学生体质的均衡、健康发展。作为体育教师，要认识到运动处方的重要性，同时选择合适的教学方式来开展田径运动处方教学。

第五章　体育俱乐部教学模式与训练实践

俱乐部教学模式是近年来发展起来的，普遍受到学生的青睐，而且打破了传统教学模式思维，有效激发了学生学习兴趣。在体育教学中融入俱乐部教学模式，有效弥补了课堂教学的时间不充足、学生提不起兴趣以及动作技巧掌握不好等问题，是对传统体育教学模式的延伸和创新。本章主要论述了俱乐部教学、体育教学中应用俱乐部模式的可行性、体育教学中俱乐部模式的构建与训练探索等内容。

第一节　俱乐部教学概述

一、体育俱乐部教学的定义

体育俱乐部教学是由学生自主选择教师，同时根据教学条件开设相应的项目，系统学习该项目的原理与方法、组织与欣赏等方面的知识与能力培养的方法，从而达到真正掌握一至两项终身从事体育锻炼运动项目的一种教学模式。体育俱乐部教学注重培养学生的体育兴趣，提高学生的体育能力，以教学俱乐部形式进行教学。这种方式的教学注重知识性和趣味性、理论和实际相结合，发挥学生的主观能动性和创造性，让学生积极参与，使学生在体育锻炼中体验到快乐感、成就感，达到培养学生参加体育锻炼的意识，提高学生运动能力的目的。学校体育俱乐部式教学模式是以培养学生终身体育意识、习惯和能力为主的教学方式，它能够把学校体育与社会体育有效地衔接起来，并最终使高校体育向终身化方向发展。

二、体育俱乐部教学的特点

(一) 内容的丰富性

体育俱乐部项目设置不仅包括有篮球、足球、排球、网球、羽毛球、乒乓球、武术、游泳、体育理论等传统课程之外，还能开展一些在学校条件无法开展的运动，如登山、定向越野、野外生存、攀岩、轮滑、游泳、射击、拓展训练和大型游乐项目等等。与传统学校体育课教学方式相比，俱乐部是一个延伸和补充，丰富学生的锻炼内容，更好地激发他们的运动兴趣，促进学生身心素质的全面发展。

(二) 过程的主动性

学生能依照自己的兴趣爱好选择运动项目。兴趣是学生主动学习，积极思维，勇于探索的内在动力。当一个学生对某项运动产生了浓厚的兴趣和热爱的情感时，才可能积极参与该项运动，并不断努力提高自己的技能水平，从中获得巨大满足、体验到愉悦感后，就会持之以恒地进行锻炼，从而养成自我终身锻炼的习惯。只有经过这样的过程，终身体育思想才能深入学生。很多学校，往往由于班级学生人数多、体育教师配备不足和场地器材缺乏，而无法做到按兴趣分班或分组进行练习。体育俱乐部的发展则可弥补一些学校体育课的不足。

(三) 目的的多样性

在俱乐部选择自己喜欢的运动作为自己的常练项目，每天坚持一小时的锻炼，循序渐进地增加运动的强度和量，并努力达到一定的技术水平。经过不断的努力达到一定的水平受到别人肯定或自我满足后，他们自然会有更高的热情去参与运动，又达到一个更高的程度，又会受到别人更多的关注，在种种驱动力下又继续努力提高，慢慢地形成一个良性循环。

三、体育俱乐部教学的类型

(一) 课外体育俱乐部教学模式

课外体育俱乐部是高校体育俱乐部教学的最早形式，它作为高校体育课的延伸和补充，其以拓展学校体育功能，培养学生拥有良好的体育习惯和行为为主要目标。课内体育俱乐部模式是近几年我国高校体育教学改革的一个热点课题，它以现代的教育思想和教育理论为依托，充分体现人本主义的教育理念，以构建现代大学体育新的学习方式为目标。课内外结合的体育俱乐部是伴随着高校素质教育的兴起，以培养学生的整体教育观为出发点，提出课内课外一体化的体育管理模式，它以终身教育思想为指导，以培养适应学习型社会的能力为目标。

1. 课外体育俱乐部教学模式的组织形式特点

课外体育教学俱乐部是活跃于高校体育课堂之外的一支重要力量，其组织形式包括：兴趣学生自由组合、学生团体或社团组织、体育部组织、体育教师个人组织、社会单位与个人组织等。其中，学生团体或社团组织和爱好者自由组织是群众团体，按规定需要校团委批准和备案，其他组织形式则归属于体育部管理的范畴。但是，不论是哪种组织形式都有共同的特点：俱乐部大多面向一至三年级的全体同学，学生根据自身的爱好，自愿参加，活动不分班级和年级。活动内容和过程不受体育教学大纲和学校教学进度的制约，大多围绕展示表演和比赛展开。俱乐部活动时间分为固定或不固定两种类型，由俱乐部单独决定。俱乐部大多采用会员制，参与者需缴纳一定会员费。

2. 课外体育俱乐部教学模式的优点及存在的不足

高校各种类型的体育俱乐部（体育单项协会）和其他校园文化组织一起发挥着丰富高校校园文化的作用，由于它面向开放的是高校全部年级的学生，因此，其可以一定程度上填补已经不上体育课学生的体育锻炼需求。体育俱乐部活动围绕校园文化节、社团活动月等活动展开，高校体育俱乐部项目有的是学生课内学过的，有的则是在练习过程中习得，有的是聘请老师指导所得，有的则是学生中的一些特长生自行指导，体育锻炼效果参差不齐。在体育俱乐部活动场地使用方面，由于所属部门的原因需与体育部相互协调，在协调过程中有时会出现权责不清的问题。以上各种不利因素，导致俱乐部的体育活动受到极大限制，不能全面展开。

体育俱乐部开设的体育项目大多是体育课堂教学中的运动项目，其可以作为体育课的延伸和补充。对于此种类型的体育俱乐部，在划分其所属俱乐部的形式时，应该将这部分划归到课内外一体化体育教学俱乐部的范畴，但需对体育俱乐部的管理做出进一步的规划，实现真正的课内外一体化。

（二）课内体育俱乐部教学模式

课内体育教学俱乐部是建立在体育教学模式基础上的体育教学形式，其将现代高校体育教学理论融入高校体育课堂，从思想、组织、形式、方法、评价等五个方面进行全面、系统的更新，改变高校体育教学传统的班级授课制，在课堂内提倡开放性、自主性、自由性、随机性，学生的课堂学习完全是一种主动积极的行为，体育教师只需承担设计、辅导、检查、指导四个方面的教学任务，此种模式彻底改变了传统的体育教学模式，学生与教师的角色亦发生了根本性的变化。

课内体育俱乐部是伴随着高校体育教学的改革，而适时出现的具有尝试性的研究课题。虽然部分高校已经建立了课内体育俱乐部教学模式，但由于学生和教师认识上的偏差，以及高校体育课程环境的差异，课内体育俱乐部教学模式相关实施方法仍然得不到推广和应用，因此还没有完全普及。

1. 课内体育俱乐部教学模式的组织形式特点

课内体育俱乐部教学模式打破了原有班级的限制，由学生根据自身特点选择体育运动项目与运动时间，并与体育教师合作完成体育教学。按照教育部高等教育司的相关规定，体育课是高校一、二年级大学生的必修课之一，因此，高校开展体育俱乐部教学的对象大多数是大学一、二年级的学生。此外，课内体育俱乐部教学模式在具体实施过程中，通常有两种情况出现：第一，部分高校采用一年级以上统一的基础体育课，如田径、武术等体育课程，在大学二年级才开始上俱乐部课。第二，部分高校从大一新生一入学便上俱乐部体育课，但大多数在二年级时又重新选择运动项目，并上俱乐部体育课。对于上述问题，相关学者进行了研究，并指出我国中学和高校体育存在脱节的现象，所以有必要在大学一年级对学生进行基础体育教学，以便提高学生的体育综合素质，为学生进入高层次的俱乐部学习奠定基础。但是，在具体教学过程中，采用哪种形式比较有效尚没有定论，有待进行更为深入的研究。

2. 课内体育俱乐部教学模式的教学内容特点

高校课内体育俱乐部开设的项目包括乒乓球、羽毛球、篮球、网球、足球、武术、跆拳道、台球、垒球、太极拳、女子防身术、健美操、体育舞蹈等体育类别。通常情况下，各高校需要根据本校的软硬件设施，合理选取部分项目开设课内体育俱乐部，这也决定各高校在俱乐部体育项目的设置方面存在着较大的差异。

3. 课内体育俱乐部教学模式的上课时间特点

参加课内体育俱乐部的学生不分班级，按照同一年级内班组的共同形式上体育课。学生上课时间相对固定，每周安排两个课时，排入课表，相关学生必须参加。此种形式的俱乐部完全由学生根据自身条件选择上课内容，对部分学校而言，在专业教师、硬件设施方面难以完全满足全体俱乐部成员的要求，在实际操作过程中难度较大，很难实现。

4. 课内体育俱乐部教学模式的优势与存在的问题

课内体育俱乐部教学模式的优势相对于传统体育课教学模式而言，其更加强调"以人为本"的精神。因为学生是根据自身的兴趣爱好进行选择，上课愿望较强，学生积极性高，同时还能提高学生积极主动学习，进行自我评价和相互评价的能力。对于体育老师来讲，该种模式避免了教师要按照学校制定的规范课程上课和自身体育专业不对口的问题。教师可以充分发挥自己的专业特长，提高教学的积极性，调动自己上课的热情。但是，体育教师应该在教学过程中重视理论与实践的紧密结合，在运动实践教学中渗透相关理论知识和体育健身锻炼方法，并运用多种形式和现代教学手段，扩大体育的知识面，提高学生的认知能力。避免单纯以传授体育技术、技能和以教师为中心的教学观念。

单纯的课内教学俱乐部无法实现培养学生终身体育意识，以及帮助学生养成终身体育锻炼习惯的目的。同时，由于该模式面向开放的对象仅限于一、二年级学生，无形中将三、四年级的学生排除在外。教师如果在课外时间对于学生的锻炼活动没有做出明确的导向，会使得部分学生放弃体育，因而要注重学生课外时间的体育锻炼，以此来促成在校大学生养成真正的体育锻炼习惯，进而培养学生终身体育锻炼的行为。

(三) 课内外一体化体育俱乐部教学模式

高校课内外一体化体育俱乐部教学模式是高校体育教学中的一种体育文化现象，是具有相同体育兴趣爱好的大学生，基于自我发展与完善的需要，自由选择体育活动项目，并且结成具有社团性质的体育团体。通过体育教师的指导，学生根据自身特点自主选择体育课程内容，自主选择体育教师，自主选择上课时间，再结合成有组织的课外体育活动团体，营造生动、活泼、主动的校园体育文化氛围，使高校体育教学与课余体育活动保持连续性和统一性。课内外一体化体育俱乐部教学模式的特点是学生拥有"三自主"，即自主选择学习项目，自主选择任课教师，自主选择上课时间。学生自己确立目标，自己评价，使自己由被动学习者变为主动参与者，形成良好的体育素养和健身意识，建立终身体育的观念。

课内外一体化体育俱乐部教学模式是以学校体育场馆为依托，在"健康第一"和"终身体育"思想的指导下，为达到学生生理、心理和社会三个不同层面的目标而设计的体育教学模式。其也是以学生自主选择俱乐部为基础，综合运用各种教学策略与方法，将课内体育教学与课外体育活动融会贯通的一种体育教学模式，它既承担课内体育课堂教学任务，又兼顾课外余暇体育锻炼、群体竞赛和业余训练功能。

1. 课内外一体化体育俱乐部教学模式的组织结构特点

每个教学俱乐部设立主席一名（体育教师），指导教师若干名，副主席一名（一、二年级学生），宣传部长一名（一、二年级学生），相关办公人员若干名（一、二年级学生），志愿者若干名（三、四年级学生）和其他人员。俱乐部主席主要负责处理俱乐部的申请，宏观把握俱乐部的发展方向和计划安排，并和指导教师同时负责完成课堂教学和指导副主席组织管理会员的课外活动。俱乐部副主席需要领会贯彻指导教师的意见，上传下达，反馈意见，负责组织管理会员的课外活动。宣传部长需要负责对外宣传工作，志愿者的主要任务是协助俱乐部副主席完成指导教师下达的具体任务。

2. 课内外一体化体育俱乐部教学模式的内容及安排特点

各学校需根据自身的实际情况开设多个单项俱乐部，这部分内容与课内体育俱乐部教学模式一致。课内外一体化体育俱乐部的活动内容主要包括两个环节：一是课内内容，二是课外内容。课内教学内容安排以传授体育与健康的体育基础理论知识、体育专项运动的基本技术、体育技能及其理论知识、体育单项运动的裁判知识以及观看组织比赛等方面的内容。课外内容则主要以组织学生进行专项锻炼、表演和比赛为主，通过学生参与组织管理来实现体育知识的运用与实践，从而进一步培养学生终身参与体育运动的意识。

3. 课内外一体化体育俱乐部教学模式的优势及存在的问题

高校体育教学实行课内外一体化俱乐部教学模式可将课内外融会贯通，紧密结合，相互统一。不仅可以便于学生系统性掌握体育运动的基本知识和相关技能，更好地掌握锻炼方法，取得良好的体育锻炼效果，有效地增强学生的身体素质，提升全体学生的健康水平，而且还能满足学生的运动需求，培养学生的个性，养成锻炼习惯，提高体育运动能力和技术水平，为终身体育打下良好基础。同时，学生通过在活动过程中参与组织与管理，使得学生的主观能动性得到加强，组织管理能力亦能够得到提高，学生在管理与被管理过程中的协作能力也能有所提升，最终使学生的团结协作精神得到加强。由于高校的学生有着不同的专业，就业后会分布在各行各业，他们良好的体育锻炼习惯可以促进甚至带动整个社会体育的快速发展。

部分学生们在选择体育项目时存在盲目性，相关调查资料显示：大约有70%左右的学生在上大学之前都接受过正规的体育课教学，内容多数以田径为主，只有少数学生学习了武术或健美操等体育项目。还有 30%左右的学生，在上大学以前没有上过系统体育课，这与生源所在地有较强的关联性，重点中学强于普通中学，城市学校好于乡村学校。学生对于开设项目的内容不甚了解，导致学生在选择体育项目时产生盲从心理，需要学校做好各个体育俱乐部的宣传工作，使学生对于该俱乐部有一定程度的认识和了解。教师要做好引导工作，避免出现学生过度集中于某一俱乐部，导致管理上、教学卜的诸多问题的发生。各个俱乐部在考试评分时要把握分数的高低原则，避免出现学生想给分高的俱乐部流动的情况。

四、体育俱乐部教学模式与传统教学模式的区别

（一）传统教学模式

按教学大纲规定的教学内容强制学生接受；教学目的仍以规范动作练习，传授体育知识、技术和技能，增强学生的体质，教学过程仍处于呆板、封闭状态；教学主体关系颠倒，过于强调教师的主导作用，而忽视了学生的主体地位，致使课堂教学格式化、强制化，教学方法呆板，不利于调动学生学习的积极性和主动性，不利于激发学生学习的兴趣，不利于学生的个性发展；学生个体与群体之间的矛盾，不同个性、不同爱好、不同身体条件的学生学习相同内容；理性教育与学生个性发展的矛盾。

（二）俱乐部教学模式

根据学生兴趣合理安排教学内容，学生根据兴趣爱好选择项目、教师，能激发学生的求知欲，提高学习积极性，产生积极的认识倾向；强调以人为本的理念，将学生放在主体地位，使学生处于一个有尊严、有个性、有巨大发展潜能的活的生命体的位置上；在教学观念上由"教授"向"学习指导"转化；在内容构造和顺序排列上尊重学生对运动的求知欲，实现学生自主自发的学习，认识运动项目和体会运动内涵及逐渐形成终身体育行为；以培养学生终身体育意识、增强体质、提高综合能力为核心，以启发学生学习的自主性和创造力为重要内容，以全面提高学生素质为目的。

五、影响高校体育俱乐部教学模式快速发展的因素

（一）高校体育俱乐部教学模式的管理体制不完善

高校体育俱乐部教学模式在国内还处于发展初期，因此与体育俱乐部相配套的教学计划、教学组织还不够完善，学期之间体育教学的脱节、学校设立体育项目的单一、教师在课堂上填鸭式的教学、很多高校的三四年级没有设置体育课程等问题都成为影响体育俱乐部教学发展的因素。例如，中国矿业大学把

体育俱乐部教学分为 6 个学期开设，每个学期作为一个水平来进行教学与考核，水平 1 到水平 6 是逐级递进的，学生最终要达到项目水平 6 的考核标准才能拿到学分，所以，学生就要从第 1 学期开始选课到第 6 学期结课，尽量选择同一个项目，以保证能连续学习某一个运动项目的技能，才能较好地掌握这个项目技能并获得学分，这就要求学校的排课系统能够协调配合保证学生每个学期都选到同一个体育项目俱乐部，所以协调完善的管理体制是俱乐部教学顺利开展的重要保障。如果体育俱乐部教学能更好地做到内容和形式的统一，促进学生对体育知识的学习，同时可以更好地让学生体会到终身体育、快乐体育、健康体育的理念，这将是我国高校公共体育教学的重大突破。另外，如何考核学生的成绩以及有效的教学评价等都没有统一的标准，这些都将影响对俱乐部教学的发展。

（二）体育教学场地、器材不能满足高校体育俱乐部教学模式的实际需要

俱乐部教学的主要特点是根据高校学生自身的兴趣爱好和需要开设各式各样的体育运动项目，这就导致可能有一些受学生喜爱的热门项目，选课学生过多，所需的场地和器材达不到学生的需求，学生选课时可能会发生因为场地设施和器材的不足而开课不足导致学生选不到课情况的出现。高校招收学生人数逐年增加，这对高校的教学环境以及教学硬件、软件保障提出了更高的要求。

（三）高校生源地教学资源配置和特色体育项目存在差异

高校学生来自经济发展不同的全国各个地域，而经济实力制约着教育发展的物质基础，经济水平影响着教育发展的规模和速度，在我国一些贫困地区普遍存在学校体育基础设施不完善、体育资源配置不均衡的现象，也有某些地域的学校为追求高升学率而不重视体育的现象存在。所以，有些地域的学生可能学习了多个体育项目，有较好的体育基础，而有些地域的学生则可能体育基础非常薄弱。同样，地域的不同也导致学生接触到特色体育项目的不同，北方冰雪运动较多则以室内运动项目为主。因此，刚进入高校的学生对某些体育项目的了解程度和接受能力也大为不同。

（四）高校开设项目不能满足学生的多样性需求

在传统体育教学中一般以竞技项目作为基础的教学内容，而且在学校资源的局限下只能开展一些耗资比较少的运动项目，如排球、乒乓球、篮球等，长久以来就造成了很多学生以及教师的专长仅仅是集中在三大球以及田径上。随着体育俱乐部教学模式的逐年深入开展和国家对冰雪运动的大力推广，越来越

多的大学生为了学习更多适应社会发展的体育项目，对一些不常见的运动项目产生了浓厚的兴趣，比如滑雪、游泳、滑冰等，因此陆续出现了当前某些高校缺乏相关专项的体育教师而无法满足高校学生更多需求的现象。当今高校体育教师不仅要在课上传授给学生一定的体育知识和技能，还要不断引导学生逐渐养成终身体育的习惯。因此，教师的专业能力、工作态度、知识储备等，都会对体育俱乐部教学模式的发展产生重要影响。

（五）学生对体育项目的热爱不够专一

大学生对新鲜事物的接受能力比较强，随着社会的发展和学生的成长，学生会根据自己的喜爱与需要不断调整对课程的选择，而在大学体育俱乐部教学所开设的课程中，有些课程项目非常受欢迎，如游泳、跆拳道、散打等课程学生选的比较多，同样也有一些课程不被学生喜欢，如田径、足球、排球等项目，也有一些学生想选择自己喜欢的体育教师的课程，多种因素使得学生会对体育俱乐部课程经常性地做出调换，往往一个项目还没有学完整或者学扎实就换另一个项目，不少学生4年以后没有掌握一个体育项目的完整知识与技能，达不到深入掌握一到两个体育项目并能利用项目进行终身锻炼的目标。

六、高校体育俱乐部教学发展存在的问题

随着我国体育教学的不断深化改革，基于终身体育思想的理念基础，以俱乐部为形式的高校体育模式普遍开展起来。这种教学模式虽然取得了一些成效，但是整体上还处于初级阶段，暴露出来的问题也不容乐观，主要表现为以下几个方面。

（一）过分强调教师的主导性，忽略了学生的主体性

高校体育俱乐部教学旨在培养学生的运动兴趣，加强学生的身体素质，形成学生终身体育理念。但是，我国高校体育俱乐部的教学形式普遍存在"以教师为主体，忽略了学生的个性发展"等方面的弊端。不同于文化课，体育教学更加强调学生的个性发展，如果单纯地以教师为主，就会将体育教学变得很被动，挫伤他们的积极性，抑制他们的个性发展，导致学生得不到全面发展。

（二）俱乐部教学形式单一，忽视了课外教学的重要性

我国高校推行体育俱乐部教学形式可分为3种：第一，是课外活动体育俱乐部，以体育俱乐部代替课外活动组织形式；第二，是课内教学俱乐部，以体

育俱乐部的组织形式进行课内体育教学；第三，是课内外一体化，课内俱乐部与课外俱乐部相结合，其中以课内体育教学俱乐部模式占绝大多数，且由于每位学生的基本身体素质和技能水平都不尽相同，所以不能采用单一的教学方法，应做到因材施教。另外，要合理、健康地安排课内外俱乐部教学。

（三）我国高校俱乐部管理体制不完善

大部分体育俱乐部教学每周只有一次，原因有两点。第一是学生主动参与教学的权力不清晰，教师指导俱乐部的学生进行体育锻炼的实施有难点。第二是学校俱乐部不像社会俱乐部那么灵活，时间和场地都不允许做到学生随来随教。另外，大多高校只有一、二年级开设体育俱乐部的课，三、四年级没有，体育俱乐部的延续性和衔接性没有得到充分的解决，这就限制了体育俱乐部的发展，使学校对体育俱乐部缺少一个健康的管理机制。

（四）我国高校俱乐部经费投入不足

主要表现在两个方面：第一，随着国家扩招的加大，高校学生越来越多，相对而言，场地设施有所缺失，对体育俱乐部教学的发展存在客观上的障碍。而目前大部分高校体育俱乐部的开展经费主要来源于学生学费，上级投入很少，在一定程度上影响了学生学习的兴趣和高校开展体育俱乐部的质量。其二，体育器材数量与质量都跟不上，很大程度影响了俱乐部教学的进一步发展。

（五）师资队伍素质低下

随着我国休闲、娱乐、健身项目的不断增多，传统体育项目对学生吸引力越来越小，而一些时尚的运动项目则越来越受到学生欢迎，但是我国高校的一些体育教师很少接触时尚的运动项目，因此很多学生对高校的体育课感到枯燥、乏味，对于体育俱乐部的教师也是如此，一些体育俱乐部教师不仅很少接触这些时尚的运动项目，且综合素质低下，工作能力不强，甚至有的体育俱乐部的教师是临时改行，通过简单的培训就匆匆上岗，根本不能达到现代体育俱乐部教师的要求，因此这对于学生行为、文化修养将产生非常大的影响，同时也影响终身体育的发展。

七、高校开展体育俱乐部教学组织形式的现状

（一）实现由"普修"到"专修"的体育教学组织形式的过渡

"普修"和"专修"是高校体育教学中两种不同的课堂教学组织形式，同

时也是体育教学组织形式发展变化的两个截然不同的阶段。"普修"属于传统体育教学的范畴，它将学生按照一定的数量和层次进行分班教学，不考虑学生的个人兴趣爱好，通过统一的教学大纲进行教学。在"普修"教学模式中，学生所涉及的课程大多是中小学体育课中出现过的内容。"专修"则是以某一类体育项目为主线，根据学生的兴趣爱好选择本项目的体育课。在由"普修"到"专修"的转变过程中，无论是课程设置还是教学组织形式都发生了根本性的转变。

高校体育"普修"课程的设置主要是根据体育教学大纲而设计的，为了统一，体育课程内容仍然比较少，其是在违背大多数学生兴趣爱好的情况下而开设的体育课程。而"专修"则是从学生的角度出发，根据学生的兴趣爱好设置体育运动项目，此类项目的数量比较多，可以最大限度地满足学生的需求，从而做到因生而异，因材施教。"普修"是以遵循高校体育教学大纲为出发点，"专修"是以学生的兴趣爱好为最终目的。在具体组织形式上，"普修"是以相同专业的学生，按照一定的人数进行的统一教学，体育教师也不一定就是该体育专项的教师。"专修"采用自由体育选项，由该体育专项的优秀教师担任体育教学工作。学生根据自己的爱好、时间和教师的专项选择上课的类型、时间和教学老师。"专修"课程突出了"以人为本"的现代体育教学理念，塑造了学生的个性特征。在教学效果考核方面，"普修"以期末考试为最终的成绩，而"专修"考核的内容则主要包括学生的上课率，参与体育教学的积极性，自我锻炼与参加体育比赛的成绩等。"普修"考核的内容较为单一，"专修"考核的内容亦十分全面。

全面实行体育俱乐部教学体制是高校体育教学组织形式改革的最终目的，并且全面、均衡地体现出学生在教学过程中的自主性、民主性以及合作性。体育俱乐部的教学体制十分复杂，每周一次的体育课难以实现这一目标。因此，学校要从素质教育的教育理念出发，依据现代体育课程的基本理论，将课堂内的教学延伸到课外，要将早操、课外活动、体育俱乐部活动都纳入到体育教学的统一管理体系之中，形成完整的课内外一体化的教学组织形式。课外体育活动需要因地制宜，开设受学生欢迎的体育教学俱乐部，尽可能多的将学生吸引到各种体育俱乐部中来，实现有组织、有指导的课外训练目的。负责俱乐部的教师既是组织者、管理者，又是体育教学活动的教练员，俱乐部的活动每学期要有计划、有训练内容、有考核，最终完成从专修课到俱乐部形式的转型。

（二）从只见"内容"不见"生"到因生而异

传统体育教学组织形式主要是以体育教学大纲为主体，以项目为主线。传统体育教学的选修课多是以少数几类体育运动项目为基础，导致学生选择的知识面比较窄。现代体育俱乐部教学在教学组织形式方面比较灵活，学生可以自由选课、自由选择上课时间和自由选择体育任课教师。传统体育教学以体育教学大纲为关注点，突出的是体育运动项目。体育俱乐部突出的是学生的兴趣爱好，关键点在因人而异。此外，体育俱乐部相对于传统的体育教学，其特别关注学生的个性发展，强调培养学生的学习兴趣，改变学生的学习行为。传统的体育教学在过去的社会背景下，仅仅注重增强学生的身体健康、增强体质与学习技能。在教学组织方面，体育俱乐部的教学组织形式能够突出体育教学组织形式的多样性，极大满足学生的体育爱好。而传统体育教学的组织形式注重班级的整体性，弱化学生的特长，强调统一性，强调班集体的整体发展。在师生关系方面，体育俱乐部教学组织形式特别注重教师与学生之间的相互协作、双向发展。体育俱乐部教学模式的突出特点主要体现在时代性、社会性、针对性、适应性、可操作性和实效性，从而也更具有优越性。体育俱乐部教学组织形式，不仅在组织形式，上彰显了学生的自主性、民主性与自治性，而且在考核评价的方式方法上更加突出人性化。此外，在具体操作方式上也更加全面。这样的教学组织形式、实施过程、评价方式都具有科学性、合理性与人性化。

（三）高校体育俱乐部教学组织形式的利弊

1. 开展高校体育教学俱乐部的优势

（1）满足学生的个性发展和需求

高校的学生大多数都处于 18~22 岁的年龄段，此阶段学生的自我意识比较明显，注重个性的追求。高校体育俱乐部教学形式能极大地满足学生的个性要求和自我选择，让学生自主选择上课时间、体育项目，增加了学生与体育教师交流的机会，提高了学生锻炼的积极性，激发了学生课外活动的热情。

（2）体育俱乐部的教学模式对于教师的优越性

体育俱乐部采用学生自主选择体育项目以及体育教师，学生的选择会直接反映教师的上课情况和受学生欢迎的程度，也可激励体育教师不断进行自我进修，提高自我意识，从而提升整个教师队伍的素质和教学水平。

（3）体育教学模式改革的过渡条件

传统的体育课教学模式具有一定的固有模式，现在各大高校基本上都采用这种教学模式。相比之下，体育俱乐部教学模式更加具有灵活性、创新性。这种大的转变不是一瞬间就能完成的，需要一段过渡时间和先决条件。高校中的各种体育社团和协会为传统体育教学模式转化为体育俱乐部模式提供了现实、自然的过渡条件和基础。

（4）培养学生终身体育的意识

体育俱乐部教学模式注重学生的自主性，消除了学生的厌学心理，促使学生从心底喜欢体育锻炼，在较大程度上增加了自我锻炼的积极性和热情。在学校中的不断锻炼也培养了学生长期进行体育锻炼的好习惯，同时在思想上也培养了学生终身体育的思想，从思想上指导行动，让学生养成终身体育锻炼的好习惯。

2. 实行高校体育俱乐部教学的不足之处

当前的高校体育课，部分高校虽然已经开展了俱乐部式教学，并且体育教学方法也发生了一定程度的改变，但是与传统体育教学还存在一定的联系，不能完全摆脱传统体育教学模式的影响，甚至只是在传统体育教学模式中稍加改善。

第一，学生自主选择上课项目，打乱了原来的行政班级，给排课、成绩录入等工作增加了困难。

第二，项目之间出现了人数的不均衡，形成了明显的差异。

第三，增加了对体育场地器材设施和体育师资的要求。

第二节 体育教学中应用俱乐部模式的可行性分析

一、受到各部门领导的关注

教育部颁布的《全国普通高等学校体育课程教学指导纲要》中明确指出："根据高等教育的总体要求和高校体育教学的自身规律，应对全体学生开展多样化的体育教学项目，可以打破原有班级系别的限制，以满足不同层次、水平、兴趣的学生的需要。"要充分体现"以人为本"的学生的主体作用和教师的引导作用，努力倡导开放式、创新式体育教学，努力拓展体育课的时间和空间。在教师的教学指导下，学生应有自主选择任课教师、自主选择课程内容、自主选择上课时间的自主权，营造出主动、生动、活泼的体育教学课堂氛围。

二、人们科学健身的需求不断增加

经济在发展，人们的生活水平和思想意识发生了变化，好的生活环境改变了人们的心理状态，有可能对人们的身体健康产生影响。当人们不再为吃穿而愁时，安逸的生活反倒使人们多了各种"闲出来"的疾病。由于生活质量提高而出现的"文明病"大幅度上升，人们开始寻找改善亚健康状态的途径。值得庆幸的是，人们开始重视身体健康，现在越来越多的人开始对科学的体育锻炼产生兴趣。以运动来健身和吃营养品，哪个对身体健康更有好处？现代医疗制度的改革与现代的体育健康理念认为，当今社会已经不需要再宣传什么是"健康"，如何"增强体质"。更多的人在寻找科学健身场所的同时，也在宣传追求健康的方式。

生活水平没有提高的时候，收入是制约人们物质消费的因素。但是现在我国经济发展飞快，人们收入增加，温饱已经不是人们的追求。随着"双休日"工作制在我国的实行，社会服务系统的发展，家用电器的普及，人们余暇时间越来越多。这给追求科学体育锻炼的人们提供了更充裕的时间。工作和生活节奏的加快，精神压力的增大，也使人们需要体育锻炼来放松一下身心。

三、高校体育教师资源得到充分利用

体育师资队伍的建设受教学模式的影响，无法体现自身能力，高水平的体育教师由于把精力放在传统体育教学上，不能更好地发展个性。高校体育教师通过教学实践和发表文章等形式表现他们对现今体育教学的观点和热情。高校指导纲要的颁布，给体育教学打开了个性化教学实践的空间，教师资源是体育改革教学中的中坚力量，是最重要的资源。教师继承和总结前人的经验传给学生，因此，高校体育教师的任务是有效地利用学校里的体育设施建设，通过科学的多样的教学方法制定体育教学的方向。体育教师不但要传授体育理论知识，更重要的是给予学生实践的机会，传统教学模式很大程度上制约了教师的个性发展，把体育教学模式作适当改变，不但体育教师资源不会浪费掉，还能提高体育教师的整体水平，发展教师创造力。教师资源可通过课程结构和教学形式的调整发挥出更高水平的资源。高等院校体育教师也能体会到作为体育教师的价值和尊严，从而认识到科学多样化教学的意义。这样，才能为高校体育俱乐部提供优秀的教师人才。

四、高校学生越来越认同新的教学形式

传统体育教学模式不能引起兴趣，很多学生不看好这种教学模式。造成这种情况的主要原因是教育观念的改变、学生摄取知识方式的改变、生活形态变迁等的逐步演化，传统的体育教学模式已经不受欢迎了。

随着社会发展，学生意识形态以及生活形态的演变，对健康的理解也有了新的认识，高校体育教学模式的改变已经是势在必行了，其中俱乐部模式的体育教学符合了当今社会现状。

五、高校体育设施日益完善

我国高校近几年加大了在体育设施建设上的投入，虽然不是每所大学都有体育场馆，但是基础的体育设施已经齐备。虽然与国外发达国家相比还有一定差距，但是，随着国家高速发展，在高校体育设施上的资金投入只能多，不会少，现今高校的体育设施基本能满足教学需要。

以前，学校领导和体育工作者对这些硬件设施的使用效能和可利用价值的认知程度还比较局限，现在，随着市场经济的深入人心，学校领导和体育工作者的认知度也发生了变化。这些体育硬件设施在学校领导和体育工作者的思路开放的领导下，完全可以面向广阔的社会市场，投入市场经济中去，在取得收益的同时，也开阔了视野。

六、体育产业化运作机制的发展给俱乐部运作带来保障

高等学校和工厂企业合办的高水平运动队所形成的行业体育正在逐渐壮大，这是一种打破政治整合形成的新机制，也是体育社会结构分化所形成的一种新的利益群体。利用体育自身的优势，走社会化路子，已经成为一个方向。

随着中国体育产业化、社会化进程的不断加快，高校体育事业有更大的改革发展空间。同样由于市场经济观念的深入人心，越来越多的企业已经看好高校体育这块商业领域。企业投资高校体育运动有巨大回报：第一，高校体育有着高等教育和高水平竞技运动的双保险，受社会关注度高；第二，高等院校绝大部分已具有基本的硬件设施，企业所投入的运作资金相对较少；第三，高校可以给予企业科技研究支持，双方皆有帮助，发展前景看好。

同样，学校体育活动的开展也可以采用学校与企业合作的形式，如"佳得乐"大学生三人制篮球赛、"百事可乐"大学生五人制足球争霸赛、"肯德基"全国高校篮球争霸赛，这些体育赛事已经成熟，各大高校也踊跃参加。随着市场经济体制的逐步完善，产业化理念已逐渐渗透到体育的各个领域，无论是高校体育还是社会体育，产业化都是发展的最终趋势。体育俱乐部建设在以理论为依据的基础上，更需要用实践来检验，实践是检验一切真理的标准，推行高校体育俱乐部建设就是一次检验的机会。

综合上述，高校体育推行俱乐部教学模式，已经被高校学生和社会企业及

人民大众所认可，在有理论、有政策指导的前提下，进行高校体育俱乐部建设符合高校体育教育现状。

第三节　体育教学中俱乐部模式的构建与训练探索

一、体育教学中俱乐部模式的构建

（一）健全体育俱乐部的管理体系，明确发展方向

第一，学校要健全大学生体育俱乐部的管理机构，完善机构设置；第二，学校要明确各部门的岗位职责、制定各项管理制度以及中长期发展规划，新时期高校不同领域与社会相关领域之间的交流与合作日益频繁，但是高校体育与社会体育之间的交流却越来越少，二者在运作过程中基本处于孤立的状态，这种局面不仅不利于二者的发展，而且对我国整个体育事业的发展也有一定的阻碍作用。如今，高校体育社会化已是社会体育和高校体育发展的必然趋势，所以，大学生体育俱乐部作为高校体育中的重要组织，更要充分发挥它的作用，真正将高校体育与社会体育结合在一起，努力做到资源共享，共同促进二者的协调发展。

（二）加强高校体育俱乐部与社会组织的交流

当前，我国高校校际之间的体育交流较少，交流方式仅局限于体育比赛，此种情况十分不利于各高校实现优势体育资源的互补，也不利用交流体育教学经验。因此，学校应加强大学生体育俱乐部与社会体育组织的交流与合作，二者都有各自的资源需求，社会组织走入高校，大学生体育俱乐部进入社会，只有这样才能使两者的体育场地、人力、资金等资源得到合理的配置和高效率的利用。大学生体育俱乐部与社会组织共同参加体育活动，两者可以相互促进，也可以根据各自的实际需求，由企事业单位与高校共同组建双方都需要体育俱乐部，实现原有模式上的创新，做到与时俱进、共同发展。

（三）体育俱乐部教学模式要努力与现代高校教育的发展趋势相适应

1. 以学生的发展为中心，重视学生的主体地位

如果学校和体育教师在教材和教法上处理不当，将直接导致学生丧失对体

育运动的兴趣，也就不能转化为学习体育的积极性和主动性，甚至会出现"体育课上无精打采，课外活动兴高采烈的现象。"因此，从体育课程的设计到评价，各个环节都应始终将学生主动、全面地发展放在中心地位。在教学活动中，在注意发挥教师主导作用的同时，需要着重强调学生学习的主体地位，充分发挥学生学习的积极性和潜能，提高学生的体育学习能力。

2. 积极利用和开发课程资源

我国高校体育课程资源主要包括以下几项：项目内容的拓展、自然资源的开发、师资队伍的培养、场地器材的创新等。其利用和开发是顺利实施学校体育的重要组成部分，有利于充分发挥各地课程资源的教育潜力，体现课程的弹性和地方特色。《普通高校体育课程教学指导纲要》赋予高校更多的自主权，深入挖掘体育课程资源，必将深化体育课程改革，提高教学质量，形成具有特色的、健康活泼的校园体育文化氛围。

3. 加强体育课程的个性化和多样化

我国高校体育课长期受到标准化、规范化课程体系的影响和制约，过分要求所有学生达到同等标准，从而导致过高的统一要求，以致忽视了学生的个体差异、而现代体育俱乐部教学模式则比较注重体育课程的个性化和多样化，使学生有很大的自主选择权，可根据自身的能力和爱好，灵活地选择所学内容和发展方向，强调尊重学生发展的多样性。

高校体育课必须具有鲜明的时代性与社会性，务必要拓宽体育教育的空间和视野。拓展现代教育信息交流的渠道，打破狭隘的教学课本限制，全方位、多角度地进行体育教育信息交流，促进学生知识与能力的扩展和深化，以学生为中心，最终实现多样化的体育课教学课程。

4. 课程与现代化信息技术相结合

现代高校教育应综合运用多媒体技术与信息技术，从社会的发展必然趋势看，现代教育技术的发展总趋势是信息化。学校和体育教师应重视把现代多媒体技术与信息技术引入体育教学领域，赋予体育教学课程以新的内涵和时代特征。体育教师要着重培养学生的学习兴趣、学习能力和创造精神，为此，教师需要充分利用现代教育技术与手段，建立开放式的体育教育网络；要让学生全方位领略最新的科技成果和现代化手段给体育教学带来的形象性、直观性、趣味性和欣赏性，促进高校校园体育文化的发展。

（四）构建具有中国特色的高校体育俱乐部教学模式

我国高校开展体育俱乐部教学绝对不能对外国大学实行的俱乐部教学完全照搬照抄，应该剔除糟粕吸其精华结合我国的实际情况来开展。我国高校在不同地区具有不同的办学风格，不同地域具有不同的人文背景，所以在理论基础扎实的前提下不断创新，并且结合我国的发展现状，各高校应该探索适合自己人才培养的体育俱乐部教学模式，根据地方人文特色、办学条件、学生素质来培养不同规格的人才，体现各自的特点；同时还应该注重俱乐部教学理论和实践的结合，围绕以理论指导实践，以实践巩固理论，通过实际运用体育俱乐部教学模式，推动我国高校体育教育的发展。

（五）体育俱乐部教学模式要与现代高校体育的发展趋势相适应

1. 现代高校体育要与社会群众体育相协调

学校应将学校体育与体育教学同社会体育有机衔接起来，投身到社会体育的热潮之中。高校在培养学生的过程中，应努力使学生在校学习与未来发展同社会需要实现接轨。针对时下全民健身运动蓬勃发展的大好形势，学校应为学生提供机会，保证学生参与社会体育活动。坚持"请进来"和"走出去"的路径，将社会体育各项目优秀分子请进校园。同时，帮助具有一定基础的大学生参与社会体育工作实践活动和竞赛，这样既能激发学生进行体育健身的积极性，又能取得一定的经济效益。

2. 现代高校体育要适应社会发展的需要

现代高校体育要实现跨越式发展，而且要实现协调发展，因为协调发展是体育事业发展壮大的重要条件。没有发展，高校体育就会失去前进的动力。不进行体育教学改革，协调发展就是一句空话。应在改革中实现高校体育内部结构的协调配合，以及体育与外部经济、社会的协调运转。随着我国改革开放进程的逐步加快和社会经济文化的迅速发展，我国民众对于体育的需求和对高校体育的要求也发生了深刻的变化。体育的终身化、休闲化、生活化、娱乐化和产业化，都要求学校体育进行必要的改革。

3. 现代高校体育要符合"健康第一"的教育思想

"健康第一"主要是基于对学校体育本质功能的深刻认识。在意识形态层面上，"健康第一"的思想是马克思主义人权思想在教育领域的鲜明体现，它是人权思想、人道主义精神和未成年人保护原则的具体体现。在具体操作层面上，它也是学校体育对"素质教育"的最重要的应对措施。当学生的学业、社会工作与他们的健康发生冲突时，就需要服从健康；当学校体育内部各种关系发生矛盾时，也要以健康为第一。

高校新体育教学大纲也可称作"体育与健康"。在中共中央国务院颁发的《关于深化教育改革全面推进素质教育的决定》中明确提出："学校教育要贯彻健康第一的指导思想，全面加强学生的体育工作"。这一思想为高校体育教学改革指明了方向，因此，高校体育教学改革不能将体育与有关健康的知识互相割裂起来，要以体育为手段、以健康为目标，同时将健康的观念、健康的理论渗透到高校体育教学之中。

（六）充分发挥体育教师的潜能，提高教师的专业水平和能力，完善师资结构

长期以来，我国体育专业人才教育多是以竞技体育项目为主，以致我国高校在职体育教师的专长多集中在田径、足球、篮球、排球、体操、武术等项目上，而对于乒乓球、羽毛球、网球、健美操、体育舞蹈项目的特长教师则比较少，体育师资队伍不能完全满足高校体育俱乐部发展的现实需要。为此，高校和体育教师需采取以下措施予以解决：第一，大胆引进体育专业人才，在选聘教师时，应优先考虑哪些具备紧缺专长的候选教师，充实、改善教师的年龄、知识、专业和职称结构，以适应新时期我国高等教育和体育教学的发展需要。第二，对现有体育教师进行在职培训，具体而言，学校可以通过进修学习和培训提高业务水平，解决专长教师紧缺的问题。第三，鼓励体育教师考取硕士或博士研究生，并给予一定的物质和经济奖励。

（七）注意体育俱乐部教学内容设置的合理性

体育俱乐部的教学内容首先要与学校的体育课程保持一致性，俱乐部可以根据单项的体育运动来进行设置，比如足球俱乐部、篮球俱乐部等，还可以将俱乐部实现分级，以区分身体素质和运动能力不同的学生。而在设置教学课程内容的时候，需要保证学生也能学习到其他的体育知识。例如，教师可以讲解足球的技能技巧，欣赏经典比赛，对学生进行运动生理学和心理学的教育，努力扩大学生的视野，同时保证学生能够学到足够多的体育运动知识。在设置一定的课程之后，还应对学生的成绩进行考核，以达到素质教育的目的。但是，教师应该切记，对学生的成绩考核不能片面从分数来进行考评，还应该综合学生的各方面表现，如运动积极性、领悟能力、提升的速度等方面来综合考量，既能让学生体会到体育带来的激情与快乐，同时在一定程度上监督学生能够进行持久的锻炼。

（八）构筑"五种关系"发展俱乐部教学

"五种关系"指的是师生之间相互信任、合作的关系，体育教师要认真履行职责，学生积极配合，实现共同的教学目标，平等民主的关系，师生之间保持一种平衡关系，教师负责"传道、授业、解惑"，学生要主动学习、探索。在体育教学活动体系中，要注意保持师生关系的平等，实现教学相长。师生之

间保持相互尊重，相互尊重是维持高校体育教学效率以及和谐师生关系的重点。学生要尊重老师的劳动成果，教师要热爱学生，尊重学生的自尊和人格。健康交往，师生之间良好的关系是促进教学质量提升的重要纽带，也是顺利开展高校体育教学的基础。亲师信道，俱乐部模式要"以人为本"。教师要有良好的专业知识，通过科学的方法教授给学生，同时注重对学生的能力和价值观的培养。亲师信道是形成学生良好品格和优秀体育道德的基石。

（九）学校及体育教师要转变体育教学观念

首先，高校要转变教学观念与思想，尽可能地完善体育教学的制度。合理购置体育器材，要培养学生主动积极参加体育锻炼的观念，总之，要最大限度地为学生进行体育锻炼创造良好的环境。现代高校体育教学更加注重体育自由和体育精神，所以，要想让俱乐部模式在高校中得到广泛的开展，就必须要领会现代体育精神，接受更为先进的体育教学理念，将俱乐部的优势充分发挥出来。学校在引进俱乐部教学模式时，要始终坚持多样性和自主性的原则，发展课堂教学与课外教学的相互协调的关系。坚持正确的体育教学方针，才能保证高效体育教学的有效性。另外，高校的体育教学部门要对俱乐部进行科学的管理和监督，在实际操作的过程中，要根据学生的具体情况对俱乐部进行合理的规划和调整。同时，还有做好体育老师的奖惩、任免工作，增加同校外体育组织的学术交流活动。总之，高校体育教师要详细了解体育俱乐部的实际情况，对体育俱乐部进行有效管理，避免出现其他问题导致正常体育教学工作无法展开。

二、体育教学中俱乐部模式的训练探索

（一）高校女生网球运动队及俱乐部的训练

1. 网球教学及课外活动的起点

体育教学由于是按学生兴趣分班上课，因而技术水平参差不齐，有的学生技术水平较高，有的则是初学网球。学校在房山区良乡校区建设了网球专业训练场，既能够圆同学们从小就想打网球的梦想，又能在平日有一个可以娱乐健身的机会。但在网球练习中许多同学出现困惑，因此为了学好网球技术，让同学们首先做好准备工作，查找相关的教学书籍，花一定的时间在网上搜集资料，仔细阅读和学习有关网球技术，从而真正把它当作自己的一个爱好并愿意投入很多精力去学好它。起初，我们将俱乐部的活动当作学校教学计划下体育教学的一种补偿，填补有关场地和课时不足的空缺。随着时间效果凸显出来

了，俱乐部活动不仅促进教学，而且师生默契配合，自觉自愿的形成天然的教学基地，教和学互补，从而解决了训练量和下功夫不够的难题。

2. 端正思想是俱乐部训练课的关键点

同学们过去只是简单地玩网球，从俱乐部开始对网球的各种基础知识有了初步的了解，网球的有关资料学习得越多，就越觉得想学好网球很难，很多过去认为无足轻重的小环节现在都觉得蕴涵了很多技巧和方法。例如，击球前后，身体需要保持合理姿势作为准备姿势；击球过程中，包括单步、跨步、跳步、侧身步和交叉步，每种步法都有不同的适用性等。这些专业的术语看得同学们一头雾水，所以了解其内容不但没有使同学们觉得网球技能提高了，反而产生了某种畏难的情绪，总觉得想学好太难。就在同学们比较迷茫和困惑时，作为体育教师要尽快帮助他们重新树立学习的信心，网球作为一项运动是需要艰苦的练习和实践的，书本上的知识都是理论上的东西，不仅难记而且内容庞杂，不适合初学者直接学习。因此教师在教学过程中采用示范并及时纠正错误的方法，通过让同学不断练习，在练习过程中出现错误动作或是不规范的地方，教师就及时帮助同学找到原因并采取相应的措施予以纠正。由于同学基础不同，完成同一个动作会出现各种错误，教师要耐心讲解，有时一个动作纠正很多遍，还很难做到位，教师要细心地帮助同学找到原因，对症下药，一点点地纠正。开始有的同学对一些基本的动作要求不高，觉得样子上过得去就可以了，但教师反复强调。一旦出现错误或错误已经形成，就容易让同学们产生先入为主的错误判断，以至于在以后的进一步学习中很难改正。所以，教师要非常严格地要求同学做好每一个基本动作，不放过任何同学的每一个动作细节。慢慢地，同学觉得很多本身是理论上的东西变得不那么空洞和难记了，或者说根本无须记忆，已经形成一种自觉的意识，同学们感到在很短的时间内就有很大进步，并且有进一步提高的信心。

3. 俱乐部竞赛活动中学生出现问题时的处理方法

（1）网球健身与文化性结合

为学生提供网球裁判讲座；指导竞赛规程的制定；组织策划比赛场地环境布置及争取赞助的可能性；提出临场竞赛所预先判断可能出现的问题；举办怎样承受网球比赛中的心理压力讲座；讨论如何配合学校的网球教学与课外活动；定期作国际上的网球开展状况和发展前景报告等。

（2）网球运动与医学基础知识相结合

有的同学刚刚掌握一些最基本的网球动作要领，并积极模仿练习的时候，一般人都会出现单臂、肘关节、大臂及后背等疼痛现象，我们通常按常规进行放松等处理即可。但也有特殊情况出现，一次有位女同学在接球时突然受伤，医生诊断为急性腰扭伤，是因为腰内三角失衡，导致瞬间发生腰椎后小关节错位。该同学很恐惧，毕竟腰扭伤不是闹着玩的，而更令她担心的是，不能像其他同学那样正常地继续练习网球了，腰上的病痛加上内心的失望使该同学很难受。这也给指导教师出了一个大难题，对于同学这种情况的出现还能练习网球吗？如果不能，她应该怎么办。同学受了点伤病后，感到很沮丧和无助的时候，教师应义不容辞地帮助同学重新获得希望。一方面先让同学好好修养，不要着急，同时给她讲很多运动员受伤后，养好痊愈后成为专业选手的例子，讲明运动受伤是运动过程中常常发生的现象，不要慌张，只要注意治疗和恢复，不会有什么影响；另一方面，针对该同学的情况制定了详细的恢复计划和教学调整，告诉同学不管出现什么情况，都要坚定信心，做到了解网球并有能力学好网球，虽然受伤不能进行太多练习，但是还有其他学习的方法和经验是可以掌握的，如上肢和下肢的素质练习等，缺乏的只是打球练习，这可以在日后慢慢体会并补上。在该同学受伤不能练习的每周时间里，教师安排其见习并单独抽出时间来给她更细致和全面地讲解技术要点，并将大家常见的错误一一列举。虽然练习的时间少了，但是她比别人有更多的时间来观察同学们的练习，对各个技术动作关键和难点看得更清楚，这使她逐渐觉得自己也能学好网球，并觉得这学期的课外活动非常有意义。

（3）灵活运用管理手段，针对同学的具体情况做细致思想工作

体育教师需专门指导受伤的同学进行有效的恢复，利用课余的时间还可以教授太极拳，并指导她们通过练习太极拳快速恢复。这种细致入微地关怀指导，使同学们更加下定决心不辜负体育教师的一片心血，努力地学习，在学期末前，以一种与其他同学不同的方式交上一份满意的答卷，学习到一门技能。期末是学生比较难熬的日子，依照惯例，各种课程结业意味着疲于奔命复习备考，不仅压力大而且很枯燥。在网球俱乐部中，大家觉得是收获的季节，每个人都有很多的感触，都觉得自己学到了很多东西。课程结业是大家对自己收获的一次演练，所有人都充满信心，希望通过考核对自己的学习有一个评价。而网球俱乐部的同学则根据自己的感受写出了不少感想，她们这种特殊的结业方式凝结了教师大量的心血和精力。

4. 业余网球指导教学中的技术要点需要更细致

（1）采用直观法教学

直观教学法符合学生在体育学习中从抽象到形象的规律，符合体育教学这一学科的专业特点。在体育教学中，直观的教学方法是一种重要的教学方法。

（2）采用提前判断法

在正式教学之前，提前做出一定的判断。在体育教学中，提前判断的教学

方法是一种重要的教学方法。

（4）采用大量课余练习法教学

所有网球技术练习要安排一定数量、时间和组数，教师也要一丝不苟地与上正规教学课一样，要随时注意学生所易犯错误和提出纠正易犯错误的方法，并且要具体到个位。

（4）采用课余竞赛法

因为在时间上相对正式上课是较充裕，可以多组织教学和课余等各种形式的比赛，淘汰赛、循环赛和对抗赛等；还可采用 2 局制、4 局制、6 局制、8 局制和三盘两胜等比赛；既加强实际打网球的能力，也在比赛中进行良好的心理训练，体会比赛时产生的压力承受和紧张气氛，学生由于多次参加比赛，技术也会很快提高。

（二）以经营性健身俱乐部形式改革高校课外体育训练

在这里，我们以融智学院为例进行分析。

1. 融智学院课外体育训练现状

最近 10 年融智学院课外训练主要是以运动队形式存在，训练水平低，近 5 年融智学院运动队参加比赛获奖很少，参加比赛级别低，只参加过省部级比赛，只有排舞、武术取得名次，其他项目没有取得好的成绩。因为融智学院运动训练管理体系不完善，对教练员和运动员在政策上没有起到激励作用，对运动队没有整体规划；运动员选拔上大多都是没有经过专业训练的学生，运动队在人数限制，在训练方面，没有阶梯形式进行训练，平时不训练，只在比赛前 2 个月进行集训；在经费方面，经费总量小，来源单一，经费没有合理规划，不能满足训练基本需求；学校运动场地设施有限。这些因素制约学校课外训练水平，阻碍学校课外训练水平提高。学校场馆的短缺师资力量的薄弱及课时安排的限制等问题导致学生在体育课上只是完成基本任务，无法满足锻炼的实际需要，很难掌握一项运动技能，培养学生终身体育习惯非常有难度，大学阶段是培养大学生体育锻炼习惯和形成终身体育观念的最好时期，如果不能激发其参与动机，那么对于国家所提倡的使之终身受益的终身体育观念和体育锻炼习惯养成这一核心培养目标的实现则成空谈。

2. 经营性健身俱乐部形式在融智学院课外训练创办中的必要性

（1）提高融智学院课外训练水平

融智学院课外体育训练以经营性健身俱乐部形式，可以完善训练管理体系，保证充足后备运动员，维持平时训练资金来源，保证年训练计划，制定对教练员和运动员激励制度，激发各要素的活力和潜力。有利于提高融智学院课外训练水平，提高运动队的建设成果，进军省运会、全国大学生运动，以及全国锦标赛等级别高比赛。促进学校竞技体育发展，打造品牌效应，提高融智学院招生竞争力。保证融智学院竞技体育的健康、可持续发展，是对融智学院课外训练体制进行改革的必要条件。

（2）满足大学生体育兴趣需要，提高学生身体健康水平

融智学院在开设课程上，达不到学生掌握一项运动技术的要求，达不到减肥瘦身的效果。因为学校资源场地、体育教师及上课时间有限，要想在如此短暂的时间内培养学生终身体育习惯非常有难度。从每年大学生体质测试数据上看，一个年级只有十来个是优秀的，在身体素质方面优秀率很少。经营性俱乐部整合学校优质师资力量，提高体育场地的利用率，在课外时间特定的场所开设健身课程，结合健康管理的手段对大学生的健康生活方式给予全面的指导，符合学生健身的实际需求。它将对学生的体质健康发展和健身习惯的养成起到巨大的推动作用。

（3）经营性健身俱乐部在融智学院课外训练创办的可行性

关于经营性健身俱乐部在课外训练中的可行性，在资金方面，经营性健身俱乐部的运行基础是学生的健康投资资金，所获资金用于俱乐部的日常运营。在人员参与方面，尤其是独立学院学生，学生对学习不是很喜欢，在社交和自我形象管理方面很用心，比其他学院更愿意参与健身。尤其是女生，把内在气质的培养及形体姿态的塑造作为重要的自信与社交目标来进行健身锻炼。据调查，融智学院体育教师都是从专业体育学院研究生毕业，还有两位是省专业运动队退役，他们都受过良好的专业技术训练，体育老师的专业素养深厚，为融智学院健身俱乐部的课程发展提供了有力保证。融智学院场地不足，但是可以根据有限资源开设几个项目，如射箭、体育舞蹈、武术等，也可以借用其他学校和社会场地进行运营。

（4）融智学院创办经营俱乐部途径

①根据融智学院现有体育设施条件，对竞技体育整体规划，调查学生的喜欢项目、健身目的、投资健身消费能力及体育老师基本需求等因素，合理制定课外训练经营性健身俱乐部创办具体方案，选择开设1~2项目作为试点，有组织和有计划地安排活动并经常性地组队参加体育竞赛和表演，组织各种健身聚会知识讲座和专题讨论等。

②可以通过校园网络进行宣传，建立专门的宣传栏目，也可以通过微信公众号进行宣传。另外，可以通过组织系列的健康健身娱乐活动及健康讲座，吸引广大学生参加，从而提升学生的体验感受，提高健康理念的宣传效果，使更多的大学生走进健身俱乐部参加健身运动。

③学校领导应该将经营性健身俱乐部的发展列入学校发展的规划，此外，学校的领导特别是主管体育方面的领导应积极鼓励和支持俱乐部的发展，为俱乐部的发展提供政策支持及前期资金扶持，为优秀师资在俱乐部兼职制定激励制度。对经营性健身俱乐部的发展给予更多关注，放手让俱乐部管理者大胆地尝试运作和创新，进而加快推进校园经营性健身俱乐部的建设和发展。

第六章　体育微课教学模式与训练实践

随着网络技术的快速发展，教育信息技术也在不断向前发展，进而衍生出"微课"这样一种被广泛关注的教学形式，微课具有先进性、高效性、便捷性等特点，本章首先分析了微课相关的基础性知识，接着进一步分析和论述了微课体育教学的可行性分析及其开发，探讨了微课在室外体育课教学中的运用探索，最后研究了二十四式太极拳微课训练实践。

第一节　微课概述

一、微课的概念和特点

（一）微课的概念

自从 2011 年国内出现了第一篇关于微课的文献，研究者对于微课的概念界定一直是众说纷纭，目前国内较为认可的三位"微课"学者对于微课的定义更是各有侧重。胡铁生作为国内微课的引领者，他首先将微课定义为"按照新课程标准及教学实践要求，以教学视频为主要载体，反映教师在课堂教学过程中针对某个知识点或教学环节而开展教与学活动的各种教学资源有机结合"①。胡铁生不仅将微课视作简单的教学视频，他更是赋予了微课丰富的内涵与构成，包含教学设计、素材课件、教学反思、练习测试及学生反馈等。黎加厚将微课等同于微课程，认为微课程是指时间在 10 分钟以内、有明确的教

---

① 胡铁生."微课"：区域教育信息资源发展的新趋势 [J]. 电化教育研究，2011（10）：61.

学目标、内容短小，能集中说明一个问题的小课程①。这一种定义方式更注重微课的教学作用，强调其短小精悍、主题突出的特点。而另一位微课研究界专家焦建利将微课定义为"以阐释某一知识点为目标，以短小精悍的在线视频为表现形式，以学习或教学应用为目的的在线教学视频"②。焦建利的定义落脚点在于在线教学视频，他将其视作阐释知识点的学习资源。基于前人的研究和当下微课的发展趋势，这里将微课定义为：微课是以阐释某一知识点为目标，以 10 分钟以内的教学视频为主要形式，师生用以课前导学、课内助学、课后巩固的教学载体。

目前，很多研究者较为狭隘地将微课视作简单的教学视频或学习资源，事实上，微课的构成并不仅仅是 10 分钟以内的视频。对于微课的构成，不同的研究者从不同的视角出发也有不同的认识。苏小兵从微课"教育资源"属性出发，提出"目标、内容、教的活动、交互、多媒体"③ 五个构成要素，教师需要对这五个构成要素精心设计，组织构成一个具有一定结构化程度的数字化课程资源。刘名卓从微课的"课程"属性视角出发，认为微课程需要具备必要的课程要素，如教学目标、教学内容、教学活动（学习活动）、教学资源（学习资源）、教学评价（学习评价）以及内置必要的学习支持（如提供学习笔记、批注等学习工具)④。就微课的组成而言，微课以"微视频"为核心，包含与教学相配套的"微教案""微练习""微课件""微反思"及"微点评"等支持性和扩展性资源，从而形成一个半结构化、网页化、开放性、情景化的资源动态生成与交互教学应用环境。这样的组成方式更为全面综合，教师通过微教案来设计微课件制成微视频，学生通过观摩微视频学习相关知识，通过微练习来自测知识的掌握情况，师生共同的微点评来促进彼此的微反思，这才是一个完整而又良性循环的"微课"。

（二）微课的特点

微课主要是针对传统教学资源的局限性提出的一种新的学习方式，其主要特点用八个字概括：精美、简洁、具体、生动，具体而言其包括以下五个方面的特点：

---

① 黎加厚.微课的含义与发展 [J].中小学信息技术教育，2013（4）：10.

② 焦建利.微课及其应用与影响 [J].中小学信息技术教育，2013（4）：13.

③ 苏小兵，管珏琪，钱冬明，祝智庭.微课概念辨析及其教学应用研究 [J].中国电化教育，2014（7）：94.

④ 刘名卓，祝智庭.微课程的设计分析与模型构建 [J].中国电化教育，2013（12）：127.

1. 主题明确

微课的作用主要是解决传统课堂教学中所出现的问题，如知识点复杂多样以及重、难点层次不清等。在微课的制作过程中，其都是围绕教学内容中最重要的知识点或教学中关键的环节进行设计，与传统的课堂教学相比，其教学内容更加精简，教学目标更加明确，教学主题更加突出，这是微课教学最重要的特点。明确主题选取的教学内容非常具有代表性，只有教学主题突出，整个教学才能真正地吸引学生的注意力，让学生更加容易地理解与学习。

2. 多元真实

多元主要是指微课资源的多样化，它不仅有微课视频，还有微教案、微课件、微点评、微练习等其他形式的资源，相对于传统的课堂教学视频而言，微课资源的多样化使得整个教学更加丰富多彩。在利用丰富的微课资源时，师生将同时从中受益，一方面学生可以利用微视频进行学习以微练习进行相应的复习巩固，以微反馈的形式进行综合评价，这使学生的思维能力得到进一步提高，并且能够提升学生学习的兴趣；另一方面教师利用微课资源的多样化去实现教学观念、技能等方面的提升与深化，进而提高课堂教学的效率，促进教师专业成长。

真实主要是指现场情境的真实性。微课的设计都会具体到一个真实而不是虚假的场景之中，进而形成一个与具体的教学内容有机结合的微课堂。这种真实性的场景与现实生活紧密结合。例如，生物教学中的微课场景一般要选在实验室或实习、实训基地，体育教学中的微课场景一般要选在体育馆或运动场，并且教师在选择着装、教具时应与教学活动主题相一致，这样才能呈现出微课堂的情境性。

3. 弹性便捷

传统的课堂教学对教学的时间有严格的规定，而微课在时间安排上却有其明显的优势，即微视频的时间比较短，一般在 5~8 分钟，最长时间也不应超过 10 分钟，这比较符合学生的认知特点。微课资源的容量不会超过百兆，易于存储、便于携带，这使微型学习成为可能。因此，学生在完成微课的学习时所花费的时间和精力不会太大，这更有利于学生弹性安排个人的时间，非常便捷而且更加人性化。

4. 共享交流

共享是网络资源的核心理念。就微课目前的发展来看，其不仅具有网络资源丰富、交往、便捷、互动等优势，而且它打破了利用资源在时空上的限制，实现了教学资源的共享。除此之外，微课还为学生提供了一个网络学习与信息交流的平台，教师在微课教学后会把微视频上传到信息技术资源管理中心的网站上，供同行借鉴学习，教师还可以充分利用同行的经验不断地挖掘自身发展的潜力，加强交流与沟通、分析评价、强化教学反思。实际上，这就是我们现在所提倡的教师学习共同体的一个方面，它由教师群体构成，以网络式的虚拟场景为基础，以便教师进行交流与学习，从而实现教师个体的专业发展。

5. 实践生动

以上特点使得微课受到社会各界人士的好评，对于一线教师来说更是如此。由于微课开发的主体是广大一线教师，加之微课开发的本身就是以学校的教学资源、教师的教学与学生的学习为基础，因此，越来越多的学校通过微课这种新的学习方式进行探索研究，挖掘本校的微课建设，这本身就具有很强的实践性。在实践的过程中，教师需要注意微课的表达方式，生动活泼不仅体现在精美的画面、动听的音乐以及明确的主题上，其还体现在精心设计的流程及其相应的互动方式上。

二、微课产生的背景

(一) 微课的提出

任何新生事物都有其产生的缘由，"微课"也不例外。从宏观上讲，在科技领域，"微课"的产生离不开科学技术的进步。在现代社会，信息技术的迅猛发展加快了人们的生活节奏，从根本上改变了人们的生活、工作和学习方式。与传统的生活方式相比，大部分人尤其是年轻人更加乐于接受现代的生活方式。例如，投影仪的使用，以图文、声像的方式全方位为我们呈现事物立体化的信息；智能移动终端设备的出现，把我们带入一个随时随地信息互联开放的时代。也可以说，网络通信技术的发展促使各种"微"事物不断涌现，如微信、微博、微访谈、微学习、微媒体、微电影、微小说等，这使人们生活的方方面面都充满了"微"信息，进而步入一个新的时代即"微时代"。

从微观上讲，在教育领域，根据国家新课改所提出的标准，教师的工作不再仅仅局限于教会学生一定的书本知识，更重要的是要教会学生如何面对生活中的不确定问题，让学生在受教育的过程中体会到学习的乐趣，进而激发并利用学生的好奇心来调动学生学习的积极性与主动性。在教会学生学习的过程中，师生之间的交流方式、手段，特别是教师在教学中所采用的教学方式至关重要。然而，教师工作量的加大使得他们很难有大量的时间进行专门学习。面对此种情况，教师应该深思如何才能在课堂教学中吸引学生的注意力，如何把深奥的理论转化为容易理解的事例，让学生感觉到学习中真正的乐趣，如何利用琐碎的时间进行集中学习，完成自身的专业发展。对此，微课提供了一种新的思维和表达方式，例如，教师把教学中的重、难点以及相应的考点等精彩有趣的内容录制下来，之后把所录视频提供给学生，使他们能够更好地进行交流与学习；或是利用微课与翻转课堂相辅的形式，教师事先做好有关教学内容的微视频，调动学生课前知识学习和课堂知识内化的积极性，并能辅助课后的复习和反馈。总之，不管是学生还是教师，他们当前缺乏的是一种高效的、便捷的学习方式，而微课正好满足了这种需求。因此，在信息发展、时代变迁和教育诉求的背景下，微课应运而生。

（二）微课的产生对教学的启示

从微课教学应用的层面看，如将微课作为一种教学资源，它可以应用于课前自学、课堂助学、课后反馈等环节；如将微课应用整合为一种新型的教学模式，它可以进行线上线下混合式学习、知识接受与知识内化环节颠倒、微步调学习等；或可以将微课作为传统课堂教学的一种补充。对于教师的教学而言，微课的简洁形式能够使教师快速地对教学内容做出修订、更新教学知识，教师与学生可以重复利用微课进行教学与学习的优化。胡铁生从四个方面指出了相应的误区，"一是相当多教师对微课的本质特征认识不够，仅认识到微课的'外表'，即微、短、小，而没有掌握其'本质'———一种支持学生自主个性高效学习的微型在线网络课程。部分教师开发的微课基本等同于'课例片段''微型视频''微型讲座'，或者是'浓缩课'。二是许多教师把更多重心放在微课制作技术上，而忽视了微课的教学设计和教学实施过程，注重课堂教学活动的视频拍摄，甚至把教师的讲解、师生活动全程的对话都打上字幕，而对微课的内容选题、教学设计、教学策略、教学活动的实施等核心环节却重视不足。三是现有微课的资源构成单一，仅提供了单个知识点教学的视频片段，不利于师生的学习、观摩和研究。四是缺乏系统规划和顶层设计，导致微课建设各自为政重复建设现象严重，质量良莠不齐"①。由此，我们需要辩证地看待微课的教学应用，从优化教学过程、提高学习效果的角度深层考虑信息技术环境中的教与学。

三、微课的主要类型

依据现代教育、教学理论、微课的研究进展以及微课在学校教育实践中的实际应用，人们总结出几种常见的微课分类方式。例如，按照课堂教学方法来分类和按照课堂教学主要环节（进程）来分类，以及从微课制作方式和文件

① 胡铁生. 还原中小学微课本质［N］. 中国教育报，2014-11-05.

格式角度进行分类等，这些具有理论参考意义和实践指导价值。

（一）按照课堂教学方法进行分类

教学方法是指在课堂教学中，教师和学生为了实现共同的教学目标以及完成共同的教学任务所采用的手段与方式的总称。为了使一线教师更加容易理解微课的分类方法，胡铁生根据李秉德教授对我国学校教学活动中常用的教学方法的分类总结，初步将"微课"划分为十一类，即讲授类、问答类、启发类、讨论类、演示类、练习类、实验类、表演类、自主学习类、合作学习类、探究学习类微课。

在此分类中值得注意的是，一节微课作品可以对应某种微课类型，也可以同时对应两种或两种以上的微课组合。例如，提问讲授类与合作探究类，其分类不是唯一的，应保留一定的开放性。同时，微课的类型也随着教育教学理论的发展和教学方法、手段的创新而变化，需要教师在教育实践中不断发展、完善。

（二）按课堂教学主要环节（进程）进行分类

按此分类法，微课的类型可以划分为课前复习类、新课导入类、知识理解类、练习巩固类、小结拓展类。其他与教育教学活动相关的微课类型还包括说课类、班会课类、实践课类、活动类微课等。

（三）以制作方式和文件格式角度分类

按照微课的制作方法和文件类型，将微课分为拍摄型、录屏型、动画型、改良型和幻灯片型等几种类型。

1. 拍摄型微课

拍摄型微课是指微课制作者在一定的教学环境中，利用摄像设备对教师所讲的知识点或者是学生学习的过程进行记录并制作而成的微视频课程，它的最大特点是教师出镜授课。虽然微视频中的师生之间没有真正地进行直接的交流，但教师的神态、表情、动作等仍然会对学生的学习产生影响。因此，教师的出镜将有助于形成师生互动的良好氛围。拍摄型微课一般会让教师与教学课件同时出现在屏幕上，从中进行教师图像与教学课件图像的置换，它既有静态的也有动态的。拍摄型微课较多地应用于语言类和操作类课程之中。例如，识字教学与日语中的单词教学，二者都属于突出字词的发音教学。一方面，教师在教授学生识字、读单词的过程中，既要为学生示范标准的读音，又要给学生演示正确的口型；另一方面，由于发音教学自身的局限性，如课程内容枯燥乏味，教师的出镜则会使学生的学习过程更加人性化。

2. 录屏型微课

录屏型微课是指微课制作者在计算机中安装录屏软件，录制教师通过教学课件如基于绘图软件、手写板输入软件等形式制作的课件，直接用教学课件呈现教学过程，并同步录制教师的授课声音以及屏幕操作行为生成的微视频。在录屏型微课中将不会出现教师、实物教具以及现实的环境，其仅仅显示的是电脑屏幕上的文字、图片、流媒体等内容。此种类型的微课适合于需要呈现较长篇幅文本的课程以及具有严密逻辑关系的课程。例如，在阅读教学的过程中，教师需要为学生呈现出大篇幅的文章、文本；在数学例题教学过程中，教师需要一步一步地演示解题步骤等。

3. 动画型微课

动画型微课主要是利用相应技术，如应用动画技术和绘画艺术制作而成的微视频，其最突出的特点就是浓厚的趣味性与可操作性。动画型微课主要有两大类常见格式：视频格式，它只能够观看不能操作；动画格式，它既能观看又能操作。其最主要的功能就是有效地帮助学生在学习的过程中理解一些需要进行空间想象的抽象图形及其运动变化的过程。例如，动画型微课教学比较适合数学的几何课等，学生在观看这类微课的同时能够对一些现象进行观察、实验操作模拟、动作训练模仿等。

4. 改良型微课

改良型微课的内容主要来源于学校常规课的教学内容，部分微课是课堂实录小片段。在微课这种形式出现之前，这类影像素材通常被制作成完整的课堂教学视频或者直接作为资料并存档；微课产生并兴起之后，这类影像素材便有了新的用武之地。改良型微课是指在常规课堂教学录像基础之上加工而成的一种微视频。改良意味着它必须按照微课的要求，在原视频素材的基础上为达到课堂教学的目的而进行加工制作。其制作方法主要包括几种情况：一是将原来比较长的视频剪辑成为一个或多个短视频；二是在新的视频加工过程中删除与教学知识点关联性不强的部分，如课堂互动、学生的作业布置等；三是加工制作成清晰明了的、突出重点的教学课件并显示效果；四是加工设计教师授课时的画面与课件画面的镜头导播切换；五是增加或重新制作片头片尾，体现微课的基本信息。

5. 幻灯片型微课

由于持续播放连续运动的画面是影像视频最为本质性的特征，因此，幻灯片型微课可以看成是一种广义的影像视频。因为这种微课不属于严格意义上的视频格式，所以其就不需要微课制作者使用视频制作软件，教师只要在幻灯片等演示幻灯片的软件中制作就能够实现流媒体效果，这种微课非常适合普通教师进行操作。运用幻灯片制作并动态播放幻灯片型的微课，以文字、图片、音乐等媒体形式的恰当配合，其动态有声的形式也可以很好地体现微课的优势和功能。这类微课比较适用于具有情节性、故事性、思考性的教学内容。

四、微课的开发思路和流程

（一）微课的开发思路

在进行微课创作前，教师应先分析微课的授课对象及课程或相关专业的特点，以便有针对性地选择适宜的题目。进行微课选题时，题目应是学习过程中的重点、难点、疑点或热点，且适宜用流媒体的形式进行表达。在确定微课的选题后，教师还应明确该选题对应的学习目标，以便后续教学过程设计及教学资源的组织。教师要剖析适宜的教学模式，设计合理的教学过程，以便学生在整个认知或学习过程中循序渐进地学习知识，更好地接受并掌握微课中的教学内容。微课开发的大体思路如下：

第一，要体现出本节微课的学习目标，让学生明确本节微课的学习任务，要明确教师的设计目的，即微课是用于学生自学还是用于课前预习，是用于课堂插播还是用于课后作业等。

第二，明确选题思路。教师要明确为什么选择这个微课题目。微课题目要求有两个方面：一是微课题目要小。选定的题目在 5 到 10 分钟内能够学完，微课的精髓在于小。题目太大，学习时间就会太长，这样不利于提升学生的学习兴趣。这是因为时间一长，学生就很容易分散学习的注意力。二是微课题目要准，也就是教师要准确扣住学生学习难点和重点。为此，教师制作微课前最好做一些调查，了解学生的学习难点等内容。

第三，在微课讲解中采用什么样的形式或手法让学生理解和掌握知识点。微课和一般课堂教学手段不一样的地方，就是教师不可能无限制地使用现代教学手段进行教学，因为微课主要给学生讲解知识点，以生动有趣的例子、故事、动画等方式突破重点难点。所以教师一定要精选那些适合微课的教学手段，比如演示文稿展示、动画、电子白板等。

第四，通过反问、提问或者案例解析来帮助学生巩固本节的知识点。

第五，设计微课教学范式。微课教学步骤不像一般课堂教学那么复杂，没有固定的模式，其简单地说就是"导入—讲授—操练"。根据任务的不同，微课教学形式上可以有以下几种类型：讲解式、探究式、自问自答式、情景故事式、教学实录式、实验式、朗读式微课等。

第六，准备摄录工具和摄录设备。例如，教师要确定使用电子白板还是用普通黑板，用多媒体教室还是用普通教室，用录像机还是手机录制等。

第七，选择录制方式。微课录制方式一般有：（1）PPT 展示模式，用 PPT 讲解然后通过适当的形式录制下来，这时可以只出现画面不出现教师，也可以二者都出现。（2）讲课模式，教师像平时讲课一样讲授，然后录制下来；（3）情景式。通过情景剧的形式将知识点转化为故事或者剧本进行拍摄。

（二）微课的开发流程

微课的开发流程包括选题、教案编写、制作课件、教学实施与拍摄、后期制作、教学评价反思等，其具体流程如图 6-1 所示：

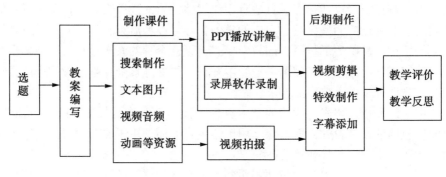

图 6-1 微课开发流程示意图

第二节 微课体育教学的可行性分析及其开发

随着互联网科技的飞速发展，信息化教学成为现代教育的主流趋势。微课作为一种信息化时代的新兴的产物，以其高效、便捷、与互联为传播载体的优势，已经成为学生进行自主学习、教师提高课堂教学效率的一种方式。微课的出现为传统的体育教学带来了重大的启示。将微课与高校传统体育课程相结合，能改变高校传统体育教学模式，并能有效解决当前高校传统体育教学方式在体育教学中的很多教学难题。

一、微课体育教学的可行性分析

体育教学作为重要的学科之一，它不仅有效提高学生的身体素质，还能优化学生的精神状态，进而为学生的学习和发展提供充足的精力和良好的状态。而在社会快速发展的今天，传统的体育教学模式已不再满足快节奏的生活需求，为此，在信息化社会的不断发展，人们对于互联网的利用越来越广泛，在教学领域更是有利用互联网平台来与大学体育教学进行融合，形成微课的模式。基于微课碎片化、重点突出、交互性强等优势，将其充分应用到体育教学中能有效提高体育教学质量，从而达到创新传统体育教学模式的效果。

基于微课的特性，其在体育课的教学中具有非常大的促进作用，而这也是其在体育课中得以推广的重要原因。

（一）微课教学时间较短，可反复多次学习技术要点

在微课教学中，视频教学是其中的重要组成部分，为有效提高学生对于体育动作要领的领会能力，教师可根据学生的学习需求录制简短的教学视频，将动作的重点难点和易错点反复播放，加深学生的理解，便于学生对动作要领的熟悉度。这种短期的微课视频，不仅能够利用学生的闲散时间，提高学生的学习效率，还能解决高校体育课程课时少而达不到教学目的的问题，以调节课程设置的缺陷。

（二）可以开展针对性教学，提高教学的效率

由于微课的制作时间比较短，且制作的内容主要针对教学中的重点、难点以及易错点来进行录制。因此，微课对于体育课程的学习而言具有较高的针对性。在高校微课教学设计中，教师一般根据学生的实际情况来进行优化教学目标，并以影像、声效的形式来补充文字表述的方式，能有效将学生带入到学习的环境中，加深其印象。

（三）资源丰富，充分激发学生的学习兴趣

微课教学通过微平台进行，与传统的体育教学相比，传统的体育教学更多的是通过教师于洋的叙述来了解动作的要领。而微课教学则可以通过多样化的教学方式和教学内容来诠释动作的要领，并以此构成一个资源包，营造出丰富的教学环境。此外，还留给学生更多的空间，让学生能在学习的过程中有更多的思考时间，便于学生与教师的互动，提高学生的学习积极性。

二、微课体育教学的开发

(一) 选择微课体育教学的主题

微课能否设计得好，体育教学主题的选择是微课设计中关键的第一步。所以，教师在设计微课体育教学时对主题的选择应该深思熟虑。一个微课就是一个主题，主要为体育教育教学实践中的具体问题。在主题的选择上教师应该注意主题明确、命题清晰、大小适中，可以选择体育理论或体育实践课中经常出现的难点、重点、疑点或者知识点、技术点、技能点作为主题。

(二) 微课体育教学的学情分析

选好主题后，接下来教师要进行学情分析。首先教师要对本次微课体育教学的学习者进行分析，本课的受众群体是哪些？学习者有什么特点？学习者的基础如何？本次课的课程特点是什么？本次课的教学目标有哪些？本次课的学习内容是什么？这些都是体育教师在教学实施前应该明确分析的内容。

(三) 微课体育教学设计

明确了学习者以及课程的特点、教学目标和学习内容，教师就可以有针对性地对体育教学实施的过程进行设计。微课体育教学与其他学科的微课教学有一定的区别，它并不是单纯的某一个动作技术点的讲授，而是侧重于把握运动技术的内在规律，积累学生的运动经验和体验运动感受，形成体育经验积累。这样的教学目的能否达成不仅与体育教学理念有着重大的关联，而且与具体的教学措施和实践有着直接的关系。在教学实施设计时要选择合适的教学形式，微课体育教学主要的教学形式有情景式、探究式、讲解示范式、演示式教学等，教师要根据课程的类型、教学内容、学习者的特点选择适合的教学形式。

(四) 制作体育教学的微课

微课的制作模式主要有课堂实拍式、实地拍摄式、讨论式、访谈式、演示文稿动画式、画中画式、虚拟抠像式、2D 与 3D 动画式等，高校体育课是一项以学生的身体练习为主要手段的教学活动，教学内容具有直观性、活动性、户外性和操作性等特点，属于身体实践类课程。此类类课程微课的制作模式主要采用实景拍摄+演示文稿混合模式进行制作，这种模式在体育实践课教学中能起到良好的效果。在实景拍摄时首先要进行脚本设计，布置好工具、操作对象，确定好拍摄机位和拍摄取景角度。在拍摄时要注意画面稳定，防止拍摄时画面抖动。拍摄时要远离强光、不背光，在光线不足时要适当打光，拍摄环境最好要保持安静无噪音。其次，要保证拍摄的画质清晰，一般需要像素较高的摄像机进行拍摄。最后，要求教师在演示技术动作时自身的仪态一定要端正，技术动作示范要标准。如需加现场讲解，讲解时声音洪亮、节奏感强，尽量采用通俗易懂的口语进行讲解，尽可能地减少古板的书面语句。而演示文稿的制作要注意以下几点：第一，动静结合，要充分利用演示文稿的动作效果，给人动态美感。第二，图文并茂，图片图率要在 50% ~ 80%，图片要符合体育主题，并且要对教学主题起作用。字体搭配合适，错落有致，字体颜色和大小合适，字数尽量少。第三，页面颜色搭配合理，一般不超过三种颜色。在拍摄好视频素材并制作好演示文稿课件素材之后，使用录屏软件对视频素材和演示文稿素材进行编辑制作。添加片头片尾、慢动作演示模式或技术动作分解模式、旁白讲解、音效、转场效果等。编辑完成后输出微课视频，微课视频输出时应考虑到网络平台的容量及传输速度，一般单个微课视频大小最好控制在 250 M 至 400 M 之间，模式为 MP4 模式较为适合。一个优秀的、完整的微课体育教学应包括：简洁、美观的演示文稿制作、主题明确的微课体育教学名称、有信息提供的片头、有逻辑的课程内容、有概括引导的片尾等。

（五）微课体育教学的评价

高校微课体育制作微课的使用对象是高校学生，高校体育微课程的好坏评价主体不是看微课制作得是否精美，而是主要看制作的微课能否帮助学生解决实际学习中的重点难点。所以，高校体育微课程的制作者必须通过搜集使用者对微课的评价，进行总结、反思、再优化，了解微课体育教学是否能真正拓展学生的体育知识、解决体育课中对技术动作的疑问、掌握正确的锻炼方法等。微课开发者需根据评价了解制作的微课体育教学是否达到预期目标，从而对微课进行实时调整。

第三节　微课在室外体育课教学中的运用探索

一、微课应用于室外体育课教学的理论依据和实践基础

(一) 微课应用于室外体育课教学的理论依据

根据美国纽约州圣·约翰大学的邓恩 (Dunn) 夫妇的 VAK (Visual、Auditary、Kinesthetic) 理论，VAK 分别代表视觉、听觉、操作。VAK 理论依据学生的学习风格将学生分成三种不同的类型：视觉型学习者、听觉型学习者以及操作型学习者。其中视觉型学习者约有一半左右，听觉型学习者所占比例较小，操作型学习者所占比例略高于听觉型学习者。

三种类型所占比例最大的人群——视觉型学习者最有效的学习方式就是"看影像"。在视听、阅读、听讲三种学习方式中，其学习内容的吸收率从大到小排列依次为视听—阅读—听讲。由此可见，以微视频为主要载体的微课，其进入室外体育课的优势是毋庸置疑的。

(二) 微课应用于室外体育课教学的实践基础

第一，iPad、大屏幕智能手机的出现替代了传统的投影机、大屏幕，轻便易于携带、画面清晰，iPad 等现代化的设备使室外视频观看画面不清晰、大屏幕移动不方便等成为过去式，为微课进入室外体育课提供了现实和便利的硬件条件。

第二，可以观看经典、规范的运动技术示范动作，给年龄大、身体条件差的体育教师的示范带来了福音。微视频可以播放不同角度、不同环节的示范动作，可以慢放、细节放大等，能让学生看得更清楚，领会更深入，便于学生尽快建立动作表象。

第三，微课可以借助智能设备，记录、评价、反馈学生的学练情况，相对教师的口头评价更直观、更实效，更能激发学生的学练热情，进一步调动学生的练习积极性和主动性。

二、微课应用于室外体育课教学的契机

第一，当教师的示范动作存在困难，或者技术动作较为复杂，教师的示范不便于学生观察时，此时微视频的出现就是雪中送炭。例如，体操或武术中的较复杂的技术动作示范要慢速示范，完成难度较大，常速示范学生很难看清楚，微视频的多角度、慢速分解示范就轻松解决；再如，篮球等项目的战术配合示范等，需要参与人数多，稍有闪失，配合失误就会浪费很多时间，利用战术板、微视频，学生一点即通。

第二，当指导学生进行合作探究学习时，不同的小组可能会出现不同的问题，教师往往分身乏术。此时，微课的作用就可以发挥，每个小组一台 iPad，小组可以反复观看视频，反复研究学习要求。教师在巡回指导中，可以有选择地点拨、启发、引导，最大限度地提高课堂效率。

第三，当分组练习时，尤其是分层次练习要求时，教师逐组讲解费时费力，各组一台 iPad，出示不同的练习内容、练习要求，学生一目了然，问题就迎刃而解。例如，在教学的拓展练习环节，教师可以交给学优生小组一台 iPad，让他们自己去学习提升层次的练习内容，这样教师就可以集中精力辅导学困生。

第四，当需要学生自主学练时，微课的最大作用就是促进学生的自主学习。此时教师不在身边，微课就是学生学习的工具和平台。教师根据学习目标制作好微课，可以发布在班级 QQ 群、校园网站等平台，下达学习任务单，让学生抽时间带着各自的学习任务自主学习。然后课堂上利用大量的时间引导学生练习，并注意发现学生练习中存在的问题，及时利用微视频纠正、强化正确的技术动作，让学生学得更有趣、练得更主动。

此外，当需要记录、反馈学生的练习情况时，iPad、智能手机等可以即时录制视频并播放，这为记录学生练习情况，引导学生观摩学习提供了物质保障。学生练习的情境稍纵即逝，利用设备记录、筛选学生练习的典型动作，之后播放，引导学生观摩，直观性和时效性都很强，学生即练即反馈，看得仔细，学得扎实，学习效果远远胜过学生练习情境的重复展示，也更能督促学生认真练习。

三、微课应用于室外体育课教学的注意事项

第一，教师示范就能让学生很快建立动作表象的，就不必用微课示范。教师现场的示范更具说服力、亲和力和感染力。

第二，微课的制作要简洁，突出重点，画面、音质要优质，确保观赏性。

第三，微课的作用是辅助教学，不能以微课替代教师的教学。

第四，使用 iPad、智能手机进行微课教学时，教师要考虑学生人数和设备数量，一般 3~5 人为宜，以使观看效果达到最佳。一定要避免人数多，因为观看角度各异，会引起的观看效果不佳的情况发生，这样会影响学习。

第五，使用 iPad、智能手机进行微课教学时，要注意培养好学生骨干，教会骨干学生使用和保管 iPad、智能手机的方法，避免损坏和随意摆弄。

四、微课应用于室外体育课教学的实例分析

室外体育课的种类很多，这里以教师和学生都十分熟悉的室外篮球教学为例分析微课应用于室外体育课教学。

（一）巧用微课，放大动作细节

在体育篮球教学过程中，无论是让学生现场观察教师的示范动作，还是让学生现场观摩运动员的实战动作，他们都无法清晰地观察示范动作以及实战动作的细节。而这，也成了体育篮球教学的一个"瓶颈"。为突破这一教学"瓶颈"，教师可以巧妙地利用微课视频，放大动作细节。

1. 放大篮球示范动作细节

运球、传球、投球、三步上篮、急停跳投等是体育篮球教学的基本内容。在教学这些内容时，为了提升教学效益，教师必须要让学生清晰直观地观察相关的动作要领。倘若学生对这些相关的动作要领一知半解、甚至一无所知，那么，他们也就无法准确、熟练地掌握这些动作要领。尽管教师的现场示范，能够为学生展示一些动作要领，但是，归因于学生观察的视角有限，多以他们对于相关动作要领的认识不够全面。鉴于此，教师可以巧妙地利用微课视频，放大篮球示范动作细节。

例如，在教学"三步上篮"这部分内容时，在课前教师首先从网络教学平台中搜集了一些关于"三步上篮"的微课。依据学生实际学情，教师可以对这些微课进行了"再加工"，即对这些微课进行整合、剪辑、优化等。最后，一节能够从不同角度、以不同速度展示"三步上篮"动作细节的微课视频即可完成。

通过让学生在课前观看这些旨在展示动作细节的微课视频，能够为学生准确、熟练地掌握相关动作要领奠定坚实的基础。

2. 放大篮球实战动作细节

让学生全神贯注、一丝不苟地观看篮球实战，是让他们牢固掌握、灵活运

用各种篮球技术的有效途径。然而在观看实战的过程中，运动员梦幻的步伐、变换的动作、娴熟的技术等会让学生看得眼花缭乱。以这样的方式让学生观看实战，学生自始至终只是在看热闹，丝毫看不出门道。观看篮球实战，在助力学生篮球技术发展、提升方面的作用也就微乎其微。

因而体育教师可以巧妙地利用微课来放大篮球实战动作细节，让学生在看热闹的同时也能够看出一些门道。例如，在指导学生学习"运球转身"动作要领时，教师可以从互联网中广泛搜集一些 NBA、CBA 视频集锦，并从中精挑细选一些"运球转身过人"的典型案例。之后，利用视频编辑软件，或放慢速度，或转换角度，让学生更为细致地观察实战动作细节。

显然，放慢速度、转换视角的微课视频能够让学生更为仔细、更为直观地观察篮球实战动作细节。这样篮球实战视频在助力学生篮球技术提升方面的作用也会更加显著。

（二）凭借微课，夯实理论基础

发展学生的篮球素养，既要引领他们准确、熟练地掌握各种篮球动作要领，还要指导他们扎实、牢固地掌握各种篮球理论知识。凭借微课，体育教师不仅可以夯实学生的篮球技术理论知识，还可以夯实学生的篮球战术理论知识。

1. 夯实篮球技术理论

尽管篮球是一项团体运动，但是个人的技术水平也至关重要。缺乏良好的个人篮球技术，学生在篮球实战中就会成为别人眼中不合格的队友，影响篮球团队的发挥。科学、系统的训练是提升学生篮球水平的一条必由之路。科学、系统的训练又离不开科学、系统的篮球理论知识。在篮球教学过程中，教师可以凭借微课、有趣、有序、有效地夯实学生的篮球技术理论知识。

以"投篮"为例，教师可以凭借微课视频让学生形象直观、全面详尽地了解各种"投篮"方式。在微课中，教师或借助于图片，或借助于视频，或借助于文字，或借助于声音，向学生从不同的角度展示"原地投篮""跑投""跳投""双手胸前投篮""行进间双手低手上篮"以及"行进间单手低手上篮"等。

通过观看微课，学生对于各种"投篮"方式就会烂熟于心，对于各种"投篮"方式的基本动作要领也会有初步的了解。而这，能够对学生进一步牢固掌握、熟练运用这些"投篮"方式"铺路搭桥"。

2. 夯实篮球战术理论

在篮球实战中，篮球运动员仅仅凭借个人能力、自我努力击败对方、取得胜利的可能性很小。为了能够在对战中战胜对手、取得胜利，每一位篮球运动员都必须要团结一心、精诚合作。而篮球战术就是指导篮球运动员在对战中有效合作的重点。因此，在体育篮球教学中，教师也必须要注重夯实学生的篮球战术理论。微课在夯实学生篮球战术理论方面有着显著作用。

例如，为了让学生准确理解、熟练掌握、灵活运用进攻过程中的"三打一""二打一""一打一"战术理论，教师可以潜心制作一些向学生清晰、直观、具体展现这些战术理论的微课视频。在制作这种微课视频时，教师可以从一些经典赛事的视频资料中选择一些真实、鲜活的案例。以这些案例为"引信"，教师就可以激发学生探究这些篮球战术的浓厚兴趣。之后教师可以分步骤、图文并茂、言简意赅地向学生分析、讲解这些篮球战术理论。

以微课为窗口，教师可以让学生领略到篮球战术在取得篮球实战胜利中的关键作用，可以让学生更为细致地探究篮球战术，可以让学生更为牢固地掌握篮球战术，可以让学生更为灵活地运用篮球战术。

（三）依托微课，满足个性需求

在篮球的教学过程中，不同的学生在不同的学习阶段会出现不同的发展需求，如有些学生在运球方面存在短板，想要弥补自身的运球短板；有些学生在投篮方面存在短板，想要补齐自身的投篮短板；有些学生认为自己在运球、投篮时步伐变化不够，在步伐变化方面还有挖掘的潜力。依托微课，教师就可以很好地满足学生的这些个性需求。

1. 满足补短板的需求

在经过一段时间的学习之后，或多或少，学生总是会出现一些短板。如果学生能够及时补齐短板，那么，他们的学习效果就会得到质的提升。反之，则不然。因此，每一位学生都有迫切想要补齐自身短板的需求。在体育篮球教学过程中，学生同样也会形成一些短板，并产生补齐短板的现实需求。依托微课，教师就可以助力学生补齐短板。

例如，部分学生在学习传接球时，由于对动作要领掌握不熟练，所以导致他们在实战中经常会出现一些传接球失误，传接球也就成了他们在学习过程中产生的一项短板。为了满足这部分学生补齐传接球短板的实际需求，教师可以在班级网络学习空间中上传了一些与详细讲解传接球动作要领的微课。这样这部分学生利用课余碎片时间或下载观看，或在线观看这些微课视频，就可以进一步掌握传接球的动作要领，据此补齐自身的短板。

此外，为了更好地利用微课补齐学生的学习短板，教师可以在全面、深入、细致了解学生个性化学习需求的基础上，有的放矢地制作一些微课视频，并将其分享到班级网络空间之中。这样不同的学生就可以依据自身不同的需求，选择相应的微课补齐短板。

2. 满足挖潜力的需求

在体育篮球教学过程中，总会有一部分优秀学生的潜力还未被完全挖掘出来。因此，这部分学生普遍存在进一步挖掘自身学习潜力的需求。同样，为了满足部分学生深入挖掘自身学习潜力的现实需求，教师可以巧妙地利用微课视频。

例如，在教学"跳投"这部分内容时，有一些接受能力较强的学生已经完全掌握了"跳投"的动作要领，并且他们"跳投"的命中率也非常高。于是，这部分学生又产生了进一步学习"急停跳投"的实际需求。显然，在课堂中，这部分学生的实际需求无法得到满足。这是因为其他学生对于"跳投"的动作要领掌握并不太熟练，教师还需要让其他学生强化练习。这样教师可以围绕"急停跳投"的相关动作要领潜心制作一些紧扣"急停跳投"动作要领，讲解清晰透彻的微课视频，并将这些微课视频推送给那些没有掌握的学生。这样这些学生利用课余时间就可以进一步挖掘自身的学习潜力，自主探究、自由练习"急停跳投"的动作要领。事实上，微课在进一步挖掘学生学习潜力，满足学生个性化学习需求方面，有着至关重要的作用。

总而言之，在指引学生观察动作细节方面，微课就好比是一种"放大镜"，能够将每一个动作要领中的每一处细节，都清晰直观、细致入微地展现在学生面前，为学生准确、熟练掌握相关动作要领奠定基础；在促进学生夯实篮球理论知识方面，微课就仿佛是一种"助推器"，能够助推学生脉络清晰、形象逼真地学习理论知识，为学生持续、显著提升篮球技战术水平提供支持；在满足学生个性化学习需求方面，微课就宛如是一种"百宝箱"，能够辅助学生按需搜索、高效学习，为学生补短板、挖潜力畅通渠道。

第四节 二十四式太极拳微课训练实践

一、二十四式太极拳简介

二十四式太极拳也叫简化太极拳，是国家体委（现为国家体育总局）于1956 年组织国内的部分太极拳专家，在汲取传统杨式太极拳之精华，删去繁难和重复的动作后，选取二十四式科学创编而成的。尽管它只有 24 个动作，但相比传统的太极拳套路来讲，其内容更显精练，动作更显规范，并且也能充分体现太极拳的运动特点。二十四式太极拳是中华人民共和国成立后推行的简易太极拳套路，非常适合初学者习练和大众健身、竞赛等活动。为了便于在广大群众中普及推广太极拳，套路按由简入繁、循序渐进、易学易记易推广的原则进行创编。全套共分为四段，五分钟左右可练完一套。

二十四式太极拳的基本要求为：保持心静体松，精神内敛，注意力集中，上身姿势立身中正，虚领顶劲，含胸拔背，沉肩坠肘，松腰落胯。动作缓慢匀速，舒展大方，重心平稳，虚实分明，转换要灵活，手眼相随，刚柔相济，上下肢的动作完整协调一气。呼吸保持深、长、细、匀，自然呼吸。功架高度可因人而异，强度可根据自身身体素质而定。太极步要求轻拿轻放、虚实分明、"迈步如猫行"。不可"跪膝""走钢丝""拖地""砸地"。练习者要重心保持平稳、气沉丹田、以意导气、以气运身。

具体分析而言，二十四式太极动作名称如下：

第一组：①起势；②左右野马分鬃；③白鹤亮翅。

第二组：①左右搂膝拗步；②手挥琵琶；③左右倒卷肱。

第三组：①左揽雀尾；②右揽雀尾。

第四组：①单鞭；②云手；③单鞭。

第五组：①高探马；②右蹬脚；③双峰贯耳；④转身左蹬脚。

第六组：①左下势独立；②右下势独立。

第七组：①左右穿梭；②海底针；③闪通臂。

第八组：①转身搬拦捶；②如封似闭；③十字手；④收势。

二、二十四式太极拳微课训练的理论基础

体育类微教学视频作为时代发展的新型教学资源，其内容的设计需综合考虑体育学科的特性，练习者的学习认知特点、学习动机以及学习方式等要素。因此，二十四式太极拳微课设计的理论基础是工作记忆理论与注意、认知负荷理论、学习动机理论等。

（一）工作记忆理论与注意

工作记忆一般是指对诸如理解、学习和推理之类的复杂任务所需的信息进行短时存储和操作的一个容量有限系统。工作记忆模型由三个部分组成：类似于注意的中枢执行系统、语音形式保持信息的语音环、专门进行视觉和空间编码的视空图像处理器。后来研究者在原有模型基础上增加了保持和整合各种信

息的情节缓冲器。工作记忆系统由中枢执行系统、语音环、时空图像处理器、情境缓冲器构成。中枢执行系统、语音环、时空图像处理器三个成分均是容量有限的。

其中，中央执行器是工作记忆的关键内容，它与注意类似，是容量有限的且能处理任何需要认知参与的任务。它类似于一个资源有限的注意控制系统，具有控制和监督功能，负责其他子系统之间以及它们与长时记忆的联系，同时进行注意资源的协调和策略的选择与计划。语音环和视觉空间处理器则被看作是工作记忆的两个子系统，分别对运言语工作记忆和视觉工作记忆。情节缓冲器是可以保持和整合来自语音环、视空图像处理器和尝试记忆信息的系统。鉴于中枢执行系统的重要作用，研究者们一直试图确定中枢执行系统的主要功能，其中与注意相关的功能有：选择性地注意某些刺激而忽视其他刺激、在不同任务之间转换注意、选择性注意和抑制等。

因此，根据工作记忆模型，微视频课程的内容设计应该注意：第一，尽量使资源具有视听类、可视化、图解化的语言。通过多通道的信息呈现，使学习者利用视听两种工作记忆系统，扩展工作记忆容量；第二，提供适量信息内容。工作记忆是一个容量有限的系统，其注意容量也是有限的。当外界的刺激过多，需要加工的信息过多，学习者就会选择性的注意某些刺激而忽视其他刺激，使得注意力易于发生转移。

（二）认知负荷理论

认知负荷理论是澳大利亚新南威尔士大学的认知心理学家约翰·斯威勒（John Sweller）于1988年首先提出来的理论。它主要从认知资源分配的角度考察人类的学习和问题解决，它以资源有限理论和图式理论为基础。在资源有限理论中，人的认知资源是有限的，如果加工信息所需的认知资源超过个体的认知资源，那么就会造成个体的认知负载。在图式理论中，知识是以图式的形式存储在长时记忆中，个体在学习新知识时，已存储的图示可以根据具体情境进行快速、正确、自动归类，降低个体的认知负荷。按认知负荷的不同来源，可以把认知负荷分为内在认知负荷、外在认知负荷和相关认知负荷这三类。内在认知负荷是由学习材料的性质引起的，当学习材料具有高元素交互性而学习者又未充分掌握适宜的图式时，就会出现高内在的认知负荷。外在认知负荷是由学习材料的设计引起的，如学习者学习不良设计呈现的材料时要付出更多的努力，从而加重其工作记忆的负担。相关认知负荷是指学习者在图式建构和自动化过程中意欲投入的认知资源的数量，它有利于图式的获得和规则的自动化，实现学生认知结构的优化，把大量复杂无序的信息组合成简单有序的知识体系，能够有效降低工作记忆的认知负荷，从而节省有限的工作记忆资源。

鉴于认知负荷受影响的原因以及认知负荷对学习者学习的直接影响，在设计微视频课程内容时运注意：第一，注重微视频知识内容呈现的设计。有效、合理的呈现知识内容，可以避免加重学习者的工作记忆负担，减少学习者的外在认知负荷；第二，在注重每个微视频内容设计的同时，应该注重微视频之间关联设计，以促进学习者图式的建构。泛在学习时空下学习微视频资源获得的是碎片化知识。

因此，可以通过设计知识碎片间的关联性，使碎片化知识有序地植入个人认知结构，降低工作记忆的认知负荷，节省工作记忆资源。

（三）学习动机理论

动机是指引起个体活动、维持该活动并引导该活动朝向某一目标进行的内在过程。动机产生主要有两个原因：一是需要，另一个是刺激。心理学家在描述动机特征时主要涉及始动性、导向性、强度、维持性四个方面的内容。所谓学习动机是指直接推动学生进行学习的一种动力，是激励和指引学生进行学习的一种需要。奥苏贝尔（Ausubel）从影响学业成就的角度将学习动机分为认知内驱力、自我提高内驱力与附属内驱力三种。认知内驱力指在知识的理解和获得的需要基础上产生的动机；自我提高内驱力是通过胜任某些获得尊敬的需要基础上产生的动机；附属内驱力又称为交际内驱力，指需要他人赞许和认可而产生的动机，如为了获得教师、父母、同学的称赞等。前者属内部动机，后两者属外部动机。通常学习动机分为外部动机、社会动机、成就动机和内部动机四类。

总体来说，学习动机的产生和作用受着内驱力和诱因的影响。内驱力是在需要的基础上产生的自我内在推动力，诱因是满足需要的外在刺激物。人的学习动机是由内因和外因、内在主观需要和外在客观事物所共同制约和决定的。

因此，为提高微视频课程运用价值和促进学习者更加有效的利用教学微视频，设计教学微视频时需要充分考虑学习者各种学习动机。学习动机理论对微视频课程的内容设计具有以下影响：第一，分析学习者学习教学微视频的内驱力，即了解学习者对基于教学微视频学习的需求和愿景、学习者的学习特征和认知风格；第二，如何提供有效外部刺激，使学习者能够充分利用教学微视频。例如，各种保持注意力持续性、注意力广度的策略，知识内容的有效表征，各类激励措施等。

三、二十四式太极拳微课设计的前期准备

（一）结合项目特点，展开针对性教学

分析项目特点可知，其课程内容构成较为系统，可根据动作技巧重难点，按照单元开展教学，我们将太极拳分为若干模块展开教学，并对其中涉及的重点内容单独开设重难点动作分类讲解微课视频如搂膝拗步、迈步伸肘、收脚摆手等。每一节中都有动作关键掌握要点，教师需逐一开展分解教学。对于其他体育项目来说，则系统性稍差于太极拳，需认识到这一项目特点的不同，从而有针对性地设计微课。

（二）明确二十四式太极拳微课的教学目标

二十四式太极拳对学生身体稳定性及协调性要求较高，因此，教师应在课程开始前，搜集如何保持学生身体稳定性的方式，并将技巧传授给学生；其次，应注重将体育育人的精神予以展现，该微课具备较为鲜明的情感态度价值观，能培养练习者的气质与思想。教师在明确教学目标及培养目标后，需将其全面地融入微课课程的设计中去。

（三）设计二十四式太极拳微课课程教案

在明确教学任务及目标后，教师需设计相应的教学教案。考虑到微课时长要求较短，因此教师应尽量将课程重点在有限时间内予以讲述。同样是搂膝拗步的例子，课程中要涉及动作攻防含义讲解、练习方法讲解、易错动作示范讲解、分解动作重点难点探析等问题。若一节微课信息量较大，教师应将微课适当分成多个子模块，让学生能在微课短时间内集中学习注意力，学有所成。

（四）预先录制动作分解视频并整合到微课中

在录制二十四式太极拳微课时，教师无法在镜头单一角度下向学生全面展示各个角度的动作。此外，考虑到太极拳发力时，身体动作较慢，但其中却包含较强的技巧性。因此，教师可以试着培养学生的三维立体感，将每一个分解动作分别从正面、侧面、背面分别予以展现，多角度的镜头分析，加之以配套的静态、动态教学资源，这样能使学生获取到全方位的教学资源。

四、二十四式太极拳的具体微课训练实践

经系统分析后，我们将"搂膝拗步"分设 5 大模块，共计 10 节教学内容

予以分析。

首先，从整体结构设计上看，分为片头、重点内容讲解、片尾升华主题三大模块。片头时间较短，其中展示本节课教学重点及课程大纲的要求等内容；重点内容讲解即为：身体整体位置的保持、各个身体部位间的间距、学生弓腿、松腰、推掌的技能掌握要点及各个角度动作方式等；在片尾即为本节课内容重点的回顾，及易错点的总结强调。

其次，在明确内容构成主体后，需对媒体内容展现形式予以规划，充实的课程内容能够抓住学生的注意力，从而提升教学成效。如不同环节动作静态、动态照片的展示，并配合以音乐节奏，在动态视频中标注出每个口令下应做出的动作；借助微课界面中可展示艺术字的方式，灵活运用口令，激发学习者的兴趣。相较于长拳口令，太极拳口令在长度及节律上有所不同。方案一，动作名称口令法，按照动作顺序名称编制口令："转体撤手""提膝屈肘""退步措手"和"虚步推掌"。练习时间一长，学生会记住口令，也就能减少漏动作现象的发生；方案二，名称顺序方向口令法，如云手的教学可将其分为六小结动作口令："一云右、二云左、三云右、四云左、五云右、六云左"。教师喊出口令的同时微课屏幕上也要同时显示字幕，供学生模仿练习。字幕脚本的制作：微视频与普通视频一样，若配上字幕能使学生更准确地更准确地理解教学内容，这要求教师在授课语言上要简洁、突出重点，且针对技巧掌握的重点环节应重点描述，不应一带而过。课程脚本设计：微课前期内容规划涉及较多媒体内容，如主界面设计应突出重点，对课程素材摆放位置做整体初步规划；画面布局设计意图说明：为突出每个环节设计方案的要求，应对每个画面布局做出说明。充分规划好视频录制前的素材及知识点准备。

最后，进行微课视频的录制：可以供教师选择的录课方式有两类，一为录屏，二为拍摄。教师可根据学校实际情况，综合研判录屏方式。其中录屏较为简单，借助钉钉、微信课堂等软件即可实现；而拍摄形式对于场地、灯光、设备要求较高：教师应与摄影师做好充分沟通，旨在为学生提供出多角度动作录屏：中景、近景、远景、高度、角度、聚焦情况等；除动作示范环节，建议多采用固定镜头拍摄，从而使学生注意力可长时间集中于一点。

总之，微课教学方式能有效弥补传统体育教学方式的不足，满足了学生对于知识点多次学习的需求，有效解决了当前高校太极拳教学中存在的一系列问题。针对太极拳这类尤为注重技巧性的学科，微课的引入可起到培养学生的观察能力、分析能力与自主学习能力的作用，利于学生综合体育素养的系统性发展。因此，广大教师应加强微课教学资源的开发，推广与利用，用更多先进的教学手段促进多学科教学的深度融合，为我国培养出更多体育人才。

第七章 体育慕课教学模式与训练实践

随着信息技术的快速发展，现在的教学方式也越来越倾向于信息化。慕课作为一种比较先进的信息化教学方式，改变了传统的教学模式，对体育教学做出了巨大的贡献。虽然慕课还有很多不成熟的地方，但慕课所代表的教学改革趋势却是不可避免的。

第一节 慕课概述

一、慕课的概念与要素构成

（一）慕课的概念

所谓"慕课（MOOCs）"，是 Massive Open Online Courses 的英文首字母缩写的中文音译，意为大规模在线开放课程。只有当课程是开放的，才可以称之为"慕课"，只有这些课程是大型的或者叫大规模的，它才是典型的"慕课"。"慕课"是新近涌现出来的一种在线课程；它发端于过去的那种发布资源、学习管理系统以及将学习管理系统与更多的开放网络资源综合起来的旧的课程开发模式。把"MOOCs"翻译成"慕课"一词的是我国华南师范大学学者焦建利教授。

MOOCs，第一个字母"M"代表 Massive（大规模），一是指注册人数多；二是指课程资源的大规模，不仅仅是一两门课程。

第二个字母"O"代表 Open（开放），指的是学习空间和学习资源的开放，学生以兴趣导向，凡是想学习的，都可以注册学习。即使是一些盈利公司建设的课程，学生也可以免费利用其课程资源。

第三个字母 "O" 代表 Online（在线），指的是教师讲授、学生学习、师生的讨论、作业完成和提交、作业批改等都是通过互联网络在线实现的。

第四个字母 "C" 是 Courses（课程），包括讲授主题的提纲、讲授内容的视频、各种学习资料、布置的作业以及学习注意事项等。

这一课程不同于传统的透过电视广播、互联网、辅导专线、函授等形式的远程教育，也不完全等同于近期兴起的教学视频网络共享公开课，更不同于基于网络的学习软件或在线应用。就目前看到的 "大规模在线开放课程" 而言，可以发现，在慕课模式下，所学的课程、课堂教学、学生学习进程、学生的学习体验、师生互动过程等被完整地、系统地在线实现。

（二）慕课的要素构成

慕课作为网络开放式在线课程，其基础是网络平台，传授者是教师和各方专家学者，教学的内容是在线视频课程，学习者是慕课网络在线平台的注册学员。

1. 网络平台

网络平台是慕课建立的基础。网络平台为慕课课程资源的展示以及慕课课程参与者之间交流沟通提供了可能。慕课网络在线教育平台是基于互联网技术搭建起来的，它对外公开免费开放，为教师提供授课场所，为学员提供丰富的学习资源，它为学员和教师之间、学员之间搭建沟通交流的平台，实现了学习资源的互动共享。

2. 网络视频课程

网络视频课程是慕课在线网络平台的核心组成部分。慕课的课程以在线视频讲授的形式，即授课教师提前录制好的视频，然后传至网络平台。

慕课网络课堂与其他远程教育或在线教育相比，除实现教育资源的优化共享外，更实现了学员与教师以及学员之间的交互沟通，实现了线上课程测试与考核的结合，它建立起了完整的课程结构，大大提升了学习体验和学习质量。

3. 教师

教师是慕课在线网络平台的主导，任课教师通过录制讲课视频来传授知识。慕课课堂的教师和传统教师的职责不同，虽然都是讲课，但是不再是以往在固定教室里面对面地授课了，慕课网络课堂的任课教师必须根据课程安排提前录制讲课视频，设置微课堂的课堂小测，还必须在课后登录网络平台为学员解答疑难问题。慕课网络课堂对任课教师要求很高，不仅要具备专业的知识功底，还需要掌握不同的授课技巧，因为他们要接收全球各个国家、各个阶层人士的学员，需要达到更多人的信服和认可，只有专业功底强硬讲授内容纯熟、讲授方法新颖独特才可以得到更高的点击率。

4. 学员

学员是慕课在线网络平台的主体，他们不仅参与课程的讲授环节，还参与课程学习交流、课程测试及考核等各个交互环节，慕课学员来自全球各个国家，不同种族，不同语言，这些都丰富了慕课网上学习资源的多元多样。学员们加入慕课也有不同的学习动机、学习需求，有的希望在名师指点下填补知识空白、完善知识结构，而有的仅仅是兴趣爱好；有的是工作之余的学习充电，而有的是真心想接受新知识，不断学习，掌握社会潮流趋势。慕课在线网络平台的学员在整体上呈现高学历、多知识结构的特点。

二、慕课的特征

（一）系统的教学体系

这是慕课区别于其他视频公开课的特征所在。Courser、edX 等平台上的课程非常接近于传统课堂，有开课和结课时间，有相应的课程作业和期末考试，老师和同学可以在线交流，它强调完整的在线教学过程。如同在实体大学一样，学生需注册后才能看到课程视频和资料。通常每周一章，平时学生一周需要花上 3~10 个小时不等的时间听课学习、做作业、进行作业互评，全部课程结束之后，如果学生的分数达到要求，就可以获得结课证书。慕课与公开课最大的不同就在于公开课和开放课件，开放教材一样是一种"学习资源"，而慕课是一种"学习服务"。

（二）注重学习体验的教学设计

慕课课程绝不是单纯地把线下的课程移动到线上，而是需要重新设计课程以适应线上的学习模式。在慕课里，为了保证学生线上学习的专注，单个视频常被分成 10~20 分钟，甚至更短。同时，在讲课期间，通常会穿插一些提问，学生只有在视频上作答之后，才能继续观看。论坛是慕课非常重要的环节，课程作业也需要精心设计，慕课平台真正起到了将大学、讲师、学习者和社会连接到一起的作用。

三、慕课的优势及为带来的挑战

（一）慕课的优势

1. 完全免费的顶级学习资源

在慕课中汇集着全球顶尖的教育资源，只要你拥有一台可以上网的计算机，对学习者来说这些资源全部都是免费的，这对于很多因为资金或是其他原因无法接受好的教育的学习者提供了学习的可能。如果没有慕课，许多优秀的学习者是没有办法接触到顶级教育的。

2. 挑选适合学习者的学习风格

在传统大学中，学习者一学期所能选择的课程数基本上是确定的，上课的教师也是固定的。学习者不能根据自己的学习习惯选择自己喜欢的教师上课，只能勉强自己为了学习而适应每一位教师。而在慕课中，可以不受任何限制。这里是全球顶尖教师聚集的地方，学习者可以选择任何一个教师的课程，如果你愿意可以选择多个教师。

3. 强大的技术支持

与其他形式的远程教育相比，慕课的参与者范围更大。在学校里一般的课程一次接收的学生最多也就几百名，而在慕课中，每门课的注册人数都有上万人，甚至更多。这些知名教授对课程了如指掌，但要想把这些课程放在网络上，供几万人学习却不是他们的特长。因此慕课课程的制作不是一个人能完成的，它需要一个强大的技术支持团队，比如网络平台技术支持人员、摄影师和帮助教师辅导课程讨论的辅导员等。在课程学习中，慕课制作团队可以把最新的科技融入课堂上，也可以借助诸如三维动画类软件把许多抽象的难以理解的知识变换成易于理解的形象，还可以把许多新的教学理念带入课堂，比如翻转课堂。

4. 丰富的讨论区域

慕课支持学生与学生之间、学生与教师之间建立联系，这里称为讨论区。慕课中有着丰富的讨论区域，学生可以在讨论区畅所欲言，互相沟通学习心得，激烈地辩论对某些问题的看法，甚至可以和慕课的课程教师进行有思想深度的对话。在互动的讨论区中，教师可以对学生进行一对一的点评，学生之间也可以进行互评，还可以由学生或者教师创建某一讨论主题共同讨论。不仅如此，在慕课的讨论区里还能实现教师辅导学生作业，或者学生之间互相辅导完成课程任务，在慕课中每一位参与者都体验着全新的互动式学习。

（二）慕课学习方式带来的挑战

1. 对学习者的要求比较高

慕课摒弃了传统教学中以教师为中心的教学理念，以学习者为中心。在慕课中学习者是学习的主体，也是整个学习过程的掌控者，这就要求学习者能够自己调节学习时间与学习状态，自主选择学习内容。

2. 对课程中的导师要求高

传统课程中，教师所面对的学生数量是有限的，在课程学习中可以面对面的和学生交流。但慕课是面对全世界所有愿意学习这门课程的学习者，因此参与课程的学习者人数是巨大的。如何应对如此庞大的学习群体，如何对海量的学习者的学习情况进行分析，以及如何在慕课中使教学过程更灵活、更成熟，都是课程导师所急需要解决的问题。除此之外，教师要有丰富的想象力和创造力，虽然每个人的教学方法各不相同，但通过视频教师的教学方式变得单一。而当课程不能吸引学生时将会有成下上万的人放弃学习，因此在线课堂对教师要求更为苛刻。

3. 平台的保障

慕课的宗旨是把最优质的资源呈现给全世界每一位愿意参加的学习者，可想而知，慕课所面对的学习群体人数是庞大的。因此，要想开设好慕课，首先需要有性能稳定的平台，多种语言的支持，好为大规模的在线教育提供强有力的后勤保障。

4. 行政的支持

慕课平台再好，也是一个网络平台，它与传统的网络教育最重要的区别就是可以在慕课中学习可以得到课程认证。不过这种认证只是授课学校的认证，它还要突破学分和证书认可两个瓶颈，而这需要行政的认可。

四、慕课的时代意义

(一) 实现优质教育资源的全民共享

在今天没人会怀疑，相比较古代的个别教学，产生于近代资本主义的班级授课制是世界教育史上的巨大革命。

班级授课制无疑是对分散的小农经济和封建隔绝状态下长期实行的混杂教学组织形式的否定。它顺应了当时社会要求把教育从少数特权阶级的手中解放出来，向国民大众开放的要求。

班级授课制使"一个教师可以同时教几百个学生"成为可能。今天借助数字化技术的支持，特别是慕课的诞生，让一个教师同时或不同时教数以万计、数以百万计，乃至数以千万计的学生成为可能。慕课一个最不寻常之处就在于：它以"将世界上最优质的教育资源传播到地球最偏远的角落"为理想，它试图让全球所有的学生都能获得全球顶尖明星教师的免费课程。为此，有人甚至夸张地说，慕课使得全球一门学科只需要一个教师。

由于上述原因，学者把小农经济时代的混杂教学转向工业化时代的班级授课称为教育制度的第一次革命，把工业化时代的班级授课向数字化时代慕课的转变称为教育制度的第二次革命。审视今日，慕课带来的是超时空的变革。不仅在全球各个角落我们都能学到优质的教育资源，而且还是移动的，可以走到哪儿学到哪儿，甚至可以反复学，十年二十年后再学。这就是一个巨大的变革，是继班级授课制以后最大的一次革命，它使教育超越了时空的界限，使得优质教育资源全球共享、全民共享。

（二）推进学习型社会的建立

慕课，它往往以碎片式的知识呈现方式，出现在人们的移动终端上，它适应了现代人快节奏的生活。无论在地铁里，还是在大巴上，无论在机场的候机厅，还是在休闲的咖啡吧，有个 10 分钟或 20 分钟，人们就能轻松地看上一段微视频，学习一堂微课程，更新自己的知识，开阔自己的眼界，而不必劳心费神地赶往遥远的大学。

在知识和信息更新速度越来越快的今天，知识甚至一些技术的保质期也都在缩短。传统的幼儿园—中小学—大学—职业的"线性教育模式"已经不能与经济和社会的发展相适应，需要转换为一个更加灵活的模式。慕课就是一个更加灵活的模式，它使人在需要的时候，非常容易地学习任何新主题，在人们的整个职业生涯中使知识和技能保持在最新的状态。

更重要的是，慕课是一场学习的革命，其影响绝不限于大学，对推动继续教育发展，打造灵活开放的终身教育体系，构建人人皆学、处处可学、时时能学的学习型社会，也将具有积极意义。

第二节　慕课融入高校体育教学的意义及模式建构

一、慕课融入体育教学的意义

（一）慕课实现了体育教学资源的共享

体育教学和其他学科教学活动的区别之处在于，体育教师在进行和组织体育教学活动时，必须创设出一种不同于其他学科教学活动的独特环境，进而使学生可以在这种为体育教学而专门创设的教学环境中学习和发展体育技能。然而在现实中，由于各种主客观因素使得体育教学环境相对严肃，且存在时间、地点的限制，因此，体育教学环境难以有效激发广大学生参与体育课堂学习的主动性。

而慕课引入到体育传统教学模式中则可以有效解决上述问题，学生借助互联网开展在线学习，这就使学生不受任何外部因素的影响就可以学习到不同体育教学名师开设的体育特色课程。可以说，体育慕课以其独特的技术优势突破了传统体育教学在师资、器材、场地等方面的限制，从而使体育教学资源得到更加广泛的共享。

（二）慕课使体育学习过程更加个性化

体育慕课的主要优势在于其具有庞大的课程资源以及方便快捷的获取途径，一门优秀的体育慕课课程有可能会被成千上万的学生在线学习，这能使学生在体育自主学习中更好地体现其主体性。

与此同时，体育慕课教学中倡导的是更具创新性和个性化的教学思维，因此每一个体育教师对于同一个教学内容的理解差异，都会使体育教学过程和教学手段更具个性化，多样的体育教学手段有助于学生根据自己的兴趣爱好和接受程度自主选择适合于自己的体育课程。

（三）慕课丰富了体育教学课程

体育理论教学和其他学科理论知识教学面面临着同样的问题，那就是教学形式枯燥乏味的问题。枯燥的教学形式难以激发学生的学习兴趣，而体育慕课则凭借先进的计算机技术和信息技术，将原本枯燥乏味的体育理论知识以生动活泼的形式展现给学生，从而使体育教学更加鲜活。

体育慕课教学视频让教师可以在一个十分钟左右的课程中集中讲解某一体育技术问题或者体育理论知识，同时教师也可以在教学中设置一些生动有趣的互动环节，从而在交流互动中提高学生的主动性和积极性。

学生通过慕课学习，可以将碰到的问题或困难在互动交流平台上向教师提出，教师则可以及时给予相应的解答，而且学生还可以随时了解和调整学习进度，这样的新型学习方式有助于使原本相对枯燥乏味的体育理论知识变得更加生动有趣，同时也能刺激学生的学习欲望。

二、体育慕课教学模式的构建

根据慕课教学模式的特征和体育课程的特点，学校体育课程慕课教学模式的构建中应从以下几个方面进行。

（一）突破传统，课程设置多样化

在保证体育课程总学时、总学分不变的前提下，慕课教学模式的设置必须适当减少必修课，增加选修课，减少教师课堂教学，增加在线开放观摩教学，并逐步向各学校推广，扩大学习范围，积极调动学生学习积极性。慕课使体育教师不局限于课堂教学，而是把课内与课外教学看作一个整体，形成了课内与课外教学一体化的教学模式。从传统的课堂教学到全方位、立体化教学模式的形成，从运动技能的掌握到体育锻炼意识的培养，从单纯性的体育课堂学习到自觉参加体育锻炼，慕课教学模式起到了重要的不可替代的作用。在这种新的教学模式下，学生能够根据自身的特点，选择性地开展自主学习，培养体育兴趣，从而成为德、智、体、美、劳全面发展的应用型人才。慕课教学模式为学生提供了优质的体育视频资源以及在线辅导等，学生不仅可以利用视频进行课前预习，一也可以针对自身需求反复观看视频，领会老师讲授的精髓，并通过练习巩固学习，遇到问题可随时与教师在线进行互动交流，它为学生深入学习，培养体育兴趣提供了网络平台，逐步培养学生以自我学习为主导，教师讲授为引导的良好学习习惯。慕课教学模式能够解决学校体育课程设置比较单一的问题。学生可以根据自身的特点灵活选择感兴趣的、喜欢的项目，一也可以选择某一项目自己喜欢的、精彩的一部分内容学习，提高学习兴趣和效率。和传统的体育教学模式相比，慕课教学模式中体育教师的地位和作用一也相应发生转变，从传统的以教师教为主体转化为以学生学为主体，由共性教学转变为个性教学；从单一的课堂教学转化为课内课外、实践与网络一体化教学。

（二）突出网络教学的主体地位

慕课教学模式的兴起与计算机技术、网络技术的迅猛发展是密不可分。学校的数字化校园日渐成熟，开放课件、网络精品课程、远程教育的出现为慕课的构建奠定了基础。

慕课将互联网教学与课堂教学有效地结合起来，充分利用互联网方便、快捷、共享等优势，将优质课程、优质视频资源汇聚在一起，利用课程网站开展立体化教学，将传统教学模式和现代多媒体、网络教学有效地结合起来，运用多媒体技术的特点，达到最佳的教学效果。使学生积极主动参与体育锻炼，提高体育意识，掌握体育锻炼的基本技能，通过观看奥运会、亚运会、世锦赛、世界杯等大型体育赛事视频，使学生自觉地重视体育锻炼，真正体会到体育锻炼的意义，产生积极主动参加体育锻炼的渴望。突出网络教学的主体地位，立体化教学主要体现在以下五个方面：课堂教学立体化、实践演示立体化、辅导答疑立体化、作业成绩立体化和学生测验立体化。课程网站充分利用现代教育技术的先进手段和理念，为高素质创新型人才的培养提供良好的环境。

（三）完善体育考核手段

慕课教学模式的教学评价，其评价标准和方式与传统课堂教学评价方式有一定的差异，我们可以探索开放性考核模式。学校体育慕课教学模式的构建必须包括测试反馈环节，结合学习过程的诊断和监控，能客观地反映学习者的学习效果。

慕课将互联网教学与课堂教学有效地结合起来，因此对于学习过程的评价也要充分利用互联网方便、快捷、共享等优势，采用线上与线下相结合的评价体系，不管是线上学习评价还是线下学习评价，其评价方式主要有三种：诊断性评价、形成性评价和终结性评价。

学校体育慕课教学模式的构建必须包括测试反馈环节，结合学习过程的诊断和监控，能客观地反映学习者的学习效果。利用发达的网络资源对学习者的学习掌握情况进行评估，主要通过回答相关的问题，可是以现在的技术手段尚无法对学习者的学习效果进行直观的评估，因为运动技能的掌握是一个不断练习的过程，仅通过观看 10 min 左右的视频，学生是不能完全掌握技术要领的，但对技术动作概念的理解程度，则可通过回答相关问题来评估，测试问题可以是选择题、判断题、简答题、论述题等这些测试均能有效的评估学习者运动技术动作概念掌握情况。慕课教学模式的教学评价采取了平时成绩+课堂表现+素质考核+期末考核的综合考核实验成绩的方式，并按2：2：2：4 的比例计算总成绩。课堂考核分为：专项技术 40%，专项素质 20%，出勤考核 18%，过程评价 12%，理论课 10% 等多种考核方式相结合，进行最终成绩评定。

（四）优化实践教学

学校体育慕课教学模式为学生提供了优质的体育教程，学生不仅可以根据自身的需要进行课前的预习，一也可以有针对性地去消化老师课堂所授的知识，并通过反复观看视频和练习巩固学习内容，遇到问题可随时在线与教师进行互动交流。培养学生以自主学习为主，教师讲授为辅的学习模式。慕课教学的设计从运动项目的选择到视频素材的录制和剪接，再到技术难点的解析和练习方案的布置以及测试反馈等环节，必须充分考虑初学者的学习需求，以其为主要教学对象开展教学设计。教学过程中，教师应注意观察和发现教学过程中出现的问题，及时做出调整；学生可以通过自己在课堂上的表现及教师的评价，对自己知识体系和综合能力进行总结。在老师的辅助下，利用网络平台，教师与学生进行多种互动，通过多种学习方式，提高教学效果。

（五）构建网络教学平台，实现慕课资源立体化

慕课为学生提供了优质的体育视频教程，学生不仅可以利用其进行课前的预习，也可以根据自身特点和需要去反复观看、消化老师课堂所授技能，并通过反复练习掌握技术要点，如果自己在练习过程中遇到困难，可以通过网络及时和教师交流，它为学生对课程的深入学习提供了平台。可以培养学生以自我学习为主导，教师授课为辅导的良好学习习惯。慕课的出现在一定程度上也为老师的备课提供了方便，通过学习知名教师的授课经验，可以不断提高教师的专业水平。慕课教学模式的出现缩小了发达地区和落后地区的体育教育差距，弥补我国体育教育资源不平衡的现象，从而让更多的学生有机会分享优秀的体育教育资源，接受先进的体育教学方法，丰富体育课堂内容。

第三节　高校体育慕课教学现状与对策研究

一、体育慕课教学的优势

（一）促进体育教育公平

高校体育专业慕课教学突破了地域经济差异、教学资源匮乏、招生规模和培养数量有限等方面的限制，完成了不受时间、地点、院校、专业、年龄、职业等因素影响的开放式学习模式，有利于扩大体育教育的受众面。使学生可以根据自己的兴趣和接受程度，有选择性的学习到各大体育院校教学名师的精品课程，同时在学习的过程中还可以通过慕课交流平台进行互动研讨，慕课改变了以教师为课程主导、学生们被动去学习的形式，让教师与学生们处于平等、公正的环境中进行学习。

（二）推动终身体育学习理念

不久的将来，慕课教学还会对学生产生更大的影响，慕课不仅可以用于体育技能培训，更可以作为多学科继续学习的平台，学生自主调整进度、深度，和相同兴趣的人交流，从而推动终身学习。他们通过慕课更加深入了解不同学

科，做出更理性的职业生涯规划，例如体育专业的学生可通过课外的拓展学习，向体育经济学、产业学、管理学等这些潜在的能够创造体育产业经济利益的学科方向转移发展。

（三）优化整合体育教学资源

体育慕课教学不再单一地遵照本校的专业设置、教学风格或指定教师进行教学，而是以网络平台为载体，由多个拥有体育专业的高校共同联手向教学资源共享型、精英型的模式转变，人工教学管理朝智能教学管理转变。

（四）缓解体育师资不足的压力

慕课体育教学的出现，可以在一定程度上缓解教师当前所面临的教学压力，而且只要借助慕课后台的数据分析，还可轻易地得到教学质量反馈信息。这样有利于教师保证良好的教学状态，将更多的时间和精力投入到课程规划管理、课堂组织教学、课后监控辅导等教学活动中去。

（五）节约体育教育成本

相对于传统面授式的体育教育而言，慕课不需要固定的体育教学场所、设施等硬件投入。它通过网络聚集了大量物美价廉，甚至免费的优质体育课程，并传递到世界各个角落，它所提供的课程资源几乎可以被无限制地重复利用，极大地降低了教育课程开发的成本。

二、体育慕课面临的现实困境

（一）慕课的适用范围尚有局限

从诞生之日慕课自始至终坚持其开放性，确实有利于实现教育公平、推动教育民主。但试问在贫穷落后的山区温饱尚未解决，而推广普及这声势浩大的慕课课程，消除数字鸿沟可能只是天方夜谭。再者，教育已细化为多个方向，适合开设慕课的专业尚有局限性。对于普通体育教学，通过网络的虚拟实验学习虽不存在技术问题，但许多技能和精神层面的东西是无法通过网络虚拟体验到的；而实际操作的能力与体验也还尤为重要。显然，慕课不能完全替代大学体育教学体系，也是其缺点所在。

作为一种在线课程，慕课它倾向于在知识传承的通识类课程中应用，而并不适合专业性，尤其试验性或实践性较强的课程。体育慕课与精品视频课程虽有相似，但最大区别在于设计原则、开发步骤与演示、时间控制和标准评估等方面存在差异。若要发挥体育慕课对于体育教学的辅助作用和实现翻转课堂，问题关注应在教学效果和策略上，核心点在于能否根据运动技能内在本质关系上设计、排列，评价学习者点的掌握与衔接问题，实现设计者、实施者与学习者三方之间在良性互动下对技能点掌握的简易性和便捷性，以及充分考虑对学习者的辅导差异化，延伸和拓展体育慕课教学的整体效果，这将是其努力的方向。

（二）学生类型与学习成效面临质疑

主体的学习成效是考量体育慕课发展好坏的判据之一。在慕课学习过程中虽可以在慕课平台上，以及线下互动交流，但显而易见的不足在于学生缺乏提问的能力。这样慕课选择的适用对象是学习能力和自制力强的学生，可以享受到慕课带来的时空上解放；而自控能力较弱的学生无疑沦为追求学习的时髦与时尚。

教育的本质旨在完善个体个性化和社会化的和谐与统一。而慕课倡导自由的学习理念，学生个性化得到了充分的体现，可由于慕课网络教育存在着隔空相向的空间距离感，师生之间在学习过程中缺乏社会化交互，致使学生的社会性发展明显不足。因此，社会性的缺失将是今后体育慕课发展征途上的一项顽疾。另外，跟随网络授课者教学模式的惯性发展，极易成为其附庸者，致使学习者缺乏知识建构的创新性和灵活性。总之，传统教育的校园生活、课堂学习、人格的塑造、情感交流，校园文化熏陶等，这种潜移默化的经历都是体育"慕课"无法企及、替代的。

（三）体育慕课的教与学存在困难

慕课公开、免费的特性为学习者提供了可谓史无前例的学习机会。然而慕课课程大多由国外高校提供，学习的高门槛和受众的高要求对很多人都具有很大的挑战。即便学习者成功迈入了慕课的大门，但棘手的问题也随之而来，因为慕课存在的高作弊率与辍学率显示出学生诚信品质的缺失和学习责任的逃避，成为慕课长远发展的绊脚石。另外，学生网络学习时的表现力远远不能企及传统的体育课堂教学。再则，从体育慕课的云量信息和纷繁复杂中筛选、获取科学信息，创建自己的学习资源并非易事。

而采用体育慕课的授课模式之后，学习过程中线上、线下相结合的教学方式的引导、组织、过程的监管与控制、评价考核等势必需要团队来完成，传统的单一任课教师已无法胜任。与传统教学相比，慕课真正达到"有教无类"的境界，可唯独忽略了对学习者的因材施教。从这个角度看慕课这种按部就班、完全同步的教学模式也只是传统班级授课制的翻版而已，使教师无法顾及每个学生的个性差异和学习需求。

（四）教学成本与质量背离

体育慕课学习者在享受优质教育资源的同时对学习成本的投资较少，但慕课的开发与建设都需要大量的资金，那谁来负担相应的高额运营资金是慕课发展过程中的难题。然而，学习低成本可能造成低质的教育培养质量。体育慕课它强调仍以借助于行为主义而形成的个体化认知方式和行为训练方式，这无疑只是传统教育的翻版；在授课内容上对学习者仍以结构化的知识传授为主，对非智力因素的开发与培养却无法实现；再次，它没有考虑为促进学习者之间基于互动协商而开展的高阶认知和创新思维能力培养。

鉴于此，试图通过名校的声誉来提高教学质量只是隔靴搔痒、事倍功半。并且，体育慕课这种自组织的网络学习效率难以得到有效保障，学生的学习行为完全是自发性的，随时终止课程的机会较大。此外，体育慕课课程目标不清、教学设计凌乱、课程标准随意、考核方式单一、教学毫无针对性，采取"一刀切"教学，师生隔空相向，课堂监控缺乏等弊端严重制约着教学质量。因此，体育"慕课"反映了信息技术的进步，但这未必是教育进步，名牌大学名师主讲的高质量体育慕课课程并不能真正转化为优质的教育质量。

三、体育慕课现象的现实反思

（一）技术性工具难以带来教育真正的变革

慕课的风行确实加速了教育教学的变革进程，引起了部分教学模式和内容的变更，但假如不辅以观念及教学模式的真正变动，单单技术的介入无法使学生在学习活动中实现教育改革者所倡导的变革。慕课所倡导的以"学习者为中心"和"有效教学"的教育理念发人深思，但其效果和影响力尚属有限。可见，技术进步不等于教育进步，慕课作为一种全新的教育模式，只能作为课堂教学的一种必要的补充。

基于"后新课改时代"的体育教学不能全部寄希望于慕课，唯有以辩证的眼光审视体育慕课带来的利弊，从而结合国情实现本土化的慕课，才能助益于我国教育改革的深入。

（二）颠覆抑或融合慕课的作用

面对外界压力和教育全球化背景下"本土教育生长点的缺乏"，众多学校纷纷加入了慕课队伍，掀起了风靡全国的体育"慕课现象"，大有颠覆现有教育教学模式之态势。体育慕课在教学理论、教学方式上的创新也极其有限，并没有改变高校的教学本质，但冲击已十分明显。慕课本质上不是"教学"，它只是在线教育的组成部分和在线学习的形式，甚至仅仅只是镶嵌在远程平台上的一些微视频而已，与"在线教育"有着很大区别。教育是一种复杂的社会实践活动，而体育慕课以自我导向的学习模式，对文化和社会关系的传承作用难以企及，距离严格意义上的"在线教育"还任重道远。体育慕课多是高质量课程，但课程质量并不等于培养质量。诸如，教与学存在困难、难以保证的互动效果、令人质疑的教学成效、适合慕课的课程类型和人群范围都有局限。实践表明，体育慕课作为教师指导学生学习的教学手段与学习资源，成为传统教学的辅助工具或许是更为合理的一种选择；作为共存共进的教学形式，两者之间有必要相互激发与支持，在优势互补的结合中促进教育更好的发展。

从教育理论视角系统下，中国课程改革势在必行，作为一种新的教育形态和手段，我们需要坚持课程设计的综合、多元目光，借鉴体育慕课的优点；反复实践指导，逐步稳妥地进行在线教育理念与实践的改革与创新，以现代教育技术促进教育价值的提升与教育机制的不断创新，最终实现教育现实的彻底改变。

四、慕课融入大学体育教学的策略

（一）加大宣传力度以更新师生教学观念

观念决定行为，有什么样的教育观念，必然会产生相应的教育行为。许多高校体育教师长期浸泡在传统体育教学环境中，已经形成一套相对固定的教学观念和教学范式，而这样的传统观念已经难以适应"互联网+"时代的教学要求，一旦开始实施慕课课程教学模式，则必然会打破师生和现行教育环境之间的一种平衡状态，这就必然要求师生主动改变教学观念。因此，这就需要相关教育主管部门以及学校不断加强体育慕课教学模式的宣传力度，促进广大师生可以快速、准确地认识体育慕课教学模式，加快推进师生传统观念向现代化、信息化、互联网化的教育教学观念的转变。可以充分利用学校的宣传平台尤其是新媒体宣传平台不断加强对体育慕课教学模式的宣传，积极倡导和推广体育慕课学习模式，进而在全校营造良好的学习氛围。

（二）加大培训力度以提高教师信息素养

体育慕课教学融合模式给高校传统体育教学模式带来发展机会的同时，同样带来了巨大的冲击。体育慕课教学融合模式将传授理论知识置于教学课堂之外，而将问题的讨论放置于课堂教学之中，进而在无形之中对高校体育教师自身的知识储备和信息素养提出了不同以往的要求。当今时代，体育教师不仅需要具备扎实的体育理论知识和技能，还需要具备使用各种先进信息技术进行体育教学的信心和能力。首先，体育教师应主动扩充自身的知识储备和信息素养，通过网络自主学习以培养自身获取、分析和加工信息的能力。其次，应不断提高体育教师慕课课程制作技能，通过多种形式的学习培养不断帮助体育教师提高慕课视频制作水平，进而有效提升体育慕课的教学质量。

（三）打造精品体育慕课以满足多元需求

慕课在线教育的重要之处在于更好地满足社会以及个人的多元化需求，在确保体育慕课课程本身的受众面广以及学习方便的同时，还应打造更具多元化且精品化的体育慕课教学资源，从而建构新的学习模式、构建新的课程体系、创造新的教学方法，才可以全方位地满足不同层次体育慕课学习者的教育及心理需求。与此同时，体育慕课的课程内容还应紧跟时代发展潮流，以更好地满足体育学习者自身体育学习以及未来发展的需求，从而赋予体育慕课实践应用的价值意义，进而使体育慕课更具生命力和时代感。

（四）构建线上、线下学习过程评价机制

体育教学情况以及学生学习情况最终都需要通过良好的教学评价机制进行反馈、修正和调整，在高校传统体育教学中对于学生体育学习过程的评价更多地采用考试形式，而慕课背景下的体育课程教学模式的实施则应构建线上、线下学习过程评价机制，从而改变了传统的以"终结性"为主的考试评价方式，更加注重对学生学习过程的评价，综合评价学生的自主学习、探究、合作以及协调能力。线上、线下学习过程评价机制一方面通过线上理论考核方式了解学生对于体育理论知识的认识程度，另一方面通过线下技能考核方式考查学生对于体育运动技能的掌握情况，还应针对学生的学习态度、思想动态和情感表现进行关注，在发展学生体育技能的同时培养学生的自我学习能力和社会交往能力，从而使教学评价机制真正促进学生综合素质的提高。

第四节　慕课在体育教学与训练中的运用

一、慕课在体育教学中的运用

(一) 体育慕课设计的原则

1. 视频时长的控

学生在课堂上学习时，注意力十分集中的状态通常可以持续 10 分钟左右，所以慕课的设计应当遵循这一规律，在制作视频资料时，应当保证其平均时长保持 10 分钟即可。与普通意义上的精品课程不同，慕课视频的短时间设计可以充分利用大学生的学习特点，将教学的重点集中在 10 分钟的视频，可以使大学生持续保持较高的注意力，从而促进课堂教学效率的提升。

2. 考虑学生的个体差异

学生在进入大学阶段以前，接触到的体育教育程度不同，而且学生自身的身体素质也各不相同，所以在进行幕课教学课件的设计时，要充分考虑到学生的个体差异性。同时，有的教师在进行慕课视频设计时，起点过高，按照专业运动员技能学习的顺序和要求进行设计和讲解，没有体育基础的学生接受的难度较大，而且过于技术动作的讲解不够细致，影响学生学习的积极性。因此，进行视频设计时，应当从体育课程教学内容的要求出发，对技术与技能的关键点进行合理选择，结合学生对于体育技能的认知与掌握的基础，合理地设计讲解和测试环节，尤其是对于零基础的学生，应当考虑到适合初学者的学习方案，才能不断培养学生的兴趣以及学习的信心，使学生积极地参与到体育课程学习中。

3. 用多媒体手段展示教材内容

运用多媒体手段将教材内容进行展示，可以将枯燥的、抽象的教材知识转变为动态的视频影像，可以为学生带来更加直观的感受，有利于促进教学活动的有效开展。通常情况下，由多个微课共同构成一个完整的慕课模式，而每个微课中涉及的教学内容，都可以按照教学大纲的要求进行设置，而为了增强课件的丰富性，可以将教材中的内容应用多媒体手段进行展示和讲解，这种数字化的处理手段可以增添课堂学习的乐趣，也可以将知识点相关的赛事和训练视频导入课堂中，通过慢放、回放等不同的形式，对技术难点进行细讲、精讲，从而让学生更好地掌握运动技能。同时，运用慕课中的点评测试系统，可以对学生掌握技能的情况进行评价，再运用多媒体技术进行综合输出，从而发挥慕课作为辅助教学模式的作用，提高课堂教学效率。

4. 灵活选择技能要点与知识点

运动技能的选择往往是影响学生学习效果的重要因素，结合教学大纲的要求以及体育教学的实际情况，按照不同的技能点进行排列，而不需要严格按照专业竞技体育的训练方式进行排列。同时，慕课的设计也应当考虑到学生的兴趣，给予学生足够的自主探究的空间，进行灵活安排，才能激发学生学习的兴趣，并且达到更好的学习效果。所以，要求教师对体育课程中涉及的技能点有个面的掌握，并且了解学生的学习思维和习惯，才能在慕课设计时很好地掌握教学的难度以及对学生的引导，帮助学生更快地找到适合自己的学习方法，促进教学效率的提升。比如在篮球教学中，很多女学生对于篮球的认知都十分有限，只有少数的学生接触过篮球而且参与过篮球训练，而以往的篮球课程教学中大多是从运球、传球等技能开始学习，学生需要反复的练习，对学习的效果无法做出客观的评价，学生的学习兴趣自然也会受到影响。应用慕课模式，可以将篮球正面投篮、运球的课程安排技能学习，在这个训练的过程中，学生自然可以培养出运球和投篮的手感，而且可以与其他学生组成小组共同练习，增强练习的趣味性，有利于激发学生的兴趣。

5. 反馈测试的设计应当具有针对性

在进行慕课设计时，必须要注重反馈设计的针对性，才能更全面地掌握学生的学习情况。在当前的课程教学模式下，对于学生的学习情况调查主要依靠回答问题的方式，无法专门针对学生做出具体的测试。很多运动技能的掌握需要通过不断重复的练习，而仅仅依靠短暂的慕课是无法完全掌握的，所以可以针对学生理论、文字等内容进行问题的设置，了解学生对技能的掌握程度，加之合适的训练，就可以形成有效的评价结果，为后续教学活动的调整提供依据。

6. 增强教师与学生的互动

慕课是一种在线课程学习模式，所以无论是教师还是学生，都处在同一个交流平台上，教师与学生之间的互动对于慕课学习的成效会产生很大的影响。在互动平台上，可以利用论坛、微博等媒体在教师和学生之间形成互动媒体，将零碎的网络信息和学习资源进行整合与传递，帮助学生增强筛选和分辨信息的能力，促进师生之间建立起良好的关系，有利于促进体育课程整体教学效果的提升。

(二) 体育教学中慕课的应用价值分析

自慕课引入我国以来，已经过了很长的一段时间，同时对于此种新式的教学方法许多的学校都开始进行尝试，然而，慕课在高校体育教学方面的应用非常的少。实际上，慕课的教学方式在高校体育教学方面也是非常适用的。

随着社会网络的日渐发达，人们每一天都会上网，不管是对网页进行浏览，还是刷微博，我们都必须要承认的是网络在现代人们生活中承担的责任越来越重要，而对于慕课而言，就是对于此种现状进行利用，在学习开展的过程中充分利用网络条件。

除此之外，作为一种学习方式，慕课还具备一定的主动性特征，任何人的监督与强迫都不会对其发生作用，按照自己的个人兴趣爱好，使用者可以选择、学习自己喜欢的运动。同时，慕课所拥有的资源范围是非常广泛的，在高校体育教学开展过程中对慕课进行应用，教师和学生还可以实现对国外高校体育教学资源的分享与使用。

现阶段，学校体育课的开展形式主要是体育教师授课，学生接受学习，即高校体育教学课堂教学中，教师首先进行讲解、示范，之后学生在进行练习。当体育课的准备活动做完以后，由体育教师进行体育技术动作的讲解与示范，但是，一堂体育课的时间已经耗费很多，学生们的练习活动无法在剩下的时间展开。然而，对于这个问题，慕课就能够很好地进行解决。

当体育课堂教学结束以后，学生在课后就能够自行复习。在体育微课视频中包含真人操作与讲解，能够帮助学生对于白天体育课堂学习的动作进行复习与记忆。尽管高校体育教学时间长达一个半小时左右，学生能够拥有足够的时间去学习、练习体育运动技术，但是，他们只能对每门体育课修习一次，由于基本上每一个学期所要学习的内容都是相同的，但是学生上会存在差异，不利于一部分学生深入学习、练习的开展。

在高校体育教学中应用慕课的教学方式，不仅能够保证学生深入学习活动的开展，还有利于学生自己掌握学习进度。同时，由于慕课中存在的学习资源是非常丰富的，有利于学生寻找到适宜自己的运动方式。例如，对于一部分学生而言，可能剧烈的运动不适合他们，所以，他们能够在慕课中对比较适合自己的运动进行寻找，如此一来，不仅能够避免损伤自己身体的情况发生，还能够使体育锻炼的目的顺利实现。

如果在高校体育教学中应用慕课的方式，那么在体育运动锻炼的过程中，参考标准的动作，去完成体育锻炼，在这样的情况下，就像是一个专业的私人教练陪在自己锻炼身体，并对体育锻炼活动进行正确的指导。

（三）慕课应用在高校体育教学中的未来发展

慕课的教学方式来源于国外，而且有一些内容对于我国高校而言是不适用的，必须要进行磨合才能够同我国的教学理念相适应。

基于这样的背景，我国大部分高校应该按照自己学校的特点自行录制慕课视频。同时，在录制慕课视频的时候，可以是多个学校的教师共同参与录制、讨论，然后在对多个优秀的视频进行选择，并且上传到网上，方面学生们进行观看、下载、学习。由于不同的教师在讲课的风格与方式上也会存在不同，而教师们录制的慕课中包含多个教师的教学课程，那么学生就能够对最适合自己的教师进行选择。同一学科由多个教师进行录制，能够使比较与竞争更加容易形成，使高校体育教学质量得到提高。

因为慕课在高校体育教学中的应用主要以网上教学为主，所谓的监督制度是不存在的，因此，要求学生的自主学习能力是比较强的。在高校体育教学考核的问题上，计算机考核的方式可以不再使用，体育教师组织学生开展网络学习以后，再安排传统方式的考试即可。只有这样才能够使学生通过计算机检测进行作弊的情况得到有效避免。此外，还能够对于学生通过慕课进行学习的效果得到检测。

对于慕课教学而言，并没有对教师完全地解放，例如，在高校体育教学开展的过程中，通过慕课教程开展教学的方式是可取的，然而，如果学生出现一些疑问，也只能是对同一个视频进行观看。因此。教师与学生之间的定期交流应该存在，如此一来，不仅能够使教师和学生之间的感情得到增进，还能够对学生的学习产生一定的帮助。尽管我国对于慕课的应用还处于刚刚开始发展阶段，然而，在现代网络发展的背景下，慕课的发展是一种必然趋势。将慕课应用在高校体育教学中，能够给教师未来教学的开展带来一定的启示，需要注意的是，在使用慕课开展高校体育教学的时候，还应该同国内的高校体育教学情况相结合。例如，在篮球运动课堂教学开展的过程中，不仅仅要对手指上的动作进行教学，还要对脚上的动作进行教学，更重要的是还要将两者的教学活动紧密地联系在一起。因此，在制作相关慕课的时候，不仅要将这些动作进行分解，还要有一个规范的整体动作，以便于学生学习活动的开展。查阅相关的文献资料可知，尽管国内已经引入慕课的教学方式，但是慕课在高校体育教学中的应用还不广泛，如果想要对一个体育慕课的完整体系进行构建，那么就需要具备相关的慕课教程。一般来讲，由国外引入的教学资源通常都是外语，存在大量的体育专业名词，导致学生在理解上容易出现困难，面对这样的情况，在制作慕课的时候，可以聘请我国国内优秀的体育教师集合具体的教学情况进行制作。此外，针对制作慕课的情况，还要对一定的标准进行设定，如果慕课没有达到标准，那么就不能够被使用，这对于慕课的进步与发展是非常重要的。

二、慕课在体育训练中的运用

（一）慕课视野下篮球训练改革的主要措施

慕课对于篮球训练有着非常突出的优势，通过运用短视频、PPT 课件等多元化的方式方法，可将训练内容及要求直观系统地展示在学生面前，同时凸显出训练的针对性、科学性、有效性，最大程度的激发出学生的主动性，使其形成学习兴趣，以此实现其篮球水平的系统发展。与此同时，慕课将校内外的篮球训练资源进行了有机整合，在课程教学的基础上有针对性的进行了拓展延伸，根据学习阶段的不同制定差异化的训练要求，鼓励学生积极主动参与到实训中，以此提高整体效率。

1. 调整优化慕课篮球训练内容

篮球体育训练的相关理论知识通常是以技术规则作为核心要点，其中也会涉及一些尝试性的内容。在这样的背景下，如果要对篮球训练进行革新优化必须从以下几个方面入手。

第一，立足于理论知识，根据学生的兴趣爱好制定出相应的慕课课程，不同学生可以根据自身需求进行自主学习，以此凸显出教学的针对性，同时学生通过系统化的认知也能够提高自身的实践操作能力，推动训练活动的有效开展。在课余时间，教师也可以通过慕课平台向学生传递一些书本中没有的体育小常识，以此为其后期的持续发展奠定良好的基础。由此可见，慕课的出现使得学生针对体育知识技能的学习掌握不再局限于课堂教学工作，可以随时随地开展弥补了传统教学中时间、地点、资源不足。

第二，高校可以根据自身发展的需求创设相应的学习网站，引导学生独立学习，根据现实需求随时随地在网站中查询自身想要了解的知识信息，为其训练活动的开展提供有效的帮助。在这样的背景下，在实践训练开展过程中，教师通过慕课加强学生对知识技能的掌握，以此推动现代化体育训练的持续发展创新，为学生未来的成长提供可靠的保障。

2. 搭建高效完善的体育训练学习平台

要从真正意义上实现体育篮球训练教学的改革创新，在设计制作慕课的同时还应当针对教师专业教学能力的提升设置专业化的训练平台，定期组织开展体育训练，以此提高其自身的专业水平，为学生更好地进行提供指导和帮助。值得注意的是，篮球训练开展过程中教师不能直接将慕课作为学习的根本平台，其所涉及的范围及面对的对象极其广泛，教师在这样的背景下通过慕课向学生展示自身所理解并掌握的多元化知识技能，这样的方式方法在一定程度上提高了教师自身的综合素质，以此为学生提供更多的辅助。另外，慕课的学习不再过多的受到课堂教学的限制，教师应当在确保自身专业性的同时凸显出教学的自由性。

3. 采用多元化的课中训练措施手段

高校中学生在篮球水平及技能的掌握上差异较大，导致整体教学难度增加，教师必须根据不同学生的差异化需求科学合理的调整教学目标任务，提出切实可行的教学策略措施，摒弃传统滞后的教学习惯，灵活运用慕课激发学生的自主性。

一方面，慕课能够在一定程度上降低训练的整体难度。具体而言，教学大纲、教学内容的难易程度，使得很多学生无法在第一时间有效掌握相关知识技能，此时运用慕课能够快速实现补充教学，梳理教学的重难点知识，并且充分立足于慕课的基础理念及特征，在课堂教学开展过程中讲解经典案例，阐述重难点技能，同时利用慕课搜集大量的篮球视频资料，分析视频中的违规动作或是错误思想，通过这样的方式最大程度的吸引学生注意力，使之快速掌握篮球的注意事项及要点要义，切实提高自身的专业水平。

另一方面，慕课可以在一定程度上将知识进行细化，多个知识点共同组成慕课并以此为载体实现重难点知识的有效讲解。慕课也能够对一些复杂的、难以掌握的体育动作进行详细的分解展示，使之逐渐形成思维定向，以此活跃课堂教学氛围，凸显出篮球训练的形象化。

(二) 慕课在舞蹈与形体训练教学中的应用

1. 慕课在舞蹈与形体训练教学中的应用策略
(1) 慕课资源建设

高校可立足学科特色、课程资源、师资队伍以及学生实际情况，以学校投建、联盟共建为突破口，推动舞蹈与形体训练教学慕课资源建设，优化课程体系。具体应搭建慕课教学平台，组建舞蹈形体教学团队。高校舞蹈与形体慕课资源建设过程中，需关注课程共享应用，加盟高校引入慕课联盟优质课程资源，形成有效补充。教学团队人员需积极尝试使用先进的教学理论与技术平台，课程资源建设中，需尽量营造真实场景，耐心处理舞蹈形体训练中每一个知识点。

(2) 课程设计实施

线上教学应结合训练体系分不同模块设计，如地面素质训练、中间综合训练等模块。具体可以实践–理论–再实践的思路进行线上教学活动安排，首先以学习视频的形式，通过视觉与听觉直观感受，让学生直观掌握本节课程将学习的内容；利用动态图+文字的解析，概括理论部分教学内容，具体包括训练目标、动作要素以及训练重点等；通过视频分步讲解、动作示范等，直观进行实践演练，梳理巩固本节课程学习知识点。线下环节需注重作业设计，以理论实践结合的模式让学生课后巩固，理论部分可以填空题的形式让学生作答，实践部分要求学生结合动作要点加强训练，并录制视频上传。

（3）考核评价反馈

结合慕课模式，教师需更新传统舞蹈形体教学考核办法，具体可采取形成性评价与总结性评价结合的模式。日常教学中教师可鼓励学生积极参与到理论课程设计当中，创建学习小组，加强沟通互动，记录下平时表现积极的学生，可实施加分政策。通过视频直播式、录播式以及现场式展开多元实践性考核，每一个章节学习完成之后，让学生将舞蹈形体训练过程录成视频上传，教师通过观看给予建议。需要将平时的知识单元考核与期末知识考核相结合。教师也需要将学生平时在线时长、视频上传情况、发言情况等进行作为期末分数参考依据。

教师通过将训练学习任务与测验上传到慕课平台，利用平台反馈学生完成相关数据，掌握学生学习训练情况，进而结合反馈进一步优化舞蹈形体训练教学设计，针对性组织案例示范、讨论等，实现线上与线下高度融合。

2. 舞蹈与形体训练教学应用慕课需注意的问题

慕课在高校舞蹈与形态训练教学中的应用，虽然有着巨大优势，但也存在一定缺陷，有诸多问题需要在教学实践中高度关注。首先，应正确认识慕课的教学地位，过分夸大慕课教学作用是不切实际的，教师始终应认识到其只是教学辅助手段，不可片面追求慕课教学任务而失了教学质量；其次，学生学习效率存疑，线上与线下学习由于缺乏有效监管，一些自制力较差的学生往往学习不理想，慕课"辍学率"高。因此这也需要教师加强考核评价工作，注重学生反馈情况，通过线上考核、日常考核与期末考核的完善机制促进学生主动学习；对教师而言，慕课教学中所使用的微视频时长应保持在 10 分钟之内，如果视频时间过长，学生注意力难以长时间集中导致学习效果受到影响。慕课内容应体现出一定趣味性，提升教学互动性、让课堂更生动。

第八章　体育翻转课堂教学模式与训练实践

随着教育理念与信息技术的不断结合，教育进入了一个全新的时代，翻转课堂等形式应运而生，这种方式较好地实现了教育资源的共享，改变了传统的学生获取知识的方法。本章首先分析了翻转课堂的相关基础性知识，接着进一步探讨了翻转课堂在体育教学中应用的可行性，最后论述了翻转课堂在体育球类教学与训练中的运用。

第一节　翻转课堂概述

一、翻转课堂的起源和发展

（一）翻转课堂的起源

最早实验翻转课堂的是美国科罗拉多州林地公园高中的两位化学教师，他们将翻转课堂的影响扩大到全美甚至全球的"可汗学院"。事实上，翻转课堂的实践与研究可以追溯至19世纪早期的西点军校，因为翻转课堂的理念最早出现在西点军校。西尔韦纳斯·塞耶将军（General Sylvanus Thayer）有一套他自己的教学方法，即在课前，学生通过教师发放的资料对教学内容提前进行学习，课堂时间则用来进行批判性思考和开展小组间协作解决问题。这种教学形式已经具备了翻转课堂的基本理念，也是翻转课堂思想的起源。哈佛大学物理学教授埃里克·马祖尔（Eric Mazur）在1991年创立了PI（Peer Instruction）教学法，学习分为两个步骤：首先是知识的传递，然后是知识的内化。这一观点成为翻转课堂的重要理论基础，翻转课堂的独特之处正是知识传递与知识内化的颠倒。

2000 年，美国莫琳·拉赫（Maureen Lage）、格伦·普拉特（Glenn platt）和迈克尔·特雷利亚（Michael Treglia）等几位教授在迈阿密大学讲授"经济学入门"课程时采用了一种新的教学形式：让学生在家或者在实验室观看讲解视频，在课堂上以小组形式完成家庭作业。这种教学模式已经具备了翻转课堂的基本形式，但是他们没有提出"Flipped classroom"或"Inverted classroom"的相关名词或概念。

韦斯利·贝克（J·Wesley Baker）在第 11 届大学教学国际会议上发表了论文《课堂翻转：使用网络课程管理工具（让教师）成为身边的指导》。其中教师"成为身边的指导"替代以前的"讲台上的圣人"成为大学课堂翻转运动的口号，并被多次引用。在他的论文中，贝克提出了翻转课堂的模型：教师使用网络工具和课程管理系统以在线形式呈现教学作为分配给学生的家庭作业。① 在课堂上，教师有时间更多地深入参与学生的主动学习活动和协作。

尽管早期的翻转课堂实践和研究出现在美国的部分高等院校，但是我国大多数教育工作者认同美国科罗拉多州落基山的一所山区学校——林地公园高中才是翻转课堂的发源地。事实上，这里的翻转课堂的发生并没有多么"高大上"的动机，他们的出发点是为了给学生补课而录制教学视频。该学校的化学教师乔纳森·伯尔曼（Jon Bergmann）和亚伦·萨姆斯（Aaron Sams）在教学工作中发现一个非常普遍而严重的问题，即有些学生由于各种原因跟不上教师讲课的节奏，在课堂中有很多学生来不及做笔记，有时他们能将所有的要点都记录到笔记本上，却完全不明白这些内容的意思。为了尽可能地解决这些问题，2007 年春天，乔纳森·伯尔曼和亚伦·萨姆斯开始使用屏幕捕捉软件录制演示文稿进行播放和讲解。他们把结合实时讲解和演示文稿的视频上传到网络上，以此帮助课堂缺席的学生补课。不久，这些在线教学视频被更多的学生采用并广泛传播开来。两位教师顺势而为，逐渐以学生在家看视频听讲解为基础，节省出课堂时间来为在完成作业或做实验过程中有困难的学生提供帮助。这对搭档对此深有感触。两位教师的实践引起越来越多人的关注，以至于他们经常受到邀请向同行介绍这种教学模式。他们的讲座已经遍布北美，逐渐有更多的教师开始利用在线视频在课外教授学生，回到课堂时间则进行协作学习和概念掌握的练习。他们因此而获得"数学和科学卓越教学总统奖"，而林地公园高中则被认为是翻转课堂的起源地。

---

① 祝婷婷，张黎黎. 翻转课堂 颠覆文献检索课的教育革命 [M]. 长春：吉林大学出版社，2014：142.

（二）翻转课堂的发展

翻转课堂这种全新的教学模式已经在美国科罗拉多州的部分地区逐渐流行，但是尚未能在更大范围内推广和发展。其原因是：很多教师虽然认可翻转课堂，愿意参与这种形式的教学试验，而要真正实施这种教学模式，需要满足一个重要条件：制作教学视频。但事实上并非每一位教师都能制作出具有较高质量的教学视频。美国出现了"可汗学院"并快速发展，使这个问题得到较好的解决，并推动了翻转课堂向前发展。

第一步，为了帮助住在远方的亲人，可汗录制教学视频并把自己的教学视频放到网络上。

"可汗学院"（Khan Academy）是由孟加拉裔美国人萨尔曼·可汗（Salman Khan）创立的一家教育性非营利组织。萨尔曼·可汗拥有麻省理工学院的硕士学位以及哈佛大学的工商管理硕士学位，曾从事金融业。2004年，可汗上七年级的表妹纳迪亚遇到了数学难题，向这位"数学天才"表哥求助。通过雅虎通聊天软件、互动写字板和电话，可汗帮她解答了所有的问题。为了让表妹听明白，他尽量说得浅显易懂。很快可汗的其他亲戚朋友也上门讨教，一时间，可汗忙不过来。他索性把自己的数学辅导材料制作成视频，放到Youtube网站上，方便更多的人分享。他有意识地把每段视频的长度控制在10分钟之内，以便网友有耐心理解和消化。没想到，视频很快就受到了网友的热捧。那时，他每天下班后就一头扎进卧室的衣橱间里，用放在里面的简单设备拍摄、制作视频。不久他又开始尝试制作科学、电脑等相关科目的辅导视频。除了供其亲戚家的孩子远程学习，也供其他有需要的人士免费观看和学习。

第二步，对教学视频进行改进，建立"可汗学院"。

接下来，他又对这些教学视频的内容做了补充——增加互动练习软件，以便学生进行数学训练。2007年，可汗把教学视频和互动练习软件加以整合，在此基础上创立了一个非营利的教学网站——用教学视频讲解各学科（不仅是数学）的教学内容和网上读者提出的各种问题，并提供在线练习、自我评估、学习进度自动跟踪等学习工具；2009年，受到广泛好评和鼓舞的可汗干脆辞掉自己原有的工作，全身心投入到这一教学网站的运行与维护中，并把专门开展在线教育的这个非营利教学网站正式命名为"可汗学院"。

第三步，开发学习分析系统。

后来"可汗学院"还开发出"学习控制系统"——及时收集学生的各种学习数据，这不仅使学生和教师都能随时了解学生的学习情况，还便于教师有效实施翻转课堂。

第四步，推动翻转课堂。

"可汗学院"的教学视频资源涵盖数学、历史、金融、物理、化学、生物、天文、经济和计算机等十几门学科。"可汗学院"免费提供的优质教学视频帮助教师克服了实施翻转课堂的重要障碍，这就大大降低了广大教师进入翻转课堂的门槛，从而推动了翻转课堂的普及，使翻转课堂作为一种新型的教学形式迅速走出科罗拉多州，风靡全美。

二、翻转课堂的内涵和特征

(一) 翻转课堂的内涵

翻转课堂（Flipped Classroom）也称作颠倒课堂，它是相对于常规课堂教学而言的。传统的教学模式是教师在课堂上讲课，布置家庭作业，让学生回家练习。与传统的课堂教学模式不同，在翻转课堂的教学模式下，学生在家完成知识的学习，课堂成为教师和学生之间以及学生与学生之间互动的场所，包括答疑解惑、知识的运用等，课堂因此变为学生消化知识的场所，从而达到更好的教学效果。传统教学过程通常包括知识传授和知识内化两个阶段。知识传授是通过教师在课堂中的讲授来完成，知识内化则需要学生在课后通过作业、操作或者实践来完成。在翻转课堂上，这种形式受到了颠覆，知识传授通过信息技术的辅助在课前完成，知识内化则在课堂中经过教师的帮助与同学的协助而完成，从而形成了翻转课堂。随着教学过程的颠倒，课堂学习过程中的各个环节也随之发生了变化。

翻转课堂的基本流程如下：教师制作教学视频及相关练习并上传网络、学生课前自主学习教学视频及相关练习、课堂教学活动的实施（师生、生生之间交流难点、疑点，在课堂上共同完成作业并练习知识）、教学效果评价、反馈。

(二) 翻转课堂的特征

1. 教师角色发生转变

首先，教师由传统课堂上知识的传授者变成了学习的促进者和指导者。教师不再是课堂的主宰，课堂也不再是教师的一言堂，学生的主体地位在翻转课堂中得到了充分体现，而教师的主导地位并没有被削弱，反而被加强。教师要熟练地掌握一些学习活动的组织策略，例如基于问题的学习、基于项目的学习、小组学习、游戏化学习、角色扮演等。其次，教师由教学内容的传递者转变为视频资源的设计开发者以及相关教育资源的提供者。在课前教师需要向学生提供必要的资源，例如相关知识讲解的教学视频、教学课件、其他网络资源等，以便于学生对所学知识有较充分的了解。当学生需要帮助时，教师便会向他们提供必要的支持。因此，教师成了学生便捷地获取资源、利用资源、处理信息、应用知识到真实情景中的"脚手架"。

2. 学生角色发生转变

在翻转课堂教学模式下的个性化学习中，学生成为自定步调的学生，他们可以自主对学习时间、学习地点进行选择，也可以控制学习的内容等。学生是整个学习过程的主角，不再是传统课堂上被动的知识接受者。学生在课堂上通过小组学习和协作学习等形式来完成对所学知识的理解和吸收。学生由之前完全的知识消费者转变成了知识生产者，掌握比较快的学生可以帮助没有掌握的学生进行学习，承担教师"教"的角色。

3. 课堂时间被重新分配

在课堂中减少教师的讲授时间，留给学生更多的学习活动时间是翻转课堂的又一核心特点。这些学习活动应该基于现实生活中的真实情境，并且能够让学生在交互协作中完成学习的任务。翻转课堂将原来课堂讲授的内容转移到课下，在不减少基本知识展示量的基础上，增强课堂中学生的交互性。最终，该转变将提高学生对于知识的理解程度。此外，当教师进行基于绩效的评价时，课堂中的交互性就会变得更加有效。

学习是人类最有价值的活动之一，时间是所有学习活动最基本的要素。充足的时间与高效率的学习是提高学习成绩的关键因素。翻转课堂通过将"预习时间"最大化来完成对教与学时间的延长，其关键之处在于教师需要认真考虑如何利用课堂上的时间，来完成"课堂时间"的高效化。

4. "翻转"增加了学习中的互动

翻转课堂大大地提升了课堂上教师与学生以及学生与学生之间的互动。学生通过教学视频对即将要学的课程进行了一定程度的深度学习，在课堂上主要是学生提问、教师解答和学生之间进行讨论交流等，这充分提升了学生在课堂上的主人翁意识，使其能够积极地参与到学习过程中。当教师进行评价时，课堂中的交互性就会变得更加有效。根据教师的评价反馈，学生将更加客观地了解自己的学习情况，更好地控制自己的学习。

三、翻转课堂的现代教育理念

（一）注重学生主体性的学生观

众所周知，只有个体进行自我教育，真正意义下的教育才能实现。只有个体学会了自我教育，学生方能体会到自我价值的实现。

学生是自己学习的主人，学生有一定的自我学习能力。学生具有自主学习的可能性和能动性。在翻转课堂教学模式下，学生真正实现了自我掌握学习进度，最大限度地发挥出自己的积极性。不论是学生的自学，还是小组合作学习，每个环节中都充分体现了学生的能动性和主体性。

（二）学生自主学习、合作学习、探究学习的学习观

现代学习观更注重发展学生的自主学习能力、合作学习能力和探究学习能力。在现代学习的理念中，学生自身具有自主学习、与他人合作学习、以问题为中心的探究学习的能动性和主体性。

在翻转课堂教学模式下，学生很好地实现了自主学习、合作学习、探究学习。在翻转课堂教学模式中很多环节都充分展示了学生所具有的较高的自主学习能力、合作学习能力以及探究学习的能力。

（三）新型因材施教、分层教学的教学观

新型因材施教观以维果斯基（Lev Vygotsky）的最近发展区理论为基础，它立足于学生的现有发展水平，着重关注学生可能达到的发展水平。新型因材施教观意在促进学生向可能达到的水平发展，发掘出学生发展的潜能。

学生存在着个体差异，因而学生拥有不同的发展水平、不同的认知风格、不同的思维方式等，这就需要教师在教学的过程中关注学生的个体差异，进行分层教学。翻转课堂教学模式充分体现了新型因材施教、分层教学的教学观。在翻转课堂教学模式中，不论是微课的制作、学案的设计，还是"合作互学"等教学环节，它们都考虑了学生的差异性和独特性，这有利于学生在现有基础上获得更高层次的发展，也有利于探寻学生发展的各种可能性。

（四）"独立性与依赖性相统一"的心理发展观

由于自身具有的生理和心理特点，学生既具有一定程度的独立性，又具有相对的依赖性。学生的独立性要求在教学中以学生为主体，学生的依赖性要求在教学中以教师为主导。

翻转课堂教学模式综合考虑了学生的独立性和依赖性，体现了"独立性与依赖性相统一"的心理发展观。在教师的启发指导下学生自主地学习。这样既充分发挥了教师的主导作用，又体现了学生的主体性。

四、翻转课堂实施的必要条件

（一）学校要具备翻转课堂的支撑环境

1. 实施翻转课堂需要信息化环境的支持

翻转课堂在教学中的运用要求信息技术处于关键地位，没有信息技术的支持翻转课堂将无法实施。可以说，在一定程度上信息技术的发展是翻转课堂运用的前提，只有在高度发展的信息技术支撑下翻转课堂才得以呈现。正因为如此，翻转课堂才会从19世纪出现以来直至今日才得以成熟。这种翻转式的教学模式实现了先课外自学、后课堂教学，无论哪个环节都离不开技术的支持。例如，教学内容的视频制作与发送、学生观看视频学习以及教师对学生的个体情况的掌握并进行因材施教的过程都离不开信息技术的支持。这种翻转教学模式需要在一个先进技术包围下的大环境中进行。

先进信息技术的大环境主要包括两大系统即硬件系统和软件系统。硬件系统涵盖四个方面：第一，教师教学所必需的仪器设备，这是教师制作出来高质量的教学视频的基本前提；第二，师生必须具有能够连接网络的终端设备（电脑）；第三，保证网络足够的顺畅，保证视频传送与播放的稳定性；第四，所有服务设备具备充足的内存以保证多种功能同时进行。

软件系统是指建立属于本校的网络平台，在这个平台中，所有的学生与教师都可以随意登录浏览，教师可以在这个平台中录制并发送教学视频，分享学习资料与知识，学生则可以登录进行浏览学习，其中还建立在线交流及问题反馈的渠道，为师生间建立一个线上相互交流的平台，促进师生相互了解，为教师教学奠定基础。这个平台可以是多样化的平台，它还可以收纳优秀的教学课件、视频、设计以及知识资料等，供给教师和学生进行研究学习，其摆脱平台单一化的同时为教师实施翻转课堂提供了素材，给予教师帮助和思考。

2. 学校课程的整体设计

翻转课堂的实施一定要对学校中开设的课程进行统筹分析，不然将会出现一系列不利实施的问题，如每位教师根据自己的意愿对课程进行局部或整体的调整，将会导致教学内容重复、不同学科交叉混乱，学生课后学习任务过重等一连串的问题。因而为了防止课程、学科、时间之间的冲突，教师在实施翻转课堂之前要遵循一般规则进行统筹设计，以下将探讨学校在进行统筹设计时应该注意的问题：

（1）合理安排课程的时间与进度

由于学习科目过多，每一科目每天都进行翻转课堂的模式教学必将导致教学任务过于繁重，所以这种教学模式在一天内不能用于多种学科，而且在不同学科之间运用翻转的教学模式不能太过密集，时间应该适度错开。教师可以以每个科目使用翻转课堂的时间占总学期时间的百分比进行计算，合理安排运用的次数。

（2）教师工作任务的合理分配

目前，我国的教育模式处于一个不够完善的时期，几乎每一位教师的工作并不轻松，教师不仅承担了课堂教学的任务，在课外还要从事备课、学生作业的批改、学生课后辅导以及学科的科研等工作，任课教师还可能会被安排一些非教学事务，繁重的工作下教师的空余时间非常紧迫。教师的时间与精力几乎完全被占用，在教师繁重不堪的任务下他们已经没有多余的精力进行翻转课堂的实践研究，这在很大程度上影响和制约了翻转课堂的实施效果。

（3）合理安排学生的学习时间

翻转课堂无疑是对学生能力的挑战，这种教学模式的提出需要学生有更多的时间精力、更强的自学能力及自我控制力。但是在现代教育模式下，学生额外参加课外补习班、课后作业堆积如山的情况屡见不鲜，这导致学生的课余时间变得非常少，学生没有更多的时间与精力去完成翻转课堂的课外学习环节。因此，学校应该重视学生课后任务的分配问题，适当减少课外的作业，调整学生的作息时间，保证学生能够参与到翻转课堂的教学模式中来，这样才能实现翻转课堂的教学效果。

3. 学校教师培训

在实施翻转课堂之前，最基本的问题就是解决教师使用信息技术能力的问题，学校应该组织教师进行翻转课堂相关的技术培训，只有教师充分掌握了信息教育技术的使用方法，如学会录制与传输视频、灵活运用网络平台等，教师才能更好地在教学中应用和实施翻转课堂。

除此之外，学校在培训中不能忽视对教师应用翻转课堂能力的提升，这对教师来说需要更高的标准。教师对何时该使用翻转课堂的判断上往往比较困难，教师必须具有对外语课堂进行高度把控的能力与丰富的教学实践经验的基础上才能做到合理选择。所以，学校在培训中应该注重对教师选择教学模式的培养，如传统的教学与翻转课堂模式教学的选择。各种教学模式各有其优点和缺点，因而它们并无好坏之分，只能以合适或不合适来区分，所以在教学中教师要因地制宜、因时制宜，根据具体教学内容与学生的实际情况来选择最佳的教学模式，以此取得最佳的学习效果。

（二）学生要有较高的信息素养与学习能力

翻转课堂的实施想要达到理想的效果，它对学生的学习能力则提出了更高的要求，即学生不仅要有较好的信息素养，还要有较高的自主学习与自控能力。

首先，翻转课堂所指的信息素养是指学生能够灵活运用网络平台来获得所需要的学习视频、材料、知识，还包括学生在网上与教师和同学进行交流讨论，学会网上自我测试等网络技术，学生还要具备检索、筛选、判断与整合的能力。在网络平台中，知识的种类繁多，学生如何快速寻找所需的内容并对多种资料进行筛选与判断，将得到的信息进行加工整合并加以创新的能力也是实施翻转课堂的一个关键的要素。

其次，翻转课堂还对学生自主学习能力提出了要求，学生在课前进行视频、资料的自学是翻转课堂的前半部分，这个部分是在学生自控下进行的自主学习，它没有教师的监督与指导，完全靠学生本人的能力进行新内容掌握的过程。从"被动学习"转为"主动学习"加大了学生完成任务的难度，每个学生的学习能力不同，有一部分学生在自主学习中显得非常吃力。因此，在实施翻转课堂之前，教师应当教会学生自主学习的方法，合理制定学习的计划和时间，家长与学校共同合作来监督学生完成课前的任务，并及时进行问题反馈。

最后，学生合作学习的能力也是翻转课堂实施必不可少的条件之一。合作学习是教学中一直倡导的学习方法，也是每个学生在学习时代必须经历的环节。虽然合作学习运用广泛，但它也容易出现课堂懒散现象，使课堂纪律比较混乱，随之而来的就是学习效率低下的情况。这就使学生的学习效率大打折扣，达不到应有的教学效果。如何发挥合作学习的优点，提高学习的效率，这些都还需要教师进行长期潜移默化的思想引导，让学生明确合作学习的目的与意义。

（三）教师要具备专业的翻转课堂教学能力

从表面上看，在翻转课堂中学生成为课堂的主体，他们替代了传统教学模式中教师在课堂上的主体地位。透过现象看其本质可以发现，教师还是在教学中处于主导的地位，不论是教学程序的安排还是教学活动的组织都是在教师的安排之下，其不同之处在于教师比以往对课前的准备工作更加充分，对于课堂的实时调控显得更加灵活。教师依然是课堂的主导，而且是翻转课堂不可或缺的一个要素。

1. 教师要建立实施翻转课堂的宏观框架

教师在实施翻转课堂之前必须做好充分的准备，统筹整个教学内容，对每个学年、学期、单元、课时的教学内容做出一个宏观的教学计划，教师一定要进行合理的安排并通过明确的教学计划展示出来，如学生在不同阶段该如何学、学的内容以及达到何种程度等。教师还应该分清楚本学科与其他学科的特点，根据课堂教学的不同课型确定相应的教学重难点及教学方法，不要盲目地追求翻转课堂而采取统一的翻转式教学，否则将容易导致不同学科、不同课型的混乱，难以分辨教学任务、明确的重点难点与教学目标，这样更不利于教学效率的提高，反而适得其反。

2. 教师要提高制作微视频的技术能力

教师在强大的信息技术支持下才能实现翻转课堂的有效实施，信息设备的完善还不够，还需要教师具备使用技术设备的能力。教师在制作视频的过程中不仅要做的清晰流畅，同时还要兼顾教学内容的多样化，避免单一乏味，使学生失去课前学习的兴趣。教师既要考虑视频的视觉效果，也要考虑视频内容的层层递进、重难点的突出，更重要的是在视频录制中加入文字解释、互动铺垫等多种元素，让视频变得丰富多样而激发学生学习兴趣。由于视频只是教师单方面的讲解，它存在无法及时交流的局限性，因而它要求教师掌握较高的信息技术运用的能力，制作具有特色、内容丰富、强调主体的教学视频。

3. 教师要提高课堂教学组织的能力

翻转课堂在外语教学中的应用对教师的课堂组织能力提出更高的要求，因而教师要根据实际情况随时调整教学计划，根据学生情况、周围环境引导学生积极互动，互相帮助解决所遇到的难题。因此，教师的课堂组织能力至关重要。

第一，对信息的统筹与分析的能力。学生在课外完成视频教学并在网络平台进行自我学习测试后，教师需要分析所有学生的成绩，了解学生学习的进展情况，并总结出大部分学生关注的或存在的问题，将其引入课堂中，让学生以讨论的形式进行探讨和分析，并在课堂上根据学生的讨论情况进行评价与解析，在课堂中解决学生心中的疑问。

第二，学习活动的组织与安排能力。翻转课堂强调因材施教，不同学生学习能力与学习兴趣都不尽相同，教师应根据学生具体情况进行"同质分组"，将学习兴趣与能力相近的学生分为一组，并以组为单位进行互助学习。在整个互助探讨的学习中教师起引导的作用，在原则问题上做出决策，教师不做过多的无谓干预，从而保证课堂教学能够顺利有效地开展。

第三，多方面科学评价学习的能力。一节课的关键在于学生学习结果的评价，一个好的结果评价能够增长学生的自信心，这在一定程度上提高了学生学习的积极性，所以对合作学习的结果评价不容忽视。教师可以采取多种方法进行评价，如学生进行口头汇报或学生展示本节课的成果作品，亦或是对自己的学习进行经验总结等。辩论赛属于小组合作的对抗性比赛，它不仅可以团结队友突出合作，还可以以辩论的输赢结果作为评价方式，激发学生的主动学习并加深学生对所学内容的认识。除此之外，评价方法可多样穿插进行，如定性评价与定量评价相结合，过程评价与结果评价相结合等。

第四，师生间交流互动的能力。翻转课堂能够促进师生间的交流与互动，这要求教师主动地融入学生的内部去了解学生并进行适时的引导，教师在面对班级中不同的小组时也要根据小组成员的特点进行合理指导，而不是以统一的模式对待不同的学生。教师在课堂中要持细心与负责的态度观察每一个学生的特质，并进行针对性的教学与指导。

第二节　翻转课堂在体育教学中应用的可行性分析

一、翻转课堂的技术原理和体育教学原理相统一

体育主要以强化学生体育能力、开阔学生体育视野为目标，翻转课堂应用的过程中即在技术设备辅助下，提高体育生的体育素养和体育水平，二者存在目标一致性，因此，翻转课堂应用于体育教学具有可行性。此外，翻转课堂的应用过程与学生的学习过程相一致，在学习体育新知和体育技能之前，学生应首先对新内容全面认识和掌握，在此基础上认真对内容展开深入探究，教师必要时提供教学指导，学生经过多样性、重复性练习后，学生的体育技能能够得以提高。从上述对翻转课堂的介绍可知，二者存在应用过程一致性，学生在这一教学模式中能够实现体育知识巩固、体育能力提高的目标。

二、翻转课堂具备较强的适用性

翻转课堂无论是在理论应用方面，还是在课堂实践方面，它在教学领域中的应用优势不容忽视，翻转课堂经实践证明具有较高的学科应用价值。它应用于体育教学能够帮助学生巩固基础知识，同时还会对学生的体育短板有效弥

补，从而促进体育生全面发展。翻转课堂正是基于适用性特点才能在高校体育教学中有效应用。

三、翻转课堂硬件条件比较优越

在高校体育的实际教学中，翻转课堂能够为其提供信息技术支持，多媒体信息技术设备的功能性还会实现体育知识的有效传递，教师借助多媒体设备完成幻灯片制作后，学生能够互相进行课件复制，从而实现知识的反复观看。学生还能及时完成网上作业，并且体育课件的学习价值也会相应提高。目前，高校学生能够保证每人一台电脑，即使个别学生没有电脑设备，那么高校电子阅览室也会为学生提供多媒体设备支持，这为翻转课堂的应用提供了信息技术支持，从中可见，高校体育教学中应用翻转课堂具有一定可行性。

四、翻转课堂更加符合现代体育教学理念

现代高校体育教学理念强调"终身体育""快乐体育"的理念，除技能掌握之外，还应注重学生协作精神，竞技意识，自主学习能力的提升。翻转课堂的教学过程贯穿了课前、课堂及课后全过程。在课前阶段，学生通过手机和电脑预先通过教师提供的文档、视频、测验、反馈等内容模块，对即将上课要学习的内容提前预习，实现一定程度的知识内化，筛选出无法解决和掌握的知识内容。这一阶段突出了学生的主体地位，紧紧围绕着"自主学习"的核心思想，这更适合大学体育教育阶段。并且在这一阶段，教师制作的视频通过运用体育明星效应增强了教学的可观性与多样性，极大程度上改变了传统教学枯燥的教学模式，提升了学生的学习兴趣，是真正围绕"快乐体育"的教学理念。

在传统教学中，在有限的课堂实践内，教师需要首先进行理论讲解，而后进行分组练习，但在翻转课堂的体育教学模式中，理论讲解以及简单动作掌握部分已经在课前阶段大体完成，教师在依据线上反馈情况进行"二次备课"之后，可以有更多时间更有针对性进行重难点辅导、动作纠错以及进行竞技游戏。这样提升了教学效率，增强了课堂的趣味性，并且使得教学过程重难点突出，也提升了教学过程的弹性和自由度。

体育课程结束并不意味着终止，教师需要结合学生课程预习完成情况以及课堂实践情况对学生进行考核评价。与其他教学模式不同，翻转课堂通过信息化平台增加了过程评价的权重，实现结果评价与过程评价的综合，通过平台可以随时进行师生互评、学生互评、教师评价，从而真正实现了"以评促学""以评促教"。

五、翻转课堂能够优化整合教学资源

随着互联网与自媒体的不断发展，信息化资源愈加丰富，这是高校体育教学面临的难题，教师课堂教授的运动技能，学生在网络中可以获得更专业和丰富的信息资源，这对课堂教学带来了巨大的挑战。在传统教学中，由于课时限制，教师只能进行粗浅的理论技能教学。但是翻转课堂的运用，教师的角色转变为资源的整合者，在资源选择和整合的过程中可以实现分层教学的要求，达到因材施教的目的。教师可以根据学生的不同性别、不同年龄、不同专业以及不同运动水平提供不同的学习资料，这样学生就可以根据需求学习不同的学习内容，这是传统班级整体教学中所难以实现的。

六、翻转课堂能够提高体育师资的水平

由于体育科目的特殊性，体育教师相比其他学科，教师普遍呈现年轻化特点。随着高校扩招，各体育院校招收学生进一步扩大，与此同时，伴随着毕业后进入高校从教的体育教师水平难以得到保障。在课堂上进行动作示范，动作标准水平也是参差不齐，而翻转课堂弥补了这一缺陷。第一，翻转课堂借助多媒体平台，教师在提供教学资源的过程中可以选用由专业运动员进行动作示范的视频，配合理论讲解，这可以有效提高教学的效率，降低运动损伤的风险。第二，年轻的体育教师相对于其他科目教师能够较为熟练运用电子化设备，这也为翻转课堂进一步实施提供了可能性。在传统体育教学过程中，理论教学内容是不可避免的，但是由于场地限制，对于人体力学方面的讲授，教师只能采取挂图或教师展示的形式进行，难以达到准确透彻的效果。而采取翻转课堂，部分教师可以自己制作视频，呈现动态人体透视图，而且可以反复使用这些资源，这节省了教师的时间和精力，提高了工作效率，弥补了传统方式的不足，让学生从生理学角度更深刻了解运动过程中肌肉、关节的变化，加深了对运动项目的认知。第三，借助网络平台，教师可以以游戏的方式让学生进行"虚拟联系"，组队竞赛，教师同样可以参与，学生对游戏的兴趣往往大于对课堂学习的兴趣，这同样弥补了教师凭借个人、缺乏教具进行传统式授课所带来的局限。

第三节　翻转课堂在体育球类教学与训练中的运用

一、翻转课堂在体育球类教学中的运用

这里以乒乓球和羽毛球为例来分析翻转课堂在体育球类教学中的运用。

（一）翻转课堂在乒乓球教学中的运用

1. 翻转课堂在乒乓球教学应用中存在的问题

近年来，随着高校课程改革的逐渐深入，体育教师对翻转课堂在乒乓球教学中应用的研究有了质的飞跃，从最初的试探性研究逐渐拓展到主动地应用，这不仅得益于翻转课堂在理论研究方面取得的成果和学校政策的支持，更重要的是应用翻转课堂能够提高教学效果，但是，大多数高校体育教师并未在实际教学，特别是在乒乓球教学中应用翻转课堂。从教师实施翻转课堂的动机和条件看，翻转课堂虽然适合教师改变自身教学现状的需要，同时也得到学校的支持，但是相对于传统的乒乓球教学模式，翻转课堂并不能够完全取而代之。

（1）年轻教师对专业发展方向的迷茫

一般高校教师在专业发展方向上有两个选择，即选择科研型教师还是教学型教师，高校体育科研型教师在完成体育教学任务的同时，偏向体育科学研究；教学型教师则需要更多注重体育课堂教学的研究。在传统的体育教学中，教师只需要专注于课堂教学，提高教学水平，而翻转课堂在高校乒乓球课程中的开展和应用，需要教师掌握更多的信息技术知识，需要在原有基础上花费时间和精力提高信息技术能力，导致高校体育教师的课堂教学增加了难度，对于科研型教师而言，因为实施翻转课堂教学占了很多原本用于体育科学研究的时间，因而使得一部分年轻的教师对自身的专业发展方向产生了迷茫，在一定程度上影响了年轻体育教师专业发展方向的选择。

（2）教师自身信息技术水平不高

教学视频的制作是翻转课堂的重要环节，需要教师有较高的信息技术水平，而高校体育教师的信息技术水平普遍较低，需要花费大量时间和精力去学习。与其他项目相比，乒乓球课程的教学视频制作过程要求更高，不仅需要较为专业的录制设备，后期制作需要注意的事项也很多，特别是对于年龄稍长的

教师，学习起来较为困难。这使得很多教师对于乒乓球教学的翻转课堂开展和实行有着很强的抵触心态。

（3）学校相关政策不完备

一些学校对于翻转课堂的开展和应用并不重视，在政策上也没有相应的体现，这也导致了体育教师对于翻转课堂的应用没有积极性，甚至有些打退堂鼓，因为翻转课堂的应用要牵扯大量的人力和物力，没有相关政策的保障，不仅很难完成教学任务，甚至无法实现预设的教学目标，这也是很多教师不愿开展翻转课堂教学的重要原因之一。

（4）场地限制

乒乓球教学需要充足的场地保障，在翻转课堂中，学生大多数时间只能观看教学视频，尤其是技战术的学习视频，如果想要进行课下练习，则必须要有场地支持。很多学校在乒乓球场地的建设和使用方面投入并不大，一些院校甚至只能勉强满足日常的乒乓球课程需要，并不能满足学生的日常练习需求。这对于乒乓球课程的翻转课堂应用会产生很大的阻碍，因为单纯的视频教学和比赛视频并不能够满足乒乓球的技战术练习条件，学生需要在实战练习中才能更好地体会、消化教学视频中的知识点和技战术要领，场地不足同样也会影响教师的授课。由于学生没有足够的场地进行练习，导致部分身体协调性相对较差或理解能力有限的学生不能很好地掌握所学的技战术动作，这也降低了学生对学习乒乓球技术的兴趣和积极性，无法保证教师的授课效果，不能很好地实现教学目标。

2. 翻转课堂在乒乓球教学中应用的策略

为了在高校乒乓球教学中更好地开展和应用翻转课堂教学模式，推动高校教学改革的良性运转，针对翻转课堂在高校乒乓球教学中存在的问题，提出以下策略。

（1）明确年轻教师的专业发展方向

针对年轻教师对自身专业发展方向的选择上产生的迷茫，应该明确专业发展方向。无论是科研型教师，还是教学型教师，提高教学质量都是责无旁贷的任务，对于年轻的科研型教师开展翻转课堂教学，给予相应的肯定和鼓励，在职称评定的过程中应给予相应的加分，使科研型教师能够积极投身到翻转课堂的建设和应用中来，提高其参与翻转课堂教学的积极性。对于教学型教师，要鼓励搞好教学研究，对于开展翻转课堂教学产生的研究成果给予评职加分，使教学型教师更好地开展翻转课堂教学，提高教学质量，这样就使年轻教师找准定位，明确方向，更快进入角色，为高校教学改革注入鲜活的力量。

（2）提高教师自身信息技术水平

学校教研室可以组织教师进行信息技术的集中学习，或将信息技术学习纳入日常的教研活动当中，或请有经验的教师进行定期指导，提高教师的信息技术水平，有助于教师录制和制作优质的乒乓球教学视频，也可以组织专项团队，专门制作用于翻转课堂的教学视频，这样也有利于学习信息技术有困难的老教师开展翻转课堂的教学。

（3）加大学校政策支持力度

对于翻转课堂在高校乒乓球课程中的开展和应用，学校政策支持力度起着至关重要的作用，是教学改革的助推剂。一是鼓励教师参加翻转课堂教学培训，请专家来学校做示范教学，让教师到同类学校培训、学习，使教师能够较快地掌握相关的信息技术，提升教师的教学水平，从而提高教学质量；二是购置教学设备。翻转课堂教学借助于多媒体设备才能开展，教师录制视频和后期制作视频，都需要教学设备，需要学校投入财力、物力，没有学校政策的支持，就不能调动高校体育教师的积极性，翻转课堂教学的开展和应用，就成为空话，只有加大学校政策支持力度，才能真正使翻转课堂融入教学，推动教学改革的进程，提高教学质量，形成良性循环。

（4）优化场地场馆的使用

对于高校乒乓球教学而言，体育场地、场馆是进行教学和练习的重要场所，学校应对乒乓球场地、场馆的建设和使用规则进行优化，增加学生使用场地、场馆的时间和机会，这样不仅有助于翻转课堂在乒乓球课中的应用和开展，更能增加学生对乒乓球运动的热情和兴趣，让学生更好地进行练习和比赛，提高学生的身体素质和技术水平。

与传统的教学模式相比，翻转课堂教学模式引入高校乒乓球教学中具有较多的优越性。它打破了这门课程在教学时间、空间上存在的壁垒，使学生更加深入地理解和学习乒乓球课程的相关知识和技术；教师也可以根据每个学生的特点，更好地进行指导。翻转课堂在我国高校教学中的应用仍然处于尝试阶段，广泛使用这种教学模式并实现其真正价值，有待于每一位教师的不断实践与探索。

（二）翻转课堂在羽毛球教学中的运用

1. 传统教学模式在高校羽毛球教学中的局限性

近些年，高校学生不断扩招，羽毛球选课人数不断增加，部分高校存在课时较短，教学方法和手段单一，评价方式传统，教师学历偏低，高级教师老龄化问题严重，羽毛球教师专业培训不够，高水平的专业羽毛球教师相对比较缺乏等现象，导致学生学习的积极性和兴趣下降。在传统的体育教学模式中，教学过于"模板化"，大多是通过教师课堂中的讲解示范，学生自己练习，教师纠正错误，进而学生再练习的模式进行学习，这导致学生不能养成自主学习的习惯，学生学习的主动权一直在教师，学生没有主动探索的意识，不能感受到羽毛球教学中的乐趣。此外，师生之间的沟通较少，教师的教学设计不能适应每一个学生的需求，教学的评价主体、内容、形式单一，忽略了对学生的认知和情感进行评价，这不符合"以学生为本"的教育理念。

2. 翻转课堂在羽毛球教学中运用的可行性

（1）"碎片化"视频教学能够满足学生的需求

翻转课堂的起源是美国教师由于一些学生的缺课、迟到等各种原因，导致一些学生学习进度跟不上，教师使用屏幕捕捉软件录制视频、演示文稿播放和讲解声音，结合实时讲解和幻灯片演示上传到网络，以此帮助课堂缺席的学生。这就使得一些学生把课余分散的时间充分利用起来。

羽毛球的教学特点是将知识性和技能性为一体，知识性的教学资源教师可以制作导学案、幻灯片传到教学平台，技能性的教学资源可以拍摄一些视频或者动画传到教学平台，这些教学资源必须符合时间短、知识性强、易理解、文字与语言相结合的特点，以便学生的模仿和领会。例如，羽毛球教学中正手发高远球，教师可以用爱剪辑等软件截取林丹在发高远球过程中的站位、准备姿势、引拍、挥拍击球、随前、回位六个分解动作，对分解动作进行讲解，说明练习方式、练习任务。学生根据导学案和视频进行学习，对遇见的问题反馈到教学平台，教师给予指正，这能够大幅度地提高教学的效率。

（2）师生角色转变，可以展示学生风采

在传统的羽毛球课堂教学中，教师通常都是采用对动作要领整体的示范和讲解，然后进行分组练习，也就是"教师讲、学生练"单调乏味的模式，学生在其中始终充当演员的角色，学生在短时间内不易接受，课后容易被遗忘，长期以来学生之间的个体差异较大，教师没有太多的关注，忽视了学生的自我学习、自我发展，不能展示学生的风采，呈现大一统的方式。

乒乓球教学有"个性化、团队协作化"教学特点，主要体现在学习成果的展示、评价、和总结，传统的师生角色教学不利于学生"个性化、团队协作化"的培养。而翻转课堂正是通过改变了师生的角色，将教师从"演员"转变为"导演"，根据学生课前预习中提出的问题，对不同问题进行分组，小组之间进行探索性的学习，注重对学生的引导，引导学生自我学习、合作学习和探究性学习，通过减少教师的教授时间，留给学生更多的练习时间，从而让教师和学生的角色发生转变，让教师由知识、技能的传授者转换为课堂的设计者、参与者和体育课程学习的推动者。比如羽毛球杀球教学中环节一对出现不同问题的学生进行分组，几分钟的交流后，每个小组进行汇报展示；环节二师生进行评价，此评价教师不再是唯一的打分者，个人评价、小组评价和教师评价都要占一定的比例，评价的内容包括知识性和技能性，将理论结合与实践，形成一个综合性的评价，对重点的问题，再进行总体评价纠正；环节三分组进行练习，即对知识和技能进行内化吸收。整个过程通过教师小组指导纠正，学生之间互相引领，增强学生之间团结互助的意识和交流能力，发挥学生的主观能动性，提高教学质量。

3. 影响翻转课堂在羽毛球教学中应用的因素

（1）教师因素

教师是教学的主体，关于教学方式的选择，教师拥有绝对的话语权。尽管很多翻转课堂可以提高教学质量，但是受传统教育思想影响，我国很多教师对"学生自主学习"的观念并不认可，这点与翻转课堂的教学理念相违背，在羽毛球教学中，教师更加倾向于传统的教学方式。此外，翻转课堂源于美国，直到 2007 年在美国才逐渐兴起，其教学理论以及教学观念并不成熟，尽管翻转课堂的教育方式应用范围非常广泛，但是羽毛球教育具有很强的实践性。因此，很多教师对翻转课堂在羽毛球教学中的应用也持观望态度。

（2）学生因素

学生是知识接受群体，在课堂中学习计划的制定、课堂内容的安排、教学方法的选择都是以提高学生学习效率为目标。但是在长期传统思想教育的背景下，面对新的教育理念学生能否适应是翻转课堂教学的重点，翻转课堂主张将学习主动权交到学生手中，而我国学生则缺乏自主学习能力，也没有养成自主学习的习惯。此外，翻转课堂以学生为核心，学生拥有绝对的话语权，教师只是起到指导作用，在高中、大学阶段，由于学生身心发育相对成熟，能够维持课堂纪律，小学、中学的学生则缺乏自控力，如果将课堂主动权交给学生很容易造成课堂秩序的混乱。

（3）教学设备因素

随着教育改革的不断发展，以信息化、多媒体化的翻转课堂教学方式逐渐应用到各个学科的教育中，翻转课堂是一种集音频、视频、PPT 等数据化信息为一身的综合性教学方式，翻转课堂教学方式让学生的学习氛围更加简洁明了，提高教学效率。但是一些地方经济发展水平较低，而翻转课堂的开展必须需要多媒体化的教室，由于资金不足，很多高校多媒体建设不够完善。

4. 翻转课堂在羽毛球教学中应用的策略

（1）强化师资力量建设

师资力量决定教学质量，因此强化师资力量建设是翻转课堂在羽毛球教育中应用的第一步，具体内容如下：第一，改变教师教学观念。翻转课堂和其他教学方式存在很大差异，注重将教学的主动权交给学生，而很多教师对这种教学理念并不认可。因此高校必须让教师树立现代化的教学观念，可以通过教学案例让教师认识到翻转课堂教学的优点。此外，学校还可以通过对部分班级进行试点，让教师认识到翻转教学理念与流程。第二，提高教师专业能力。翻转课堂的首要任务是创建并制作教学视频并将其发送到教学平台上，这对教师来说是一个电子科技能力的考验，要想将翻转课堂教学模式切实开展下去，关键是提高电子平台教学视频的效果。针对羽毛球教学而言，教师不仅要将羽毛球教学内容以分步讲解的形式演示出来，还应针对不同类型的学生进行分类讲解，例如，初级学员、中级学员、高级学员等。要想制作出完整立体化的电子平台教学视频不仅要具备丰富的教学经验，还应具备创新的思想、清晰的逻辑思维。

（2）注重学生课后时间的把握

翻转课堂最大的特点是将学习地点由固定课堂教学场地转移到了自由空间中，教学时间也由原来的固定教学时间转变为随机教学。这种教学方式的改变对于羽毛球教学来说难以把握，教师应尽量减少现场教学的频率，及时督促及把握学生的课后学习时间，为了切实利用好翻转教学模式，教师应有意识地每天进行公共平台的在线指导教学，并对学生提出的问题进行一一解答，做好解答记录，在下一次的现场教学中作为案例进行应用讲解，针对课后及时在线学习的学生要给予现场示范及奖励，激发学生利用翻转教学电子平台的兴趣。

（3）坚持以人为本

体育课程的开展离不开科学、合理的教学方法。良好的教学方法不仅可以帮助学生掌握运动技能，还能避免体育运动中不必要的损伤。

第一，实践与理论相结合。羽毛球教学中教师在注重实践的同时，还应该注重体育理论知识的教育，通过理论知识可以让学生理解体育教育的优点及其重要性，帮助学生树立正确的运动观念。

第二，坚持以人为本。学生身体素质存在一定的差异性，因此对于每个学生在体育教育的内容与强度方面不能一概而论，不能采取强制性教育，让学生产生逆反心理，对于体育强度应该循序渐进地增加。

（4）注重学生创新意识的培养

翻转课堂利用了丰富的信息化资源，在羽毛球教学中，学生成为学习的主角，学生可以利用在线视频教学进行羽毛球运动中的各项技能学习，并与其他学生进行在线沟通与讨论，与教师进行在线学习效果反馈，这种场地外的羽毛球教学成为学生提高学习兴趣、增强学习动力的助手，因此在场地内教学中，教师的讲授角色会渐渐退化，变成了学生自主发挥、与教师探讨相关技术问题、与其他学生互通经验的形式，而这种形式仅仅停留在信息化资源的基础上，学生很难进行总结和创新。因而教师应及时对每个学生的学习情况进行总结，并通过在线教学与场地教学相结合，尽量发挥学生的主动性，在加强基本功学习的同时提高学生创新意识，切实达到翻转课堂的教学效果。翻转课堂应用于羽毛球教育是体育教育中的一次突破和尝试，但是由于我国翻转课堂教学还处于起步阶段。

为了保证教学方式的正确性，在实际教学中教师必须构建科学的课堂教育评价体系，教师通过学生的情况来确定翻转课堂在羽毛球教学中存在的问题，这样才能保证翻转课堂在羽毛球教育中应用的正确性。

二、翻转课堂在体育球类训练中的运用

体育球类运动的种类非常多，这里以翻转课堂在青年曲棍球训练中的应用为例分析翻转课堂在体育球类训练中的运用。

（一）翻转课堂在青年曲棍球训练中的实施

1. 训练前教练和队员的活动

曲棍球训练中运用体育翻转课堂，训练前教练和队员需要开展以下活动：教练利用现代信息技术和手段，设计微视频等相关素材，然后依托现代信息网络等技术手段，让队员在训练前完成自主学习过程，达到训练前学习活动的基本要求，为训练中的交流学习与合作探究夯实基础。

（1）曲棍球教练设计微视频

教练根据曲棍球训练内容要求和队员情况，科学设计训练目标，把教学内容细化为运球、传接球、射门、战术、规则等模块；根据每个模块的内容及目标要求，教练自己录制或整理现有网络视频，设计出 5 min 时长的微视频，注重对训练重点和难点进行讲解和示范，便于队员自主学习和掌握动作要领。根据不同模块的难易程度和连贯性，可将几个模块整合在一起，便于掌握曲棍球运动技术。如推球入门，可整合接球、运球、打门等模块。同时，教练设计思考问题，如射门时为什么小臂快速击球，引导队员进行思考和试验性的探究。

（2）曲棍球队员自主学习微视频

教练和队员建立微信群、QQ 群等信息交流平台，教练把视频和思考问题

上传到信息平台，队员利用手机或电脑来观看视频，独立完成技战术的自主学习，思考教练设计的问题，在信息平台上与其他队员进行交流和讨论。

2. 曲棍球队场地训练时的教学活动

（1）合作学习，交流展示

教练根据队员的曲棍球技战术水平，把队员分成若干个小组，每组约 5 人，自愿分工，角色适时轮换。教练引导队员就其有疑惑的问题和技术动作进行交流讨论和动作展示，共同发现问题，纠正错误动作；教练指导队员进行探讨和动作展示，使合作学习更加有效。各小组完成合作学习探究后，小组之间再进行交流展示，相互学习和借鉴技战术和动作，全面理解曲棍球知识与动作要领，增强灵活运用曲棍球技战术的能力，甚至通过合作学习去掌握比微视频更高难度的技战术，达成曲棍球训练目标。

（2）启发式学习，协助式探究

教练根据曲棍球技战术的内在逻辑性，根据队员合作学习情况，围绕教学重难点，再设计出难度适度提高的新问题。同时，教练启发队员提出新的问题，发表新的观点，协助队员们共同探究其中的规律，使队员深入理解曲棍球技战术，牢固掌握相关的动作要领。

（3）检查技战术的掌握程度，评价翻转课堂的学习效果

为了解曲棍球教学目标的达成情况，巩固学习成果，教练要进一步检查队员对重难点知识、动作要领和技战术的掌握程度；还要从多元角度评价翻转课堂教学的学习效果，包括队员的参与度、重难点技战术的检测成绩、小组合作情况、队员自主学习的自我评价等。学习者要选择适合的技战术，或者根据自己学习中的问题或薄弱环节选定相应的模块，反复学习微视频，并在平台上或训练场上与教练和其他队员进行交流、讨论或探究学习，从而巩固和提高学习成果。

（二）翻转课堂在青年曲棍球训练中的实效性分析

将翻转课堂实效性的两重评价标准细化，构建曲棍球翻转课堂的实效性评价的多元评价标准，包括队员的学习兴趣与参与度，队员对重难点、技战术的学习目标达成情况，队员的合作交流与合作探究的能力，队员个性化的创造性及技战术的检测成绩等。

1. 队员对曲棍球训练内容的合作探究能力不断增强

在曲棍球教学中实施翻转课堂，绝大部分队员认为翻转课堂激发了他们对曲棍球运动的学习兴趣。课堂翻转和协作式教学探究既为队员的自主学习创造条件，也缓解了传统的单一教学和灌输式教学方法容易引发的抵触心理，极大

地调动队员参与学习与探究的积极性和主动性，提高了队员的学习兴趣，有效地提高了学员的自学能力，发展了他们的试验性探究思维。调查还发现，翻转课堂使队员每周自主参与曲棍球练习的频率明显增加。在翻转课堂中，队员根据自身运动能在翻转课堂教学中，训练前队员在信息平台上进行交流和讨论，训练场上队员与队员、队员与教练进行 1 对 1 的互动交流。教练可以帮助队员解决同类疑难问题和个性化问题，队员也有更多机会表达观点、提出问题，在小组内部或小组之间进行讨论，甚至全队大讨论，这种交流十分利于学员间的互相合作，有利于促使他们共同探究解决问题。翻转课堂教学模式形成了浓厚的合作学习氛围，通过合作学习来获得知识、掌握动作要领和技战术，不仅利于培养团结合作精神，尤其对曲棍球等集体体育项目更有意义。队员之间相互纠错、相互学习，提升曲棍球技术学习的效果；队友之间相互合作，探究战术，提高曲棍球的战术学习效果和队员的技战术水平。因此，翻转课堂教学模式有效地解决了曲棍球项目中技战术的学习、合作探究与团队合作等诸多问题。

2. 发挥队员个性化的创造性，提高队员的运动成绩

运动队中队员之间的运动能力有差别，翻转课堂则可以真正实现分层教学和个性化教学。借助微课程教学载体，不同层次的队员可以按自己的实际能力和程度，选择难度不同的微课程，灵活的自主学习。运动能力强的队员可以选学难度较高的训练内容，有针对性的挑战较高难度，进一步提高其运动成绩；运动基础相对较差的队员可以从简单动作开始，通过微课程平台获得队友和教练的帮助和指导，实现在原有基础上的提升。由此可见，翻转课堂不仅能给予具有运动才能的队员以更广阔的发展空间，也能给运动基础较差的队员提供持续提高的支撑平台。

（三）翻转课堂在青年曲棍球训练中提升策略

翻转课堂既符合全国青少年曲棍球训练大纲的要求，又能提高队员的技战术水平，培养其合作学习探究能力，激发其团结协作精神，在曲棍球训练中具有较强的实效性。当然，在曲棍球训练中实施翻转课堂，必须具备一定的客观条件，包括主管单位给予支持，配备现代信息技术、体育设备与场地等物质条件；教练要转变传统的教学观念，具备运用现代信息技术的基本技能等。因此，绝不能对所有训练内容"一刀切"，盲目推广翻转课堂教学模式。各队要根据训练内容与教练、队员的实际情况来选择最适合的训练内容及模块，实施翻转课堂可以提升其实效性。

第一，体校和教练及队员都要转变传统的教学理念。实施翻转课堂教学模

式，需要体校给予大力支持，创造良好的网络教学环境；更需要教练和队员转变传统的教授观念，培养教练和队员之间合作交流学习与探究思维能力，这也是提升翻转课堂在青年曲棍球训练中的实效性的关键。

第二，教练要能设计出高质量的微课程等相关素材。微课程的制作质量是核心，这就要求教练既全面了解不同层次的队员，又能准确把握课程内容的深度，还要求他们熟练运用网络、计算机、摄像机、手机等现代信息技术及设备，科学设计详尽的微课程，制作出高质量的微视频。

第三，队员要培养自主学习意识，养成良好的自主学习习惯。队员要改变传统的接受式的学习方式，充分发挥自己在学习中的主体性地位与作用，对微课程、微视频进行自主学习，反复训练，在信息平台上与队友、教练充分交流，巩固和提高学习成果和技战术水平。

第九章 体育教师与体育教学管理

体育教师是体育教育的具体实施者，在提高学生身体素质，使学生掌握锻炼身体技能，培养学生终身体育意识，促进学生全面发展等方面担负着极为重要的角色。高校体育教学管理作为学校教学管理的重要组成部分，其关乎教学工作进度、教学质量等问题。教学管理方式，管理的科学化水平，管理的创新性等方面，为教学工作顺利开展提供制度保障，同时也是学校进行人才培养的制度支撑。本章主要论述了体育教师工作的特点与作用、体育教师应具备的个人素养、体育教学管理的多维探索等内容。

第一节 体育教师工作的特点与作用

一、体育教师工作的特点

体育教师的工作与其他教师的工作相比有以下几个方面的特点：

（一）既是脑力劳动，又是体力劳动

体育课分为理论课和实践课两大类。其中以讲授体育基础理论知识为主要内容的理论课和其他学科的课程没有什么不同，是以脑力劳动为主的。实践课是在运动场或体育馆内进行的。从表面上看，这时体育教师的劳动似乎绝大部分是由示范动作、帮助保护、组织练习等体力劳动构成的，但实际上这些劳动都离不开脑力的消耗。此外，各种运动知识的传授；技术与战术的讲解；对学生各类复杂情况的分析和综合以及处理；对教学方法、手段的选择和灵活运用；以及各种工作文件的制订；运动竞赛的组织等等，都是分析、判断、记忆、思维和想象等大量脑力劳动的结果。可见，体育教师的劳动，既是脑力劳

动，又是体力劳动，二者是紧密结合在一起的。

（二）教育空间的宽广性

教育空间包括教育劳动的范围和教育劳动的作用的深度。体育教师的劳动范围不仅大大超过了其他学科的教师，而且其劳动对象也较为广泛，具有一定的社会性。体育教师除了要上体育课、带好课间操和组织好学生的课外体育活动及各类比赛外，还要担负校外运动竞赛的组织和裁判等工作。因此，体育教师的工作不仅面向学生，而且面向社会。这只是体育教师教育空间的宽广性的一个方面。

从体育教师劳动的作用的深度来看也是如此。体育教师在工作中所表现出的勇敢顽强、坚韧不拔、吃苦耐劳的精神，以及娴熟的运动技巧、健美的体格姿态等，都将成为一种无形而深沉的教育力量，潜在地在学生身上发挥巨大的作用。

（三）工作任务的繁杂和紧迫性

体育教师工作任务是多方面的，既要教书、又要育人。此外，还要协同校医进行体育卫生教育，协助总务部门选购、制作、维修和管理场地、器材等等。

少年儿童正处于生长发育的重要阶段，其成人后身体的形态结构、机体功能、身体素质和运动能力以及神经系统功能能力等方面的情况，在很大程度上取决于这个阶段的营养和锻炼状况。如果这个阶段没有良好地进行体育锻炼，将会对他们今后的体质状况产生不良的影响。这就决定了体育教师必须要有紧迫感。

二、体育教师的作用

体育教师担负着对学生进行体质教育的重任，是完成学校体育工作任务的具体执行者和组织者，是学校体育工作的骨干力量。

从学校体育工作的要求来看，体育教师的主要作用如下：

（一）组织和指导学生进行体育锻炼，促进他们身心全面发展

学生身心的全面发展和体质的增强，是在学校统一领导下，由全体教师共同实现的。其中，体育教师担负着组织和指导学生参加各种体育活动，积极锻炼身体的任务。

（二）传授体育基础知识、基本技术和技能

体育教师要按照国家规定的教学大纲、教材和对学校体育工作的基本要求，根据学生的具体情况，科学地、有目的、有计划地通过体育教学和课外体育活动，把体育的基本知识、技术和技能传授给学生，培养学生的运动能力和观察、分析、解决问题的能力。同时，还要教给学生科学地锻炼身体的方法，使他们健身有道，终身受益无穷。作为一名体育教师，要善于激发学生参加体育活动的兴趣，使他们养成经常锻炼身体的好习惯。

（三）发现、培养和输送竞技人才

体育教师要善于在日常工作中观察、发现有运动天赋和潜力的学生，启发和引导他们在德智体美劳全面发展的基础上，刻苦锻炼，全面提高身体素质、专项素质和技战术水平。教育他们热爱体育事业，攀登体育运动高峰。优秀体育人才的发现，离不开体育教师，而他们的成长，更离不开体育教师的培养。

（四）对学生进行思想品德方面的教育

体育教师应结合学校体育工作的特点，通过教学、训练、竞赛等多种形式，有目的、有计划对学生进行思想品德方面的教育，培养他们的优秀意志品质和优良作风，为培养全面发展的社会主义新人做出自己的贡献。

第二节　体育教师应具备的个人素养

一个称职的体育教师，与其他教师一样，要努力学习和掌握广博的知识，认真研究教学规律；要有高尚的道德品质和献身事业的精神；具备创新发展素养和健康促进素养。由于体育教师的工作任务和特点，因此，体育教师还必须具备较强的业务能力和健壮的体魄。

一、高尚的思想品德

（一）体育教师要有大"爱"的情怀

万事"爱"为先，作为一名体育教必须具有大"爱"的思想和情怀，才能教好书、育好人。

1. "爱"自己的体育课

在当前的社会环境下，体育课和其他常识课得不到学校、家长的认可，认为是可有可无的事。我们的体育教师面临着强大的工作压力和精神压力，自己的情怀不能得到释放。有的就放弃了自己的体育理想，丢掉了体育课，这实际上是不对的。

2. "爱"自己的学生

体育教师要把自己的学生看作自己的孩子，以这样的标尺去爱他们、呵护他们、教育他们，让他们健康成长。"爱"不仅是一种教育手段，更是教师高尚道德品质的表现。只有爱他们，他们的身心才能健康地成长。

(二) 要有高尚的职业道德

教师的职业是世界上最美的职业，也是责任最重的职业。她关系着祖国的命运，民族的兴衰。因此具有牢固的职业道德，热爱学校体育本职工作是体育教师重要的品质之一。这体现了合格的体育教师的人生观和价值观取向。

(三) 具有良好的心理品质

体育教师的心理品质主要包括对学校体育工作的兴趣、态度、意志、情感、气质和个性等。良好的职业心理品质就是体育教师积极主动开展各项体育工作，关心学生，了解和掌握学生实际情况，吸取知识，更新知识必备条件。

(四) 坚定的政治方向

在任何学校里，最重要的是课程的政治思想方向，这个方向由什么决定的呢？完全只能由教学人员来决定。体育教师和其他教师一样，是人类文化科学知识和道德观念的传播者，担负着培养人的社会职责。因此，体育教师必须把坚定正确的政治方向放在第一位。

(五) 有高尚的道德品质和优良的作风

体育教师应具有高尚的道德品质和优良的作风。例如：在体育比赛中要认真按规则办事；裁判时要做到公正无私；胜利不能骄傲，失败了不要气馁；待人要有礼貌；要讲团结友爱等等。在日常生活中，也应做到谈吐文雅，朴素大方，讲究卫生，穿着整洁。总之，体育教师应在学生心目中留下美好的形象，处处成为学生的榜样。

二、丰富的理论知识

体育教师必须具有较好的文化素养，精通体育专业理论知识，掌握作为体育教师进行工作所用的"工具"——教育科学和心理科学知识，以及相邻学科的基本理论知识。

(一) 体育专业理论知识

体育专业理论知识主要包括两部分：一部分是向学生传授的基本知识，另一部分是体育教师不可少的体育方法学和生物科学知识。两部分并没有明显的界线。

向学生传授的基本知识：其主要内容有体育目的任务、锻炼方法、运动卫生、运动常识以及养生和保健等方面的知识。

体育方法学知识：根据圆满完成体育教学、运动训练任务的需要，体育教师还必须系统地掌握体育教学大纲各类技术教材的基本教学法、裁判法、锻炼法、保护法、游戏法、不良姿势的纠正法、体育测量法和一般数理统计方法等。

生物科学知识：为了有效地增强学生体质，掌握体育基本技术、技能，提高运动技术水平；为了不断提高教学、训练质量；体育教师必须具有人体解剖学、人体生理学、运动生理学、体育保健学、运动生物化学、遗传学等方面的知识。

(二) 教育科学和心理科学知识

体育教师掌握教育学、心理学方面的知识的主要目的在于实际应用。体育教师要使自己所掌握的有关知识技能传授给学生，就必须借助于教育学和心理学知识的中介作用。根据教育学和心理学的原理和原则，按照学生身心活动和发展的规律进行体育工作，才能减少工作中的盲目性和随意性，增强科学性、艺术性和创造性；才能顺利完成体育工作的任务。

(三) 广博的文化知识

当代科学一体化的趋势正在不断增强。"科学是内在的整体"。各门学科的教学虽各有其具体要求，但它们的目标都是要培养德、智、体、美、劳全面发展的学生。教师对学生的影响也是多面的。一个合格的体育教师在具有专业课理论知识的前提下，应当尽可能地多掌握一些科学文化知识，这样才能使工作搞得更好。

三、创新发展素养

习近平总书记在党的十九大报告中指出，创新是引领发展的第一动力，是建设现代化经济体系的战略支撑。基于新时代体育教师个人发展和职业发展的共同需要，体育教师应具有必备的创新发展素养，主要涵盖信息素养和融合素养。

随着现代信息技术的飞速发展，教育信息化革命正在教育的各个领域全面展开，教育信息化已经成为世界范围内教育现代化的重要标志。目前，国内外多数学者已经认可了信息意识、信息知识、信息能力、信息道德修养四个方面是信息素养的基本内涵。在体育课堂教学中，因教师运动能力、身体状况，运动技能本身的复杂性和多样性，新兴体育运动的出现以及对运动过程、锻炼效果的监测评估等，都涉及运用信息技术手段进行大数据分析，所以，新时代学校体育教育教学中对体育教师的信息素养能力要求显得尤其重要。

体育教师应具备的信息素养首先是对体育教学媒体及其功能的选择能力。体育教师必须具备根据教学目标、教学对象、教学内容、教学条件选择合适、实用的媒体的能力，如对广播体操的教学选择传统媒体的挂图与录像视频相结合的方式效果较好；而对于跳高、跳远等无法"慢动作"示范的技术教学选择可慢速播放和回放的视频及设备会更合理有效。

其次是体育媒体的整合能力。这种能力是指优化组合媒体，将各种可用于课堂教学的媒体有机地融入教学过程中的能力。作为专业的体育教师，不但要善于选择和运用信息技术等教学媒体，还要能够将课堂教学媒体与课堂教学各要素进行有效整合。

最后是对信息的分析运用能力，体育教师要具备将收集到的信息进行分析处理并用以指导教学训练的能力。近几年，随着教育现代化的快速推进，可穿戴设备在体育教学、体育竞赛中被大量使用，收集到诸如最大心率、平均心率、血压血氧、睡眠状态等信息，教师要认真分析、科学研究，要通过挖掘这些数据背后的现象进行教学调整、教学指导和赛事管理等。

自19世纪末期，世界各国及国际组织对教师的素养展开了丰富的研究，并基于各自的社会文化、教育传统对教师提出了相应的要求和期许，提出了"融合说"素养的观点。体育教师所具备的融合素养主要表现在：一是要具备体育实施路径中的三维融合素养。在教师、学生、环境（社会）三维模式下全方位融合需要体育教师在课程设计、实施、评价上不只关注学生主体，还关注场景的变化和与社会适应性的融合。关注不同文化背景学生的差异性、运动环境的特殊性和社会实践的多样性。二是要求体育教师具备"五育融合"的素养。新时代学校体育的外延内涵发生了很大的变化，坚持五育并举下的体育课程要有融合学科素养的目标。"以体树德、以体启智、以体强身，以体健美、以体育劳"，要有以体育为中心的课程，多学科融合实施的途径，可将国家课程和地方（或校本特色）课程融合，将体育活动与校内外融合，将体育运动与健康促进融合。传统的体育教学中，以提高身体素质和掌握运动技能为目标，注重锻炼；而体育竞赛活动注重训练，在体育基础课程中被割裂。体育教师要与体育教练融合，要将体育教学与运动员选拔培养融合，才能提高学校体育竞技水平。总之，体育是一门开放的课程，要求所有体育人要有一颗开放、包容、接纳的心，不仅是在形式上融合，更重要的是在教育教学实践过程中融合。

四、健康促进素养

体育教师是体育与健康课程教学的实施者和设计者，担负着培养身心健康发展的社会主义建设者和接班人的时代重任。在面对青少年体质健康持续下滑和学生近视率逐年递增的严峻态势下，作为学校健康教育的直接主体，体育教师具有必备的健康促进素养显得尤为重要。从体育与健康课程实施角度来看，体育教师所具备的健康促进素养包括健康基本知识和理念、健康生活方式与行为、健康教育教学技能，对健康危险因素进行全面分析，运用体育学科知识和方法，评估体质健康状况，干预健康危险因素，建立健康生活方式，促进学生健康发展等。从体育教师对健康的管理能力来看，主要包括体质健康测试与评价、健康行为分析与管理、运动健康指导与服务、健康风险评估与分析等。体育教师必备的健康促进素养是其职业发展所赋予其的责任，也是新时代背景下对体育教师提出的现实需求和教育使命。

五、全面的业务能力

体育教师必须具备以下几个方面的能力：运动能力、语言表达能力、动作示范能力、组织能力、进行思想教育的能力和自我调控能力等。

（一）运动能力

体育教师必须全面、正确地掌握体育基本技术和技能，并在此基础上做到有所专长。这就是所谓的"一专多能"。只有这样，才能使自己的运动能力既能满足教学的需要，又能满足课余训练等方面的需要，使学校体育工作得以全面的开展。

（二）语言表达能力

语言表达能力对于体育教师来说是非常重要的。因为无论是进行体育教学，还是对学生进行思想教育等等，都离不开语言的表达。如果认为体育教师只要学好运动技术就行了，语言表达能力好坏无关紧要的想法是错误的、有害的。体育教师在语言表达上应力求做到用语准确、条理清楚、富有趣味性，这样才能易于被学生所接受。

（三）动作示范能力

对于学生来说，只接受教师的语言刺激是不够的，还必须借助视觉器官接受体育教师通过示范动作所传来的信息。在学习动作的最初阶段，学生视觉器官所接受的生动具体的动作形象，具有十分重要的作用。作为体育教师而言，不仅应当掌握有关动作的要领，而且应当具有将这些动作正确、优美、协调完成的能力。教师的示范既可以使学生在头脑中形成生动具体的动作表象，又可调动学生学习的积极性。此外，体育教师还应有较强的模仿学生错误的动作能力，即所谓的"动作示错能力"。

（四）组织能力

同其他学科教师相比，体育教师的组织能力显得尤为重要。因为，一个体育教师如果不具备一定的组织能力，那么，他就根本无法进行正常的体育教学和训练。体育教师的组织能力主要表现在以下几个方面：

组织教学内容的能力：在熟悉教材内容及其内在联系的基础上，围绕教学的目的要求，并根据学生的实际情况，确定教学的重点和难点以及讲授的顺序。

选择和运用教学方法的能力：教学方法是使学生获得基本知识、技术和技能的"桥"和"船"，没有它体育教师就无法传授知识、技术和技能。恰当选择和灵活运用切合实际的教学方法，也是教学中组织能力的一种表现。

组织教学能力：体育教师带领学生在运动场上，按照一定的教学计划进行体育教学活动，如果没有较强的组织是根本不可能的。正是从这个意义上说，体育教师的组织能力应该比其他教师更强一些。

（五）进行思想教育的能力

进行思想教育的能力是每个教师都应当具有的，体育教育当然也不例外。丰富多彩的体育活动可为思想教育提供许多好机会。为了搞好思想教育，体育教师平时应对学生的思想、行为、学习动机和兴趣等有充分的了解。这样，才能抓住时机，有的放矢地向学生进行思想教育。同时，教师要注意以身作则，言行一致、处处做学生的表率。

（六）自我调控能力

教育是使个体社会化、完善化的活动过程，是一个动态的开放性系统，它随时要与社会进行人、财、物和信息的交换，取得动态平衡。社会上政治、经济、文化和思想意识等因素的变化，都将直接或间接地，在不同程度影响教育系统，从而对体育教师的思想修养，理论知识结构和业务能力等，提出新要求。这就要求体育教师应具有较强的自我调控能力。再者，学生是个有机体，外界不同的因素影响下会发生相应的变化。体育教师要及时地接受来自学生的反馈信息，调整自己的教学内容、方法方式等，才能更好地完成体育工作任务。

除以上能力外，体育教师还应具有科学研究能力、社交能力、自学能力、正确评价能力、分析综合能力、艺术欣赏能力、裁判工作能力、组织竞赛能力以及场地器材规划、维修和管理能力等。

六、健壮的体魄

体育教师健壮的体魄，表现在身体健康，精力充沛，体格健美上，并具有坚持经常锻炼，生活有规律等良好习惯。这本身就具有重要的教育价值。对学生能起潜移默化的熏陶作用。同时，也能承受繁重的学校体育工作。对于这一点，我们必须有足够的认识。

第三节　体育教学管理的多维探索

一、体育教学管理的概念

体育教学管理是一项系统的、综合性的工作，是具有一定的管理权力的组织和个人对体育教学的人、财、物、信息和时间等方面进行的综合性管理。具体而言，其管理包括控制、监督、组织、协调、计划等方面。

现代体育教学管理是一个系统的过程，并且其工作内容也涵盖了体育事业的各个方面。体育教学管理是一项综合性的活动，其各个子系统与体育管理总目标保持着一定的一致性。在体育教学管理过程中，各个系统之间是相互影响、相互制约的关系，共同促进了体育教学管理总体目标的实现。

体育教学管理是一个周期性的活动，一般可将其分为三个阶段。第一阶段为计划阶段，这是体育教学管理的首要阶段。这一阶段主要的工作包括对教学和管理中的问题进行分析和预测，确定体育教学管理的目标，并进行相应的决策等。第二阶段为管理的实施阶段，这是管理过程的中心环节，这一阶段的重要工作包括教学管理的组织、指导、协调、检查和监督。第三阶段是体育教学管理的最后阶段，这一阶段的主要工作包括对体育教学管理开展对比、总结和评价等。这三个管理阶段构成了体育教学管理的管理周期，三者之间相互促进、相互联系。

二、体育教学管理的特点

(一) 管理目标的强制性

大中小学生参加各种体育活动，除启发其自觉性外，各级各类学校还必须根据国家对学生所制订的教学大纲、教材和国家体育锻炼标准强制进行，严格按照规定要求，安排体育教学并适时组织课外体育活动作为体育课堂教学的继续，以达到普遍增强学生体质和保证学生掌握锻炼技能的目的。因此，体育教学管理必须辅之以行政管理、学生的学籍管理、升学加试体育等许多有强制性的管理手段。

(二) 管理内容的综合性

体育教学管理的内容有人（主要是教师与学生）、物（主要指体育场地、设施、器材等）、财（体育经费）、资料（主要是教材、教学文件、各种资料以及教学动态等）与时间（指教学工作进度、课程时间表等）。体育教学过程和其他过程一样，都包含了"人流""物流""信息流"与"时间流"四大流股。这四大流股之间如果关系失调，或者其中某一流股阻塞，都会影响体育教学的顺利进行。体育教学管理的综合性还表现在既要管教，又要管学，既要管工作任务，又要承担任务的人的思想，做到"管理育人"。

(三) 管理过程的阶段性

体育教学管理过程有明显的阶段性，这要求我们在管理过程中，必须把握好各阶段之间的联系，根据不同阶段的工作特点，有计划有步骤地安排和做好各阶段的工作。

（四）管理过程的连续性

体育教学过程是一个循序渐进、逐步提高的过程，对这个过程的管理要连续进行，不能中断，不能脱节，对一些常规不能随便改动，从时间上看，虽然分为不同的环节和阶段，但是，体育教学管理不能放松，要持之以恒。

（五）管理反馈的及时性

体育教学是一个受多因素影响的动态系统，在其运转过程中，要求根据反馈原理不断获取各个方面的瞬时信息，及时调节各个方面的关系（其中包括教师对教学班的管理），使整个系统正常地运转，以提高人力、财力以及场地、器材等的利用率和效能。

（六）管理措施的教育性

体育教学管理主要是对人的管理。调动师生及有关人员的积极性是体育教学管理的重要职能。这就客观地要求在采取一切管理措施（包括规章制度）时都要有教育性，并且要在管理过程中，使有关人员都明确自己的工作或学习的目的性与责任感，提高其自觉性。

三、体育教学管理的要素

体育教学是一项涉及多方面的复杂活动，为了更好地对其管理工作开展研究，有关学者对其基本要素进行了如下几方面的划分。

（一）体育教学管理的对象

体育管理的对象即为各种管理活动的承受者，但是它不仅仅是人，还包括财、物、时间、信息等各方面的因素。在体育教学管理中，管理对象所指的人主要是基层学校体育工作的操作者；对财的管理则主要是指对体育教学经费的管理，保证体育教学经费能够合理使用，并创造一定的经济效益；对物的管理则主要是对体育教学过程中所使用的场地、器材设备进行的管理，科学合理使用这些设备，尽可能提高其使用效率；对时间的管理则是对体育教学的时间和进度进行科学、合理安排，提高单位时间内的办事效率；对信息的管理则主要是体育教学过程中的各方面信息，如学生的各项生理指标、运动成绩等，对这些信息进行有效整合、存储，提高体育教学工作的效率。

（二）体育教学管理的主体

体育教学管理的主体一般为管理活动中承担相应的管理职能的人或是相应的组织，即为学校体育教学管理机构。管理者在体育教学的管理过程中处于主导性的地位，负责体育教学管理过程中的计划制定、实施以及相应的监督、检查等方面的工作。体育管理主体主要是指在体育管理活动中承担管理职能的人或组织。具体来说，体育管理主体即体育管理者或学校体育管理机构。体育管理者主要包括基层组织管理者和中上层领导者，他们在管理活动中处于主导地位，负责制定计划、组织实施和指导检查等各项工作。管理者根据相应的管理办法来构建相应的管理机构，对教学过程实施科学的管理活动。体育管理机构中管理者的个体素质以及由这些管理者组合起来所形成的集体素质结构，对体育的发展起着十分重要的决定作用。

（三）体育教学管理的手段

所谓体育教学管理的手段，是指管理者为实现体育教学管理的目标所采取的方法和措施。体育管理手段是体育管理活动赖以进行的条件和方式，其主要包括宣传教育手段、行政手段、法规手段、经济手段等。

一般而言，人是体育教学管理中的核心要素，体育管理的目标、计划、决策方案等的制定和实施都需要人的参与来实现。因此，人是体育教学管理的核心，对体育教学管理目标的实现有着重要的影响。应通过多种手段，提高人的积极性和主动性。

四、体育教学管理的对象

体育教学管理的对象主要包括以下几个方面：

（一）人的管理

体育教学中的人管理，主要是对体育教师及其授课的学生的管理。

1. 体育教师

对体育教师的管理，主要是对体育教学工作的安排、指导和检查、监督，使其尽职尽责。同时要帮助他们不断地提高自己的教育、教学的素养和能力，其中包括德（高尚的思想品德、强烈的事业心、埋头苦干的作风、虚心好学的上进心等）、智（具有体育教师所必须具备的一般知识、体育专业的基础知识和专业知识等）、才（较强的体育教学能力、制订教学计划、语言表达、动作示范、纠正错误动作与品行、组织、交际、评价等能力）和体（健壮的体魄、朝气蓬勃的气质、开朗热情的性格等）四个方面，概括起来就是使他们成为合格的称职的体育教师。

2. 学生

体育教学对学生的管理主要是通过体育教师对所承担的体育课及有关的活动来进行的其中包括对学生的组织、遵守教学常规、出席情况、身体情况、学习情况（成绩）以及教学过程中的协调和控制等等的管理。

（二）物的管理

主要是对体育场地、器材、设施的管理。一方面要建立管理条例，例如体育器材借用条例等；另一方面要账目清楚，各种物品的规格、数量等登记清楚，有检查制度。再一方面应有计划地增补、维修、自制体育教学设备和器材，提倡一物多用、废物利用、艰苦奋斗、勤俭节约精神。

（三）财的管理

在各级学校中，特别是各高等学校中，通常都拨一定的经费用于改善体育设施和体育教学条件。对于这些经费要合理使用（包括对体育教师的进修和奖励）。

（四）资料的管理

这类包括体育教学有关的资料和档案。体育教学档案的内容主要有：教育、体育行政部门下达的文件；本校制订的体育教学工作计划及有关的规定；历年的教学研究和总结材料；体育教师的教案和教学总结；有关会议的记录；学生体质健康卡片以及学生的体育课成绩等。这类资料通常由学校体育教研室（组）保管，应当进行分类存档。

（五）时间管理

主要保证体育教学在规定的时间以内完成预定的任务，其主要表现形式是制订时间计划表，内容主要含有规定的日期及应当完成的工作任务。

以上五个方面，就其主要内容来看，又可分为：建立和健全学校体育教学管理体制，体育教研室（组）是管理体育教学与科研的基层组织，健全体育教研室（组）是提高体育教学管理水平的关键。

制定和实施体育教学工作计划。组织、指导、检查和评价体育教学，制定管理细则、检查制度和评价标准，进行定期检查、评价。

建立和健全教学管理档案，为教学提供资料。对学校体育场馆、器材、设施进行管理，有效地发挥其作用。

合理培养和使用体育教师及有关人员，不断提高他们的业务水平和思想水平，增强其事业心和责任感。应该注意到，体育教学管理是与整个学校管理教育和教学工作管理紧密联系的，是整个学校管理系统中的一个组成部分，只有与之密切配合，才能有效地进行和收到良好的效果。

五、体育教学管理的原则

在坚持社会主义方向性的前提下，根据体育教学的特点和体育教学原则，体育教学管理应遵循下列基本原则：

(一) 质量第一与效益第一相结合原则

体育教学管理最高目标是为培养人才质量服务的。现在的学生，都是 21世纪我国社会主义现代化建设的生力军和骨干力量。未来社会主义不仅需要高智能、高思想品质的人才，而且这种人才必须有良好体质，能胜任艰巨复杂的工作，能应付各种复杂的情况。体育教学管理必须保证提高学生的体育文化教养水平，不仅做到全面发展其身体，增强体质，而且应使学生掌握必要的体育与安全生活、健康生活、文明生活的知识、方法和某些技能，培养终身从事体育锻炼的态度、能力和习惯，使学生在走上社会工作之后，能将体育作为自己文明生活的内容之一。因此，体育教学管理应坚持质量第一的要求。

在坚持质量第一的基础上，还必须坚持效益第一的要求，按照"少投入，多产出"和"相同的投入，较大的产出"的要求去进行管理，将质量与效益有机地结合起来，这是第一个原则。

(二) 计划性与灵活性相结合原则

实行计划管理，可以保证体育教学各项工作有明确方向、有具体步骤和要求，也可以保证各项工作互相协调地进行。计划管理要求分类别、分层次制定相应的计划，即各种管理内容都分别制定出各自的计划；每一种计划又应分为个人、教学组、教研室不同的层次。

(三) 民主管理与执行规章制度相结合原则

教师和学生，既是管理的对象，也是管理的主人。教师在教学中起主导作用。首先，对教师要做到政治上信任，工作上放手，生活上照顾，充分调动他们的积极性和主动性，使他们大胆地、真诚地对体育教学工作提出意见和建议。其次，要使体育教师参加各级体育教学管理工作，真正依靠教师进行管理，使他们有职有权。与此同时，还要重视学生参与体育教学管理的作用，使学生干部参与有关的体育教学管理计划的制订，定期召开学生代表座谈会，听取对体育教学工作的意见。

体育教学有关的规章制度，是使体育教学克服"人治""感情用事"的有效措施。严格地执行各项规章制度，是科学管理的重要保证。实行民主管理与执行规章制度是统一的，相辅相成的。实行民主管理，目的在于更好地执行规章制度；执行规章制度，能保证更好地实行民主管理。

（四）整体化与突出重点相结合原则

体育教学管理目标就是以最少的资源（人、财、物和时间等）消耗来达到最高的教学质量。要实现这一目标，一般来说，它要求体育教学工作的各个方面都实现最优化。这还不够，从系统论角度分析，为达到体育教学系统的最大效益，还必须保证其各个组成部分互相配合，协调运转，达到整体优化才行。整体优化，并不是表示各个组成部分同等重要，要从中分出轻重缓急，本着突出重点、照顾一般、加强薄弱环节的精神，妥善安排。

（五）能力原则

这有三层含义：一要有眼识才、量材而用。选择体育教学管理人才时，要根据德才兼备、用人唯贤的要求，选择那些适合做这项工作的人，做到人尽其才，才尽其用，最大限度地发挥人才的社会效益。二要做到知人善用，挑选有体育教学管理能力的人去从事这项工作是恰当的，用人所长，不浪费人才。三要做到有职有权，赏罚分明。不同的管理人员承担不同的管理职责，应使其在其位，管其事，谋其政。对管理工作成绩显著者，给予表扬和奖励，奖勤罚懒，实行干好干坏不一样的政策，充分调动每个管理人员的积极性。

体育教学管理除了要遵循以上这些基本原则外，还有教育性原则、协调性原则、经济性原则、竞争性原则等，都是值得研究和注意的。

六、体育教学计划的管理

体育教学计划是体育教师根据国家规定的体育教学大纲和教材，结合本校实际制定的教学工作文件，是体育教师进行教学工作的主要依据，也是检查、评估体育教学质量的重要内容。对体育教学计划的管理分为制定体育教学计划的管理，实施体育教学计划的监督与调控，执行体育教学计划状况的考评等三个环节。

（一）制定体育教学计划的管理

对制定体育教学计划的管理，一般采取如下方法：

1. 学校领导和体育教研室（组）应根据上级主管部门对教学工作的有关要求，对本学年（学期）体育教学工作提出导向性意见，明确体育教学的指导思想、任务、质量目标，并具体规定计划完成的时间。

2. 学校要印制统一的体育教学计划表格，以便于学校内部体育教学计划格式的统一化，也为教师制定计划提供方便。

3. 教研室（组）对教师制定的计划进行集体讨论和审议，为解决教学中场地器材的矛盾，对各年级教材出现时间进行必要的协调和调整。

4. 计划修正定稿后，由教研室（组）负责人审核批准，方可实施。其副本交教研室（组）收存备查，并归入教师业务档案。

5. 制定体育教学计划的完成情况和质量，应作为教师业务考核或教学质量评估的内容之一。

（二）实施体育教学计划中的管理

实施教学计划中的管理，应着重于对执行教学计划的监督和协调。

1. 实施教学计划中的监督

实施教学计划中的监督，分为教师的自我监督和教研室（组）的监督两个方面。教师的自我监督，是实施教学计划监督的主要方面，教师自我监督的方法：

（1）教师首先应端正对执行体育教学计划的态度，提高执行教学计划的责任感和自觉性，认真按计划进度进行教学，防止和克服执行计划的随意性。在正常情况下，教师不得随意更改或变动教学计划规定的内容、时数及进度。

（2）实施教学计划，应坚持合理的正常的调整制度。若因天气、场地器材、学校非正常停课等非主观的特殊原因需调整计划安排时，应主动向教研室（组）申述后，方能做出更改或变动。

（3）教师应对执行教学计划的情况及时如实地在教学进度执行情况栏内作简明的记载。教研室（组）监督，是教研室（组）对执行教学计划进行监控的重要手段。教研室（组）监督的方法：

①教研室（组）应加强对教师执行教学计划责任心和自觉性的教育，将严肃认真地执行计划列入教师教学工作职责和规范，并作为考核的内容之一。

②教研室（组）应对教师执行计划时调整计划的自主权和控制范围做出相应的规定。

③教研室（组）对教师执行计划及其调整情况作必要的抽查和记录。对随意变动教学进度者应进行批评教育，对屡教不改者采取相应的措施。

2. 实施教学计划中的协调

由于体育教学是在动态的环境中进行的，不可避免地受许多不可抗拒的（如雨雪天气、同时上课班次多及体育教学场地器材条件等）因素的影响，造成计划执行过程中的不少困难，有时甚至被严重地打乱。在实践中，调整计划是经常发生的。因而，教研室（组）有必要做好实施教学计划的协调。协调的方法有：

（1）集体协调法。建立教研室（组）的协调会制度，每周末对下周各年级的教材安排进行协调。

（2）表式公布法。事先按周用黑板公布协调后的各年级、班每天各节次教材安排表，以便全体教师周知。

（3）个别协调法。同类教材教师之间自行协调。

（三）执行体育教学计划状况的考评

执行体育教学计划状况的考评，是检查、评估体育教学质量，考核体育教师履行职责的内容之一，也是检验计划科学性、可行性的重要途径。

执行体育教学计划状况的考评，分为教师自我考评、教研室（组）对教师的考评和教研室（组）的整体考评三种形式。

1. 教师自我考评

教师用书面形式对自己所任班级体育教学计划执行情况依记载做出定量统计和定性分析，肯定成绩，总结经验，找出不足，分析原因。书面自我考评，可用表格式的（由教研室<组>统一印制），也可用文字式的。

2. 教研室（组）的整体考评

教研室（组）负责人根据全教研室（组）的上述考评结果，进行数量统计和分析，并对全教研室（组）体育教学计划执行状况进行全面的客观的总结。

3. 执行教学计划状况的考评

一般在学期、学年末进行。为了检查执行教学计划的实际状况，也可进行阶段检查。在具体方式上，既可单一的进行，也可在教学全面检查中作为一方面内容进行。

七、体育教学风险的管理

（一）体育教学风险概述

1. 体育教学风险的概念

通过借助风险的定义，我们可以对体育教学活动风险的具体内涵进行界定，也就是说，体育教学风险是在具体的体育教学活动过程之中，由于存在一些无法确定的因素，造成体育教学的具体教学无法达到预期效果的不利事件或偏差，从而造成体育教学可能受到损失。这里所说的损失，没有确切的严格标准，有可能是对学生造成身心方面的不良影响，有可能是造成体育教学费用方面的损失，也有可能导致了体育教学效果不理想。

对于体育教学风险的概念主要包括以下几个方面的内涵。

（1）教师的变化

在具体的体育教学实践过程中，体育教师在教学风格和教学能力等方面出现的变化，都有可能会导致在体育活动过程中学生出现意外受伤情况。这主要表现在以下几个方面。

①擅离职守，岗位职责没有履行或不到位。

②对学生进行一些体罚教育。

③教学活动的组织与开展没有按照体育教学大纲和教学常规的具体要求来进行。

④学生的安全教育受到忽视。

⑤对于可预见的一些危险因素，没有采取相应的预防性措施。

⑥教师对于学生做出的危险行为没有及时给予制止或者劝阻，使得学生继续参与一些有可能造成损伤的危险行为。

⑦对于一些体质特殊或者具有特殊疾病的学生，体育教师没有给予更多的关注，对于这类学生参与体育运动没有及时进行劝阻。

（2）体育场地、设施等变化

一些在气候以及体育场地设施等方面发生的变化，都会有可能造成学生发生一些意外伤害事故，这主要体现在以下几个方面。

①体育设备及体育场馆的安全制度尚不完善，不合理，管理非常混乱。

②一些近乎报废或者缺少维修、维护的体育设施，学生仍在使用。

③对于学校体育场地设施，没有进行定期的检查。

④一些损坏的体育场地设施，没有进行及时的维修，而是继续进行使用。

⑤体育教学设施、设备不符合国家规定的相关卫生和安全标准，存在一些

不安全因素。

⑥在管理人员方面，素质水平总体偏低。

⑦一些具有危险的器材缺少相应的安全操作说明。

⑧在体育设施保护方面缺少合理的措施，存在很多安全隐患。

（3）学生自身的变化

体育教学实践表明，学生的自身变化也是导致学生在体育学习过程中出现意外伤害的原因之一，常见的伤害事故主要有摔伤、擦伤、碰伤、扭伤，甚至猝死等。这里所说的学生自身的变化表现在很多方面，如观念变化、身体变化、个人习惯的变化以及心理方面的变化，等等。

2. 体育教学风险的特点

（1）无形性

同实体物质不同的是，风险无法通过语言来确切的描绘和刻画出来。由于风险存在无形性的特点，人们难以对其准确地把握和认识，但是通过认真地分析其所产生的内在因素和外在因素，通过借助于相应的手段和手法，便能够更加准确地鉴定和识别风险。

（2）潜在性

风险具有不确定性，它是客观存在的，它的出现具有可能性。与现实相比，这种可能性还存在一定的距离，它需要借助于一些其他条件的协助才能将这种可能性转化为现实。这种特性，即为风险的潜在性。由于风险的潜在性存在，人们可以通过借助于一些科学方法和手段，来正确地鉴定风险，改变风险产生所需的环境条件，从而降低风险所带来的各种损失，合理地对其所产生的负面结果进行控制。

（3）动态性

在整个的体育教学过程中，体育教学风险都贯穿其中，随着时间和空间的不断改变，风险的种类和性质，以及所造成的损失大小也在发生变化。但在体育教学活动的开展中，一些潜在的风险也得到了更加有效地控制和处理。但随着一些因素的不断改变，新的风险有可能出现。

（4）突发性

在爆发突发事件之前，是会有预兆提前出现的，但由于人们的疏忽大意，对于体育教学风险事件的爆发不会提前意识到，应付起来也就力不从心。从其表面来看，风险具有非常明显的突发性。当风险产生所需的各种因素达到一定的临界值时，那么只要诱发因素出现，就会随之爆发出体育教学风险。

（5）损害性

由于无法预料体育教学风险事件的产生，这就非常容易使参与体育教学活动的管理者和参与者产生恐慌，风险事件的出现常常会给体育教学带来一定程度的损失。

（二）体育教学风险管理概述

1. 体育教学风险管理的概念

所谓体育教学风险管理是指，学校通过有意识地进行计划、组织、监督和控制等一系列的管理活动，借助于一些特定的方法和程序来使风险降到最小程度，以此来保护体育教学顺利发展的活动和职能。

2. 体育教学风险管理的必要性

对体育教学进行风险管理，其必要性主要从以下两个方面表现出来。

（1）由风险在体育教学管理中的特征决定

体育教学之所以会面临一定的风险，这主要是由风险所具有的客观性所决定的。需要注意的是，风险与收益是相互并存的关系，风险的出现，势必会带来一定的损失，但能够对风险进行合理的处理与控制，就有可能使其为体育教学带来相应的收益。

（2）体育教学活动的安全需要

对于学校体育教学而言，促进学生身心全面发展和体质健康是其主要目的，只有顺利避免出现体育教学风险，才能更好地促进体育教学的顺利开展与发展。如果缺少必要的风险管理方法和措施，那么就很难在体育教学中妥善处理和应对风险。

3. 体育教学风险管理的程序

所谓体育教学风险管理程序主要包括风险的识别、评估和应对三个方面。

以上三个体育风险的管理步骤是相辅相成的。通过对风险进行识别，就能够对风险事故的发生进行预测，以更好地提醒体育教学中的管理者和参与者，有助于其能够提前采取一些合理的预防措施；通过从定性和定量的角度来对风险进行合理评估，对体育教学活动进行分析和计算；风险应对是指在体育教学过程中，管理者和参与者在面对风险时所采用的策略和方法。只有保证，上述三个方面都能够得到合理实施，才能使体育教学风险管理的目标和任务得以顺利实现。

实施体育教学风险识别与评估主要从以下几个方面着手。

（1）对体育教学中的各种风险因素进行识别，并对有可能造成风险事故的原因进行全面分析。

（2）针对体育教学风险识别，建立相关的资料库。

（3）对风险从定性和定量两个方面来进行分析和评估。

（4）针对风险出现有可能造成的损失进行评价和分析。

（5）对现阶段体育教学中存在的风险进行评价，并从中找出急需要解决的风险因素。

应对体育教学风险，主要依据以下几个步骤进行。

（1）选择应对风险的措施和技术。

（2）制定出应对风险的相关方案。

（3）对应对风险的方案进行评价和选择。

（4）合理实施所选择的风险应对方案。

（5）对于方案实施所达成的效果进行客观评价，如果获得了较好的效果，便可暂时停止方案的实施；如果获得的效果不理想，就需要重新检查方案，并对其进行完善和调整。

八、体育教学人力资源管理

（一）体育教学人力资源管理的原则

1. 目标原则

体育教学人力资源管理的目标原则是指对于人力资源管理，必须有明确的管理目标。明确的目标是进行人才管理的必要条件，因此在体育教学人力资源管理中，在重视实现组织目标的同时，也要对员工个人的发展给予高度重视。总的来说，就是要注重组织目标与个人目标的全面发展与实现。

2. 系统原则

体育教学人力资源管理的系统原则是从整体的观点出发，统揽全局，对人力资源系统结构进行把握，深入分析其能级，并且对其变化进行跟踪，与此同时，还要不断地对其进行调节、反馈，控制好方向，从而保证管理目标的顺利实现。

3. 激励原则

体育教学人力资源管理的激励原则是指在体育教学人力资源管理中，通过运用相应的政策手段，对体育人才的工作积极性和创造热情进行有效的激励，并且通过适当的手段对他们做出的成绩与贡献给予适当的奖励。一般的，有很多种对人才积极性进行激励的方法，当前较为常用的方法主要有奖励激励、榜样激励、关怀激励、支持激励、目标激励、领导行为激励、竞赛激励等。需要注意的是，这些激励的手段和方法要根据实际情况和需要有针对性地进行选择和运用。

4. 互补原则

体育教学人力资源管理的互补原则是指通过体育教学人力资源管理上的互补，能够充分发挥出体育教学人力资源的整体效益。人员互补包括很多方面，如能力互补、知识互补、气质互补、年龄互补等。

5. 能级原则

体育教学人力资源管理的能级原则是根据体育教学人力资源的才能来对其所从事的具体工作进行安排，授予其相应的工作职权，并对其所要承担的责任进行明确，从而使人的才能适应其所从事的工作岗位的要求。以人的职称、学位等为主要依据将其安排到合适的岗位上，能够使各个岗位人员的能级水平尽可能地规范化和标准化，从而达到人尽其才、物尽其用的目的，最终取得效率最优化的效果。

(二) 体育教学人力资源管理的要求

在体育教学人力资源管理活动中，除了要遵循一定的原则外，还要做到相应的一些要求，只有这样，才能够取得理想的管理效果。具体来说，应该做到的体育教学人力资源管理的要求有以下几点。

1. 为职择人

为职择人，要求人员聘用符合岗位需求，就是要求在体育管理活动中，要以体育事业的需要为主要依据来设置相应的体育管理机构，并且以此为依据将各岗位职责规范制定出来，然后按岗位选配合适的人才。为职择人可以有效避免"关系户"的存在，从而改变传统体育管理部门机构臃肿、人浮于事、职责不明、效率低下的弊端。

2. 用当其人

不同的人才各有所长，也各有所短，因此，必须要用当其人。体育教学人力资源会在个性、特长、智力、知识、技术、能力等方面存在差异，鉴于此，这就要求在使用各种人时，必须做到用人之长，避人之短。同时，由于每一个人的一生中其能力都会出现一定的最佳时期，一个人能否及时发挥并经常得以运用在很大程度上决定着其才能储存时间的长短。因此，这就要求在体育管理中必须抓住人的最佳时期，并且使人的最大作用得到积极的发挥和利用。

3. 任人唯贤

所谓的任人唯贤，就是对体育人才进行选择和使用时，要根据人的水平、能力大小、技能水平等来进行择优选拔和使用，要杜绝任人唯亲的现象出现。

4. 用人不疑

用人不疑要求在使用体育人才时，要对所选择和使用的人才给予充分的信任，并且积极听取其意见，尊重其行动，尊重其成果，从而创造出良好的尊重人才、信任人才的环境，进而达到充分发挥其工作积极性和主动性的目的。

（三）体育教学人力资源的具体管理

1. 体育教师的管理

体育教师是体育教学主体之一，对体育教师进行科学管理对于全面贯彻体育教育方针和提升体育教师的思想与业务素质水平有极大帮助。对学校体育教师的管理主要有以下几个方面：

（1）教师规划管理

教师规划管理包含的内容主要有以下几个方面：

①制订体育教师编制计划。一所学校中都需要配备体育学科教师，为此在教师编制中都有体育教师的编制，这就是学校体育教学工作的基础。学校体育教师编制要与国家教委颁布的相关条例相符，此外还需要结合学校实际情况，如师生比例和体育教学任务来确定，以确保学校体育教学工作有足够的师资力量保障。

②制订体育课时工作计划。体育课时工作计划的制订依据为学生在校期间的体育学科必修课、选修课、课外活动、学校运动队训练及比赛等教学活动任务。在此基础上，对参与教学指导活动的体育教师合理分配和安排工作。

③制订体育教师引进计划。任何事物的新老更替都是自然的。学校体育教师的引进要以本校体育教师的编制情况、年龄结构等为依据，有计划地引进能力强、学历高的体育教师。

④制订体育教师培训计划。尽管体育教师大多出自体育专业院校，拥有一定的体育知识和技能，但这并不代表就可以停止学习。体育学科的发展日新月异，为了保持教学始终处于前沿，体育教师需要不断地再学习，这对学校体育水平的提高起到积极的促进作用。常见的体育教师培训计划包括短期培训和长期培训。短期培训一般利用寒暑假等业余时间进行，长期培训是脱离岗位参加专业培训或出国深造。

⑤制订体育学术交流计划。对任何学科的教学工作来讲，为了提升教学质量和开展多元化的教学，安排体育教师参加多种形式的学术交流活动是非常必要的，这无疑有利于提升体育教师的科研水平和综合素质。

（2）教师选拔管理

体育教学管理中对教师的选拔是决定一个学校体育师资质量的关键。为此，在选拔体育教师时需要注意以下两个方面：

第一是注重扩大选拔范围。选拔范围的扩大可以减少错过优秀人才的概率，在选拔范围扩大的同时还要配合新的选拔渠道的开辟，不管是本校还是外校，是本地还是外地，是国内还是国外，对于与体育教师选拔资格相符的人员都应该给予机会，在选拔上秉承"不拘一格降人才"的理念。

第二是注重体育教师的思想品行选拔。体育教师的为人师表作用更为明显，这就要求他们不仅要具有过硬的专业知识和技能，还要拥有高尚的品德、健康的形象，不可偏颇其一。

（3）教师聘任管理

在选拔教师的工作完成后就进入教师聘任管理的环节中。为了保证聘任体育教师的质量，需要满足以下几点要求：

①职能相称。体育运动项目众多，一些体育教师除了具备基础体育课程教学技能之外还拥有自己的专项运动技能，如篮球、足球、乒乓球等。基于此，就需要在教学任务分配之中使教师各尽其职，各自发挥各自的特长。

②按岗聘任。传统的聘任管理方式是"以人为中心"的，但现如今提倡精简高效，因此应该逐渐转变为"以事为中心"。通过对教师岗位意识的强化以及教师职责的明确，尽量避免岗位设置不明，职责不清的情况。

③职称评定。教师职称评定是聘任管理中的重要环节。职称评定是对一名体育教师能力的综合评定，通过职称评定的方式来激励体育教师的工作热情，激发他们的工作潜能。

（4）教师培训管理

现代体育教学的发展速度飞快，为了适应这种发展，就需要体育教师不断完善自我，对所教课程进行再认识和再学习，为此就需要参加体育教师培训。目前，常见的体育教师培训机构主要有体育学院、体育教师进修学校、自学考试机构、单位体育机构等。目前，最常见的体育教师培训形式主要为在职培训和岗位培训。

①在职培训。体育教师在原来职务岗位上继续工作，在业余时间参加的培训。常见方式为业余时间自学、指定专人培训或通过成人继续教育等形式进行的学习。

②岗位培训。以当下体育岗位工作的需要和岗位人员的素质要求为主要依据，对体育教师进行的一种有目的的组织性培训活动。

（5）教师考核管理

对体育教师进行考核是检验他们教学水平的重要形式，而考核的内容、方式、评定等环节就成为教师考核管理的关键。为此，在进行考核管理时需要秉承如下原则：

①发展性原则。针对教师的考核要本着发展的宗旨进行，考核的目的不是

区分优劣，而是使所有体育教师紧跟体育教学发展形势，不断进步。

②实事求是原则。要想使对体育教师的考核工作富有实效，就需要秉承实事求是的原则进行考核。为此，测评要从教学的实际出发，结合教学的主客观因素综合考量，切不可片面和脱离实际。

③全面性与侧重性相结合的原则。对体育教师考核的全面性原则是指考核指标要全面，定性评价和定量评价兼具，硬指标（工作量、科研成果等）和软指标（科研成果水平、教学效果等）结合，如此更注重体育教师的综合能力。而侧重性则是要以具体的考核目标为依据有针对性地选择具体的指标进行重点考核，如此更注重体育教师的专业能力。

（6）教师评价管理

考核过后就可以获得足够的信息来对体育教师的教学工作进行评价。体育教师的评价方式主要有如下三种：

①自我评价。体育教师根据评价要求对自己的工作进行评定。这里需要注意的是，从心理学的角度上分析，一般情况下自我评价的结果都会高于客观的实际表现，因此在参考体育教师的自我评价时要适当"挤出水分"，以求结果更加真实客观。

②领导与同行评价。领导与同行的评价顾名思义就是由体育教师的上一级管理人员和教师同事对某体育教师进行评价。与前面的教师自我评价不同的是，来自领导与同行的评价往往会比较客观，因此这比自我评价更全面、更准确。

③学生评价。学生是重要的体育教学主体之一，他们与体育教师亲密接触，从理论上说对体育教师的评价应该是最为准确的。但实际上，鉴于学生的评价角度不同以及身心发育水平尚不完善，很多地方还不能理解教师的用心，所以，学生评价主观性较强，当然，这并不是说学生评价教师的教学就没有任何意义。

2. 学生的管理

体育教学中针对学生的管理主要是为了更好地通过体育教育提升学生身心健康水平，并且能顺利完成所规定的体育教学工作。具体来说，学生的管理涉及的内容有以下几个方面：

（1）学生体质健康管理

据统计，我国学生的体质健康水平逐年下降，这已经得到了社会各界的广泛关注。学生的身体健康水平直接关系到我国未来社会各方面建设的人才储备质量问题，因此，这就要求必须对学生体质健康进行管理。具体管理措施有积极向学生做好健康宣传教育工作，定期对学生进行体质检查，建立健全学生健康管理制度，将检查结果纳入学生档案，编写登记后汇入总登记册。此外，对于体弱、伤残等学生要制订特殊的体育活动形态或制度，对这类学生的健康管理不能忽视。同时，还要对全体学生的体质与健康状况进行深入分析和研究，各学校均有责任做好学生体育健康数据收集与定期上报工作。学校领导要对学生体质健康管理工作高度重视，多项措施并举，力争使学生的身体健康水平逐步得到提升。

（2）学生课堂纪律管理

良好的课堂纪律和秩序是体育教学顺利有序开展的基本保障。要想做好学生课堂纪律管理工作，一方面要依靠体育教师的课程组织控制能力；另一方面还要求学校制订统一的规定，使体育教师向学生提出一致的要求，并在各方面给予密切的配合和支持。

（3）学生课外体育活动管理

学校的课外体育活动是学校体育文化的重要组成部分。尽管这类体育活动是在教学内容之外的，但也需要进行正确的指导和管理，以此使课外体育活动成为课堂体育教学的再延伸和再拓展，进而实现发扬学生运动特长，增强学生体质、提高学生素养。为此，对学生课外体育活动进行管理就需要秉承如下原则：

①需要性原则。课外体育活动不同于课堂体育教学，它的存在应该以满足学生在课堂体育教学中不能满足的需要为前提，即课外体育活动应该是学生热切盼望开展的项目和方式。

②指导性原则。课外体育活动不应是放鹰似的随意活动，它也应该在负荷运动规律的范畴内开展，并有体育教师给予必要的指导，如此也可以使课外体育活动更加安全，促进学生身心健康水平的提升。

③多样性原则。学生对体育的需求是多种多样的，因此在安排体育课外活动时应充分考虑大多数学生的运动需要，要更加突出多样性，使学生的参与有更多选择。

④可操作性原则。安排的课外体育活动要具有可操作性，为此就需要在项目设置上考虑学校现有的体育资源和教师资源。

（4）学生学习评价管理

学生学习的评价管理方式主要有下列三种：

①学生的自我学习评价。学生是最了解自身学习状况的人，因此，自我评价是必须要有的方式。自我学习评价的时期一般为期末或学年末，通常学生的自我评价会高于实际状况，为此，在参考这部分评价时要把学生的自我评价与功利性分离开来。

②教师对学生学习进行评价。教师对学生学习情况的了解基本准确，但一个教学班中的学生众多，教师对学生学习状况的了解难以全面和深入。教师对学生的评价要充分考虑学生对体育知识和技能的掌握情况，并且还要参考学生平时的上课态度和对体育运动的理解，然而再按照统一的评价标准对学生进行一个分数形式的评价。

③学生间的学习互评。学生间的互评也是教学评价的重要方式。同学之间互相评判对方的体育学习情况，有利于学生之间互相交流，认定优点，找出不足。在学生互评前，体育教师要对互评提出要求和正确的引导。这种评价方式的结果客观性较强，可以更多地作为评价学生体育学习情况的参考。

九、体育课教学的管理

体育课教学的管理，是体育教学管理的中心环节。体育课教学的管理，包括体育课教学的教务管理、体育课教学过程的管理和体育课成绩的管理等几个方面。

（一）体育课教学的教务管理

1. 编班

编班与班额，对于保证体育课教学质量具有一定的意义。在通常的情况下，我国各级各类学校的普通体育课，是以正常建制的教学班进行教学的，班额往往受建制班人数的限定。班额和编班问题，也常常不被人们重视。在有的学校，个别班级学生过多，给教学带来许多困难，导致体育教学质量下降，为保证体育教学质量，根据我国目前的条件，不同类型体育课的班额，应有一个适度的参考数额。

考虑到体育教学的特点，在编班时，教务部门要尽可能兼顾如下要求：

（1）平行班的编班，应使各班体育基础好和体育基础差的学生人数比例大体相近，一些有体育特长的学生，也应平均分配。

（2）各平行班级人数基本相等。为利于体育课的分组教学，混合班的男女比例应适当。男女分班上课时，男、女班的人数也应基本一致，其男、女生教学班人数不应超过规定的额范围。

（3）在考虑教学班学生骨干时，各班的体育骨干、积极分子尽可能平均分配。班级一经编定，应保持相对稳定，以利于稳定教学秩序。

2. 课表

课表对体育课的排课，直接关系到体育课的效果与质量。教务部门在编排课表时，应根据体育教学的特点，为体育课的排课，提供方便。具体要求是：

（1）要合理安排体育课的时间。一般在上午第一、二节课适宜于文化学习，多数情况下不排体育课，而第四节课时学生又往往处于空腹状态，也不适宜上体育课。相对而言，上午第三节，下午五、六节课上体育课较为合理。

（2）要有合理的课次间隔。体育课次的合理间隔，对发展学生身体，增强体质有积极意义。因此，每周上两次体育课时，其每次课之间以间隔两天为宜；每周上三次体育课时，其每次课之间以间隔一天为宜。

（3）安排每个教师的课，应相对集中。尤其是同进度的课，最好连上，以利于场地器材的准备和布置，也有利于教师相互看课和有较集中的时间备课和进修。对教师因某种特殊困难而提出的排课要求，应尽可能给予考虑。

（4）要空出一些共同时间，以便教研室（组）进行集体备课和开展教研活动。

（二）体育课教学过程的管理

体育课教学过程的管理，分为对备课的管理、上课的管理和课后管理三个环节。

1. 备课的管理

备课分个人备课和集体备课两种形式。

个人备课是备课的主要形式。个人备课应按备课的程序和要求，由教师个人进行，核心是编写教案，对个人备课管理的基本要求是：

（1）学校应印制统一格式的体育课教案本，并明确提出教师在课前应写好教案的要求，做出没有教案不得上课的规定。

（2）教师个人应提高工作自觉性和责任感，认真备课，精心设计，写好每一堂课的教案，并订出课的质量指标。

（3）学校领导和教研室（组）应定期或不定期的检查、抽查教师的教案，并将教案的齐备程度和质量列入教师业务考核或个人教学质量评价的内容之一。集体备课是钻研教材教法，统一教学要求，集思广益的有效形式。对集体备课管理的基本要求是：

①教研室（组）应建立集体备课制度，把集体备课列入教研活动的内容之一，加强集体备课的计划性。

②每次集体备课应在教师个人充分准备的基础上进行。每次集体备课力求突出重点，明确要求，提高研讨效果。

③对一些重要问题的研讨，可请某些教师重点准备，在集体备课时作中心发言，以引起争论与共识，为求得对问题的深入理解和正确认识，还可把对此类问题的研讨与教研活动结合起来。

2. 上课的管理

上课是实施教学的主要环节。对上课的管理，可以分为学校领导与教研室（组）对上课的管理和教师课中管理。学校领导对体育课堂教学的主要管理工作：

（1）对体育课课堂教学应与其他课程课堂教学一视同仁，给予关心和指导，对体育课课堂教学提出要求。

（2）有计划地看（听）课，将体育课教学检查列入学校教学检查的范围。

（3）为体育课提供必要的条件，保证所需的场地与器材，创造良好的教学环境。体育教研室（组）对上课的主要管理工作：

①协助校领导制订体育课教学规范，规定体育课教学常规。

②有计划地看（听）教师的课，组织教师互相备（听）课，领导和组织课堂教学检查，举行对课的评议和分析活动。

③总结推广课堂教学的经验，研究和改进课堂教学的方法，带领教师不断提高体育教学质量。

④对教师进行考勤，对课上发生的伤害事故进行登记和处理。教师课中管理的基本要求是：

a. 应端正施教态度，携带教案并按教案的安排、要求和课堂常规，认真施教。

b. 要加强学生的考勤，精心地组织好课的进行，调控好学生的情绪、队伍、练习与负荷，严密课的组织，严肃课的纪律，谨防伤害事故的发生。

c. 注意自我调控，做到精神集中，情绪饱满，教态端正，言教身教，为人师表。

d. 要充分发挥班级骨干和体育积极分子的作用。

e. 排除外界干扰以及同课次班级之间的相互干扰。

3. 课后管理

课后管理主要由教师本人进行。其主要内容有：

（1）带领学生清理场地，整理归还器材。

（2）登记学生考勤结果，按规定上报。

（3）在征求学生和看（听）课教师意见的基础上，写好课后小结。

（4）如发生较重的伤害事故，应及时报告教研室（组）和学校领导，并写出事故报告。

（三）体育课成绩的管理

体育课成绩的管理，分为教研室（组）对体育课成绩的管理和教师对体育课成绩的管理。

1. 教研室（组）对体育课成绩的管理

教研室（组）在体育课成绩管理中应做的主要工作有：

（1）应根据体育教学大纲和体育教学工作计划的规定，结合本校实际，确定体育课考核的内容，制订科学、客观的评分标准，明确计分方法和评定总成绩时各类内容的分值比例。

（2）要求教师重视考核工作，认真按标准和办法，组织教师对技评类考核内容统一评分标准和尺度，规定完成考核和评定成绩的时间。

（3）审核并批准各班体育课成绩登记表，及时交学校教务部门。

（4）按学校规定组织教师对体育课成绩不及格学生的补考。

（5）建立体育课考核标准和办法档案和学生体育课成绩档案，引导和组织教师对学年度（学期）体育课成绩和考核标准与办法的研讨，并作为教学研究的内容之一。

2. 教师对体育课成绩的管理

教师在体育课成绩的管理中，应做的主要工作有：

（1）明确体育课成绩评定的重要性，认真钻研体育课考核标准和办法，客观、公正、准确地实施测评，按时完成成绩评定并上交教研室（组）。

（2）重视在不影响正常教学的情况下做好平时的检查和测评，随时如实地记录结果。培养和组织班级体育骨干，协助教师做好定期考核工作。

（3）开学初应向全体学生宣布考核的内容、标准、办法和时间，引导学生认真上课，积极参加课外锻炼。对体育基础较差的学生，加强课外辅导。

（4）根据学校的有关规定，处理好病伤学生的缓考与补考，以及残疾学生的免试工作。

（5）做好体育课成绩的统计和分析，为改进教学，修订考核标准与办法，提供参考依据。

（6）开展教学研究，积极探讨体育课考核与成绩评定的规律和方法。

参考文献

［1］曹东胜．高校网球训练中游戏模式的实践应用［J］.灌篮，2020（12）.

［2］曹垚．现代体育教学理论与实践训练探索［M］.长春：吉林人民出版社，2020.

［3］常德庆，姜书慧，张磊．高校体育教学与运动训练研究［M］.长春：吉林出版集团股份有限公司，2020.

［4］常德庆，姜书慧，张磊．高校体育教学与运动训练研究［M］.长春：吉林出版集团股份有限公司，2020.

［5］陈爱莉，史伟，郭张箭．现代体育教学功能解析与科学发展研究［M］.北京：中国商务出版社，2017.

［6］陈安顺．体育该如何翻转——翻转课堂在大学体育教学中的理论分析［D］.南昌：江西师范大学，2017.

［7］陈佳钰．微课在高中英语教学中的应用研究［D］.杭州：浙江大学，2017.

［8］陈琦，苏肖晴，关文明．体育教学原理与方法［M］.北京：长征出版社，2000.

［9］陈轩昂．新时期高校体育教学的改革与发展［M］.北京：航空工业出版社，2019.

［10］戴建辉．高校体育微课设计、开发与应用研究［J］.体育世界（学术版），2017（5）.

［11］邸亚军．我国高校体育俱乐部教学模式研究［J］.当代体育科技，2015（17）.

［12］丁睿．大学英语教学发展研究［M］.长春：吉林人民出版社，2019.

［13］郭嘉焱．简述我国高校体育俱乐部教学的发展现状及不足［J］.运动精品（学术版），2017，36（8）.

［14］郭岩丽．高中生物高效课堂教学模式研究［M］.北京：电子科技大学出版社，2017.

［15］国家行政学院博士后管理委员会办公室．治国理政之中国道路［M］．北京：国家行政学院出版社，2018．

［16］韩星影．浅谈体育教师的综合素养和技能［J］．灌篮，2019（1）．

［17］何建东，骆秉全．我国高校体育俱乐部教学模式研究［J］．体育文化导刊，2010（10）．

［18］贺小卫．高校课外体育训练以经营性健身俱乐部形式改革研究——以融智学院为例［J］．当代体育科技，2020，10（16）．

［19］胡铁生．"微课"：区域教育信息资源发展的新趋势［J］．电化教育研究，2011（10）．

［20］黄富．翻转课堂引入高校体育教学的可行性分析［J］．体育时空，2017（16）．

［21］黄强．微课制作与创新教育［M］．哈尔滨：哈尔滨出版社，2020．

［22］蒋建琼．我国高校体育俱乐部教学模式研究［J］．太原城市职业技术学院学报，2016（1）．

［23］焦建利．微课及其应用与影响［J］．中小学信息技术教育，2013（4）．

［24］黎加厚．微课的含义与发展［J］．中小学信息技术教育，2013（4）．

［25］李骏．翻转课堂在高校乒乓球教学应用中存在的问题及对策［J］．辽宁师专学报（自然科学版），2020，22（3）．

［26］李岩．吉林省高校大学体育课中运用体育游戏教学情况的调查研究［D］．延吉：延边大学，2021．

［27］李志刚．个性化运动处方教学模式在大学生田径素质训练课中的应用浅析［J］．辽宁师专学报（自然科学版），2018，20（1）．

［28］林伟．思维学导式数学教学概论［M］．北京：光明日报出版社，2017．

［29］刘金亮，胡新贞．体育与健康教育研究［M］．北京：世界图书出版西安有限公司，2018．

［30］刘满．体育教学团队的科学建设与管理［M］．北京：中国商业出版社，2018．

［31］刘梦．高校女子体育研究　北京高等学校女子体育研究会论文专辑［M］．北京：中国妇女出版社，2008．

［32］刘名卓，祝智庭．微课程的设计分析与模型构建［J］．中国电化教育，2013（12）．

［33］刘鹏．高校体育教学实施翻转课堂可行性探究［J］．运动精品，2019，38（4）．

［34］刘卫峰．游戏教学在高校足球训练中的应用研究［J］．体育时空，2017（4）．

［35］鲁莺．翻转课堂在羽毛球教学中的实践应用［J］．当代体育科技，2017，7（9）．

［36］陆建生，高原，陈展．微格教学理论及实践［M］．北京：科学技术文献出版社，2018．

［37］吕兵文．微课在室外体育课中的运用探析［J］．中国学校体育（基础教育），2016（2）．

［38］彭俊峰．高等学校公共体育课教程［M］．广州：广东高等教育出版社，2018．

［39］阮艳花，张春艳，于朝阳．教育管理理念与思维创新［M］．汕头：汕头大学出版社，2019．

［40］邵伟德．体育教学模式论［M］．北京：北京体育大学出版社，2005．

［41］石海燕，余欢．翻转课堂在高校羽毛球教学中运用的可行性分析［J］．当代体育科技，2019，9（5）．

［42］宋琼．体育教学新论［M］．北京：光明日报出版社，2016．

［43］苏小兵，管珏琪，钱冬明，祝智庭．微课概念辨析及其教学应用研究［J］．中国电化教育，2014（7）．

［44］孙杰远，温雪．微课的原理与技术［M］．北京：中国轻工业出版社，2016．

［45］谭步军．新时代体育教师的必备素养与能力［J］．中国学校体育，2021，40（1）．

［46］唐峭峻．足球游戏在高校足球训练中的运用［J］．大众标准化，2021（6）．

［47］王明立，王寒西，方志鹏，白冰，王修方，张卉，郑潇，马黎黎．现代体育教学研究理论与实践［M］．北京：中国出版集团，2012．

［48］王书文．“微课”在体育教学中的可行性研究［J］．体育时空，2016（20）．

［49］王奕标．透视翻转课堂 互联网时代的智慧教育［M］．广州：广东教育出版社，2016．

［50］王云峰，王学成．教学改革视角下体育运动开展的理论与实践指导［M］．北京：中国商务出版社，2018．

［51］伍丽媛．微课程的设计理论及应用［M］．成都：四川大学出版社，2017．

［52］夏磊．游戏模式在高校网球训练中的实践［J］．体育科技文献通报，2020，28（1）．

［53］夏越．现代高校体育教学研究［M］．北京：北京理工大学出版社，2019．

［54］薛立国，白金丽．简析翻转课堂在青年曲棍球训练中的实效性［J］．运动，2018（8）．

［55］严鸿钧，周晓君．论微课在中学体育篮球教学中的运用［J］．中学课程辅导（教学研究），2021（14）．

［56］杨雪芹，张晖．游戏化体育教学模式［M］．北京：人民体育出版社，2007．

［57］杨雪芹，张晖．游戏化体育教学模式［M］．北京：人民体育出版社，2007．

［58］于素梅．"体育与健康"课教学问题探索［M］．北京：北京体育大学出版社，2001．

［59］岳慧灵．体育课程运动处方教学模式［M］．长春：吉林人民出版社，2020．

［60］张福涛，杨丽萍，刘明强，等．翻转课堂理论研究与实践探索［M］．济南：山东友谊出版社，2014．

［61］张乐平．"互联网+"时代背景下大学英语教学改革与发展研究［M］．长春：吉林大学出版社，2019．

［62］张勤．慕课时代高等院校教学改革模式研究［M］．北京：世界图书出版公司，2017．

［63］张清华，唐道顺．我国高校体育俱乐部教学模式的发展现状与对策研究［J］．运动，2018（2）．

［64］张全成．高级体适能与运动处方［M］．西安：西北工业大学出版社，2019．

［65］张细谦．体育课程与教学论［M］．广州：广东高等教育出版社，2013．

［66］赵宇．微课在二十四式太极拳训练中的应用探究［J］．魅力中国，2020（46）．

［67］祝婷婷，张黎黎．翻转课堂　颠覆文献检索课的教育革命［M］．长春：吉林大学出版社，2014．